J. F. Reichardt – J. W. Goethe
Briefwechsel

J.F. Reichardt – J.W. Goethe Briefwechsel

herausgegeben und kommentiert von
Volkmar Braunbehrens, Gabriele Busch-Salmen,
Walter Salmen

2002
Verlag Hermann Böhlaus Nachfolger Weimar

Gedruckt mit Unterstützung des Förderungs- und Beihilfefonds
Wissenschaft der VG Wort

Gedruckt auf säure- und chlorfreiem, alterungsbeständigem Papier

J. F. Reichardt - J. W. Goethe : Briefwechsel /
hrsg. und kommentiert von Volkmar Brauenbehrens ...
- Weimar : Verl. Hermann Böhlaus Nchf., 2002
 ISBN 3-7400-1194-7

www.boehlausnf.de
info@böhlausnf.de
Satz: DTP + TEXT Eva Burri, Stuttgart
Druck und Bindung: Franz Spiegel Buch GmbH, Ulm
Printed in Germany
Mai/2002

by Hermann Böhlaus Nachfolger Weimar GmbH & Co.

Inhalt

Vorwort VII

Einleitungen 1

Gabriele Busch-Salmen:
   Die Briefe Reichardts an Goethe 3
Volkmar Braunbehrens:
   Die Briefe Goethes an Reichardt 51

Briefwechsel 103

Kommentar 167

Anhang
   Die Familie Reichardt 226
   Begegnungen zwischen Goethe und Reichardt 227
   Register der erhaltenen und verschollenen Briefe .. 228
   Verzeichnis der Siglen und Abkürzungen 230

Personenregister 233

Bildnachweis 239

Vorwort

Schon in der Konzeption vieler Werke von Goethe spielt die Musik eine wichtige Rolle. Ein großer Teil seiner Lyrik sollte als »Lieder« verstanden sein, im »Wilhelm Meister«-Roman spielen die eingestreuten »Gesänge« eine herausragende Rolle und große Teile seiner dramatischen Werke wurden als »Singspiele« oder »Schauspiele mit Gesang« ausgearbeitet und bezogen die Musik (und den Tanz) als wesentliches gestalterisches Mittel ein. Obschon Goethe weniger ein schöpferisch-produktives als ein von ausgeprägten Vorstellungen geleitetes rezeptives Verhältnis zur Musik hatte, wird man doch von einem integralen Anteil der Musik an seinem Werk sprechen müssen, der bislang wenig beachtet worden ist. (Das obwohl besonders die Komponisten – seit Goethes Zeiten bis heute – das geradezu zur Musik drängende Potential in Goethes Dichtkunst erkannt und Texte von ihm in einem Ausmaß wie kaum bei einem anderen Dichter zur Grundlage ihrer Musik gewählt, sie in Musik gesetzt, vertont oder zur musikalischen Gestaltung bearbeitet haben.)

Für Goethe war das Zusammenwirken mit Komponisten, die auf seine musikalischen Vorstellungen eingingen und die entsprechenden Werke erst zu einem »Ganzen« auszubilden halfen, unverzichtbar. Zunächst war es der Jugendfreund aus Frankfurter Tagen, Philipp Christoph Kayser, mit dem Goethe bis etwa 1789 eng zusammen arbeitete und der ihm nicht nur zu grundlegenden Kenntnissen zur Musikgeschichte verhalf, sondern als anregender und kenntnisreicher Gesprächspartner seine immer deutlicher werdenden Vorstellungen von Singspiel und Oper begleitete. In Goethes Alterszeit wurde Carl Friedrich Zelter zu einem der engsten und vertrautesten Freunde, der einerseits Goethes Dichtungen nach dessen Intentionen in Musik setzte, andererseits Goethes Urteil über die musikalischen Produktionen der jüngeren Zeitgenossen wesentlich beeinflußte, aber auch entscheidende Anstöße gab zu Goethes theoretischen Reflexionen zu einer allgemeinen »Tonlehre«, die allerdings zu keinem abgeschlossenen Werk mehr führten.

In der Zeit nach dem Abbruch der unbefriedigend und persönlich schwierig gewordenen Beziehung zu Kayser (1789) bis zum (1797 begonnenen, aber erst ab 1802 intensiveren) Freundschaftsverhältnis zu Carl Friedrich Zelter wurde der Berliner Hofkapellmeister Johann Friedrich Reichardt zum wichtigsten musikalischen Partner Goethes, der nicht nur Goethesche Singspiele in Musik setzte, sondern auch etwa 140 Goethe-Lieder, Balladen, »Deklamationsstücke«, und Musik zu Goethes Schauspielen (wie z. B. »Egmont«) in einer für den Dichter mustergültigen Weise komponierte.

Die Bedeutung dieser Reichardtschen Goethe-Kompositionen, – gerade weil sie sich so eng an Goethes Vorstellung vom Verhältnis von Text und Musik orientierten und seine eigenen Intentionen verwirklichten, – aber auch die Dokumentation einer sowohl für die Goethe-Biographie wie auch für die Reichardt-Forschung überaus gewichtigen, in seinen Höhen und Tiefen problematischen und dramatischen Zusammenarbeit, geben dem Briefwechsel zwischen Goethe und Reichardt ein besonderes Gewicht. Er erscheint anläßlich von Reichardts 250. Geburtstag am 25. November 2002.

Johann Friedrich Reichardt (1752–1814) war nicht nur als Berliner Hofkapellmeister und Komponist tätig, sondern auch als Musikhistoriker, Zeitschriftenherausgeber, Verleger, Reiseschriftsteller und belletristischer Autor, darüber hinaus in vielfältiger Weise auch zu musikalischen Fragen und im Gebiet der politischen Publizistik. Sein umfangreicher Briefwechsel mit Vertretern all dieser Interessengebiete, den er zudem mit zahlreichen bedeutenden Dichtern wie Klopstock, Claudius, Herder, Hamann, Ludwig Achim von Arnim, Tieck und anderen führte, ist, wenn er auch nur zu Teilen erhalten ist, zu wenig beachtet worden. Denn er beleuchtet eine von der Aufklärung bis zur frühen Romantik reichende kulturelle Umbruchphase ebenso wie die politischen Veränderungen von der Zeit Friedrichs II. über die französische Revolution

VIII

bis zu den »Befreiungskriegen« von der Napoleonischen Herrschaft. In all dem war Reichardt als ein heftig beteiligter, um deutliche Worte nie verlegener Zeitgenosse engagiert. Wegen seiner widerspruchsvollen Biographie und seines unsteten und manchmal aufdringlich erscheinenden Charakters bot er allerdings viele Angriffsflächen und galt als eine der umstrittenen Persönlichkeiten seiner Zeit. Auch das Verhältnis zu Goethe litt unter solchen persönlichen und politischen Belastungen, so daß Goethe später rückblickend von Reichardt sagte, er sei »von der musikalischen Seite unser Freund, von der politischen unser Widersacher«.

In der vorliegenden Ausgabe des Briefwechsels zwischen Goethe und Reichardt werden alle noch vorhandenen oder überlieferten Briefe in chronologischer Folge mitgeteilt, – die nicht erhaltenen, aber durch sekundäre Belege erschließbaren in einem Briefverzeichnis erfaßt. Goethes Briefe werden hier nach der sog. Sophienausgabe (WA), jedoch – soweit vorhanden – nach den Handschriften überprüft mitgeteilt.

Kurz vor der Drucklegung dieses Bandes konnte der Bestand an Briefen, die Goethe an Reichardt adressierte, durch die Wiederauffindung des Schreibens vom 18. Oktober 1789 komplettiert werden. Die Universitäts- und Landesbibliothek Münster besitzt seit 1983 einen Teil des Nachlasses des mit Reichardt verwandten Historikers Kurt von Raumer, unter dessen reichem Briefbestand ein wohl vor der Entnahme des Autographs am 3. Juli 1942 angefertigtes Faksimile des Goethebriefes zu finden war. Über den Verbleib des Autographs ist nichts bekannt.

Die Briefe Reichardts werden nach den im Goethe- und Schiller-Archiv in Weimar befindlichen Handschriften wiedergegeben, die teilweise erheblich von der Ausgabe durch Max Hecker im Goethe-Jahrbuch von 1925 abweichen. Die den Briefen, insbesondere von Reichardt oft beigefügten Beilagen (Briefe anderer Absender, Notenmanuskripte, Notenausgaben, Bücher) sind in den meisten Fällen nicht mehr vorhanden und werden diesfalls in den Kommentaren, soweit eruierbar, aufgeführt. Die Kommentare zu den Briefen Goethes schrieb Volkmar Braunbehrens, die zu Reichardts Briefen Walter Salmen.

Da die Beziehung von Reichardt und Goethe zueinander kompliziert, durch äußere Einflüsse belastet, plötzlich abgebrochen und erst nach Jahren wieder aufgenommen, schließlich unerklärt beendet wurde, schien es den Herausgebern zweckmäßig, auch die in den Briefen nicht deutlich ausgetragenen Konflikte und Vorbehalte zum besseren Verständnis in zwei sich ergänzenden, die verschiedenen Perspektiven berücksichtigenden Einleitungen vorzustellen. Gelegentliche Überschneidungen und wiederkehrende Zitate schienen uns dabei ein leicht verzeihliches Übel. Gabriele Busch-Salmen beleuchtet in ihrem Text Goethes Bedeutung für Reichardt auf dem Hintergrund einer widersprüchlichen Biographie, Volkmar Braunbehrens zeigt Goethes Interesse an einer künstlerischen Partnerschaft und sein Verhalten, wo diese gefährdet schien.

Als gemeinsame Autoren dieser Briefedition möchten wir uns gegenseitig für die überaus förderliche und angenehme interdisziplinäre Zusammenarbeit bedanken, die sowohl literaturhistorische als auch musikhistorische Fragen zu einer kongenialen musikalischen Partnerschaft Reichardts mit Goethe zur Diskussion stellen möchte.

Die Herausgeber

Einleitungen

Abb. 1: Benedikt Heinrich Bendix, Johann Friedrich Reichardt, 1791

Die Briefe Reichardts an Goethe

»Wüßten Sie wie innig ich mich [...]
nach einer Nachricht von Ihrer Hand gesehnt habe«

Der Satz, der den folgenden Ausführungen als Motto vorausgeschickt wurde, stammt aus der Feder des für drei Jahre beurlaubten Hofkapellmeisters Johann Friedrich Reichardt, der ihn am 23. November 1793 (siehe R 2) aus seinem Hamburger Exil an Goethe richtete. Der damals 41jährige, streitbare, engagierte Komponist und Schriftsteller hatte es im Spätsommer 1793 aus politischen Erwägungen für geraten gehalten, sich mit seiner Familie aus Preußen in die freie Hansestadt zu begeben. Ungeduldig, bisweilen drängend suchte er von dort den langjährigen produktiven Kontakt zu Goethe aufrecht zu erhalten. Die intensive Zeit ungebrochen herzlicher Resonanz und gemeinsamen Arbeitens war jedoch vorbei. Goethe fing an in Distanz zu rücken, die fast freundschaftliche Nähe wich für einige Jahre eisiger Kühle, und schließlich brach er den Kontakt auf eine ähnlich abrupte Weise ab, wie zuvor die zeitweilig enthusiastische Beziehung zu seinem damaligen musikalischen Partner Philipp Christoph Kayser (1755–1823). Wenn der Kontakt Goethes zu Reichardt auch anderer Natur war, als der zu Kayser, so ergeben sich doch Parallelen allein durch die Tatsache, daß beide Musiker erleben mußten, durch andere Partner ersetzt zu werden. Beider Korrespondenzverlauf rückt somit in die Nähe jener von Goethe temporär gepflegten Briefbeziehungen, die über einen längeren Zeitraum »innig gepflegt« wurden, aber »mit einem Male in räthselhafter Weise« abbrachen.[1] Der Jugendfreund Kayser hatte im Kreis der Frankfurter Stürmer und Dränger als »Genie« gegolten und keinen Aufwand gescheut, dem Dichter 1787 sogar eilig nach Rom zu folgen, um dessen »neues Leben« zu teilen, gemeinsame Opernprojekte voranzutreiben. In einem Brief vom 11. September

---

1 Vgl. Carl August Hugo Burkhardt: Goethe und der Komponist Ph. Chr. Kayser, Leipzig 1879, Vorwort, S. V.

1787 rief Goethe aus Rom dem Freund noch zu: »Ich kann nur sagen: seyn Sie herzlich willkommen. Schon oft wünscht ich Sie zu mir [...]. Sie sind der älteste meiner alten Bekannten und wieder der erste mit dem ich das Gute was mir in diesem Lande ward theilen kann«[2] – kaum ein Jahr später sah sich Goethe in seinen Erwartungen offenkundig so gründlich getäuscht, daß er den Umgang beendete. Er trennte sich von einem Weggefährten und Freimaurerbruder, der versucht hatte, seine musikästhetischen Vorstellungen geradezu bedingungslos umzusetzen und hielt ihn fortan nur noch mit einem kurzen Eintrag in den ›Tag- und Jahres-Heften‹ der Erwähnung für würdig. Kayser mußte dem weltgewandten Berliner Hofkapellmeister weichen, zog sich in ein melancholisches, krisenhaftes Leben in Zürich zurück und bekam auch auf spätere Annäherungs- und Erklärungsversuche keine Antwort mehr.[3] Das vielzitierte abschließende Resümee, mit dem Goethe in seiner 1814 überarbeiteten »Italienischen Reise« einen Schlußstrich unter die in den 1780er Jahren nicht enden wollende Arbeit an der Vertonung seines komödiantischen Librettos »Scherz, List und Rache« zog, ist – ohne daß Kaysers Name fällt – eine letzte Replik, die beider Zusammenarbeit erfuhr. »Alles unser Bemühen daher, uns im Einfachen und Beschränkten abzuschließen, ging verloren, als Mozart auftrat. Die Entführung aus dem Serail schlug alles nieder.« heißt es dort u. a.[4]

Dem erhalten gebliebenen Teil des um 1770 einsetzenden Briefwechsels verdanken wir indessen nicht nur die Genese eigenwilliger musikdramatischer Konzepte, wie sie Goethe nie wieder so offen und experimentierfreudig darlegen sollte, mit

---

2 WA No. 2607, S. 255 f. Auch Carl August Hugo Burkhardt: Goethe und der Komponist Ph. Chr. Kayser, Anhang I, S. 73.

3 Brief vom 29. Dezember 1792, in dem Kayser um Fürsprache für die »vacant gewordene Capellmeister-Stelle in Frankfurt« bittet und auf die Ereignisse »vor vier Jahren« zurückblickt, da er Weimar »so unbesonnen« verlassen habe. Mitgeteilt im Goethe-Jahrbuch XIII, 1892, S. 25 ff.

4 Italienische Reise, Teil 1, hg. von Christoph Michel und Hans – Georg Dewitz, FA I, Bd. 15/1, S. 468.

denen er sogar überschwenglich: »nicht allein den engen Weimarischen Horizont im Auge« hatte, »sondern den ganzen Teutschen, der doch noch beschränckt genug ist.«[5] Wir entnehmen ihm auch die erste Erwähnung des Berliner Kapellmeisters: »Reichard hat wieder Lieder herausgegeben die ich gelegenlich schicke«, hatte Goethe am 16. Juli 1781 an Kayser geschrieben.[6] Beide mochten sich über Reichardts seit 1775 erschienene Liederausgaben ausgetauscht haben, möglicherweise war von den gerade herausgekommenen: »Oden und Lieder(n) von Herder, Göthe und andern, mit Melodieen beym Klavier zu singen« die Rede.[7] In jedem Falle können wir davon ausgehen, daß Goethe das Heft bekommen hat, es zwischen ihnen also seit 1780–81 wenn auch keinen persönlichen, so doch einen lockeren schriftlichen Kontakt gab.[8]

Daß wir über den Umfang und inhaltliche Details der in diesen Jahren an Goethe gegangenen Post nur spekulieren können, ist nicht verwunderlich, da er bekanntlich wiederholt aus »entschiedener Abneigung gegen Publikation des stillen Gangs freundschaftlicher Mitteilung« vieles verbrannte. Hatte er sich vor dem Antritt seiner Italienreise 1786 eines Großteils der an ihn gerichteten Briefe entledigt, so veranstaltete er ein weiteres Autodafé noch vor der dritten Schweizreise im Jahr 1797, so daß es wenn nicht Zufall, so sicher ein Zeichen der Wertschätzung ist, daß der eine oder andere Brief Reichardts die Zerstörungen überlebte.[9]

---

5 Brief vom 20. Juni 1785, WA No. 2140, S. 68 f. Gemeint ist der ausführliche Austausch über »Scherz, List und Rache«.

6 WA IV, 1278, S. 172 f.

7 Dritter Theil. Berlin 1781. Bey Joachim Pauli. Vgl. Walter Salmen: Johann Friedrich Reichardt, Freiburg und Zürich 1963, S. 298 f. und das Quellenverzeichnis in: Johann Friedrich Reichardt: Goethes Lieder, Oden, Balladen und Romanzen mit Musik, hg. von Walter Salmen, in: Das Erbe deutscher Musik, Bd. 59, München 1970, S. 89 f.

8 Während des mehrtägigen Besuches der Familie Reichardt in Weimar im August 1780 kam es zu keiner Begegnung.

9 Mehrfache Tagebucheintragungen im Juli 1797: »Briefe verbrannt«, WA III, Bd. 2, S. 75. Ausführlich über die Autodafés im Goethe-Handbuch, hg. von Julius Zeitler, Bd. I, Aachen 1916, S. 129 f.

Der sich 1780 anbahnende Kontakt Reichardts mit dem Dichter wurde nach einigen Anläufen ab 1789 zu einer komplexen und vielbeachteten Beziehung, an der der Komponist geradezu hartnäckig festhielt, allen Krisen und Demütigungen zum Trotz. Ungeachtet der mit dem Xenienstreit in der Öffentlichkeit heftig ausgetragenen desavouierenden Entfremdung wurde im »Gothaer Theaterkalender« noch im Jahr 1799 zu hymnischen Elogen über beider eingegangene künstlerische Symbiose ausgeholt: »Göthens Dichtergenius und Reichardts musikalisches Genie stehn in der genauesten Verbindung, und Göthe scheint bloß diesem Künstler, der im Einfachenrührenden so groß, als Göthe der Sprache an's Herz fähig ist, in die Hände gearbeitet zu haben«.[10]

Als mehr als 40 Jahre später in der Leipziger »Allgemeinen Musikalischen Zeitung« zwölf »Originalbriefe« Goethes an Reichardt aus Privatbesitz veröffentlicht wurden, scheint es, als wollte der Herausgeber in seinem knappen einleitenden Text an die einstige Emphase anknüpfen und an ein Zusammenwirken erinnern, dessen Tragweite nahezu in Vergessenheit geraten war: »Vielleicht kein Tonkünstler erkannte die Bedeutung und Grösse des deutschen Dichterfürsten *Goethe* früher, als der Kapellmeister *Reichardt*. Hochachtung und Bewunderung zollte er ihm, wo er es nur vermochte, immer kehrte er wieder zu ihm hin, und nicht Worte konnte er genug finden, seine Gefühle und Empfindungen zu schildern. […] Aber auch *Goethe* achtete und ehrte den feurigen, wahrhaft ästhetisch gebildeten Tonmeister, und ein Band der Freundschaft fesselte Beide längere Zeit zusammen.«[11]

---

10 Theater-Kalender, auf das Jahr 1799, Gotha, bey Carl Wilhelm Ettinger. Hg. von H.A.O. Reichardt, S. 86.

11 Carl Ferdinand Becker: Zwölf Briefe von Goethe an Fr. Reichardt. Mitgetheilt aus der Autographensammlung des Herrn Generalconsul Clauss in Leipzig, in: Allgemeine Musikalische Zeitung No. 2 und 3, (12. und 19. Januar) 1842, Sp. 25 f. und Sp. 49 f. Die Edition wurde durch den Abdruck von »Mignons Lied« aus der »ersten Ausgabe des Wilhelm Meister« abgeschlossen und löste wenig später eine ausführliche Ergänzung aus. In der Ausgabe vom 16. Februar 1842 stellt Dr. J.L. Klee den Xenienstreit dar.

Mit wenigen Zeilen suchte der Autor das Geflecht zu skizzieren, das beide Partner verband und in Erinnerung zu rufen, daß es Reichardt war, über den Goethe in seinen »Tag- und Jahres-Heften« vermerkt hatte, daß er: »mit Ernst und Stetigkeit meine lyrischen Arbeiten durch Musik in's Allgemeine förderte«.[12] Er war es auch, der an prominenter Stelle als einer der ersten seinen Einfluß als Publizist geltend machte, um Goethes Schriften »den ächten Componisten« zur Vertonung zu empfehlen. Sie seien »vollendete Darstellungen« und würden dem Tonkünstler »den wahren Gang der Leidenschaft und des Effekttuenden unverkennbar vorzeichnen«.[13] Derart enthusiasmiert, konnte Reichardt in der Tat »nicht Worte genug finden«, um seiner Überzeugung Ausdruck zu verleihen, etwa wenn er 1793 mit »inniger Verehrung und Dankbarkeit« den gerade erschienenen ersten Band seiner Vertonungen von »Göthe's Werken«, den Klavierauszug von »Erwin und Elmire«, mit den Widmungszeilen nach Weimar schickte: »Deinen unsterblichen Werken, edler, großer Mann, dank' ich den frühen Schwung, der mich auf die höhere Künstlerbahn erhob, Deinem näheren Umgange tausend Aufschlüsse und seelenerhebende Eindrücke, die mich als Mensch und Künstler hoben […].« (vollständiger Text siehe Kommentar zu R 1). Mit dem Satz: »ich werd' nie aufhören Sie im dankbaren Herzen innig zu verehren« endete auch sein letzter Brief vom 28. Julius 1810 (R 42) an »S. Excellenz den Herrn Geheimenrath von Göthe in Carlsbad«.

Anders als Kayser, ließ sich Reichardt nicht widerstandslos aus dem Weimarer Weichbild verdrängen. Im Gegenteil: Bis zu seinem letzten Schreiben waren die Einladungen, »Sie unter unserm wirthlichen Dache einige frohe Tage zu bewirthen!« (R 9 vom 27. Februar 1801), Zusicherungen, mit »Freuden« zu eilen, »jeden Ihrer Wünsche zu erfüllen« (R 11 vom 23. November 1801) und Bitten um »eine Nachricht von Ih-

---

12 Tag- und Jahres-Hefte auf das Jahr 1795, WA I, 35, S. 46.
13 J. F. Reichardt: Berichtigungen und Zusätze zum Gerberschen Lexikon der Tonkünstler, in: Musikalische Monathsschrift, 1. Stück, Juli 1792.

rer Hand« und die »baldige angenehme Beschäftigung durch Ihre Muse« (R 25 vom 5. August 1802) auffallend häufig wiederkehrende Wendungen in seinen eiligen, bisweilen hastig niedergelegten Briefen geworden. Er wollte nicht wahrhaben, daß er für Goethe nach dem unfreiwilligen Ende seiner steilen Hofkarriere nicht mehr zu den uneingeschränkt und weit über die musikalischen Belange hinaus kompetenten Ansprechpartnern gehörte, der »ein freundliches Zimmer« in seinem Hause bereitet fand (G 5 vom 10. Dezember 1789) und ihm ein stets gern gesehener Gast war (Brief G 11 vom 17. November 1791). Obwohl der Dichter in ihm durchaus den welterfahrenen »denkenden Künstler«[14] bewundern konnte, dessen »Compositionen meiner Lieder« ihm, wie er später in einem Gespräch mit Reichardts Neffen Wilhelm Dorow äußert: »das Unvergleichlichste« waren, was er »in dieser Art kenne«,[15] war ihm der Komponist unbequem und beschwerlich geworden. Schon am 16. Mai 1795 verständigte er Schiller anläßlich der Nachricht, daß sich Reichardt zur Mitarbeit an den »Horen« empfohlen habe: »R. ist nicht abzuweisen, aber seine Zudringlichkeit werden Sie sehr in Schranken halten müssen [...]«[16] und wieder in den ›Tag- und Jahres-Heften‹ hielt er rückblickend verkürzt fest, daß er »mit ihm, ungeachtet seiner vor- und zudringlichen Natur, in Rücksicht auf sein bedeutendes Talent, in gutem Vernehmen gestanden« sei. Da sich Reichardt aber »mit Wuth und Ingrimm in die Revolution geworfen« habe, sei er: »[...] von der musikalischen Seite unser Freund, von der politischen unser Widersacher, daher sich im Stillen ein Bruch vorbereitete, der zuletzt unaufhaltsam an den Tag kam«.[17] Goethe fühlte sich offenkundig durch den herausfordernden, bisweie-

---

14 Goethe in seiner Rezension der »Vertrauten Briefe aus Paris, geschrieben in den Jahren 1802 und 1803«, Hamburg 1804/05, in: Jenaische Allgemeine Literatur Zeitung vom 27. 3. 1804, No. 74.
15 Gespräch mit Wilhelm Dorow, Mai 1824, WA V, 5, S. 208.
16 Zit. nach: SNA, Bd. 35, Weimar 1964, S. 206.
17 WA I, 35, S. 47 f.

len allzu eiligen, oppositionellen Schriftsteller so tief verunsichert, daß es nicht gelang, eine dauerhafte künstlerische »Wahlverwandtschaft« entstehen zu lassen, wie sie zu Carl Friedrich Zelter entstand, an dem er in unerschütterlicher Treue bis zu seinem Tode hing.

Die Kurve, die diese spannungsreiche Beziehung zweier tonangebender Künstlerpersönlichkeiten während etwa 25 Jahren nahm, soll durch die vorliegende, erstmals vollständig zusammengeführte und kritisch kommentierte Korrespondenz nachgezeichnet werden.[18] Es geht nicht um ein meist temporär geschlossenes Zweckbündnis, das Librettisten mit Tonkünstlern schlossen, oder die bisweilen freundschaftliche Verbindung von Dichtern mit Musikern, die die Suche nach einem bestimmten musikalischen Tonfall einte, wie etwa Johann Heinrich Voß mit Johann Abraham Peter Schulz.[19] Vielmehr scheint beide zu Zeiten heftiger Paradigmenwechsel ein weit über musikalische Fragen hinausgehendes Interesse an den komplexen Gegenständen des kulturellen und gesellschaftlichen Lebens angezogen zu haben, so daß es um so irritierender ist, daß die freimütigen politischen Standortbestimmungen aus Reichardts Feder genügten, um dieses singuläre Nahverhältnis einseitig für mehrere Jahre aufzukündigen.

»Von Person ist er ein schöner Mann.«

Seine Zeitgenossen schildern Reichardt als eine rastlos tätige, von Reiselust und Erlebnisdrang getriebene Persönlichkeit.[20] Der junge Ludwig Tieck, der in den 1790er Jahren zu den

---

18 Vgl. das Vorwort dieser Ausgabe und das Register der erhaltenen und verschollenen Briefe.
19 Vgl. dazu Heinz Gottwaldt, Gerhard Hahne: Briefwechsel zwischen Johann Abraham Peter Schulz und Johann Heinrich Voss, Schriften des Landesinstituts für Musikforschung Kiel, Bd. 9, Kassel 1960.
20 Vgl. dazu das Kapitel »Aussehen und Charakter« in Walter Salmen: Reichardt, 1963, S. 148 ff.

Gästen im Berliner Haus des Hofkapellmeisters zu gehören begann und einer der ersten Dichterkollegen war, der das Refugium bewundern konnte, das Reichardt ab 1791 in Giebichenstein bei Halle zu einer gastfreien »Herberge der Romantik« hatte werden lassen, befürchtete sogar, daß seine Kräfte durch die »unruhige Vielthätigkeit [...] zersplittert« würden. Diese Vieltätigkeit »beförderte ein starkes Selbstvertrauen, welches«, so Tieck weiter: »da er alles kennen und verstehen wollte, ihn bisweilen über seine Grenzen hinausführte.«[21] Seine Wißbegierde machte ihn zu dem hellwachen Zeitzeugen, dem »flinken Weltmann« (Friedrich Gundolf), der neben seinen musikalisch-literarischen Aufgaben eine weite Korrespondenz unterhielt und zudem ein glänzender Gesellschafter war. Wo er sich auf seinen vielen Reisen auch aufhielt, gelang es ihm – wenn auch nicht immer zu seinem Vorteil –, sich zu den Häusern der Persönlichkeiten seines Interesses Zugang zu verschaffen; vor allem aber bildete er in seinen eigenen Häusern und Wohnungen stets den »Mittelpunkt anregender Geselligkeit«.[22] Nichts erschien ihm erstrebenswerter, so bekennt er ungebrochen optimistisch noch 1808: »als im Besitze aller wahrhaft beglückenden Güter des Lebens den freien Genuß seiner selbst und einer frei und sorgfältig gewählten Gesellschaft zu haben«.[23] Während seiner Hofkapellmeisterzeit »gab es in Berlin vielleicht kein Haus, das für die Fortbildung einer emporkeimenden Dichterkraft eine bessere Schule gewesen wäre, als das des Kapellmeisters Reichardt. Es war ein Sammelplatz für Künste und Künstler.[...] Mit dem Nachdruck des tiefern Kunsteifers wurde Musik getrieben, Goethe verehrte man als den Genius der neueren Zeit und Poesie, und allgemeine künstlische Aus-

---

21 Zit. nach Ernst Rudorff: Aus den Tagen der Romantik, Bildnis einer deutschen Familie, Leipzig 1938, S. 80. Auch Walter Salmen: Reichardt, 1963, S. 154.
22 Ernst Rudorff: Aus den Tagen der Romantik, Leipzig 1938, S. 78 f.
23 Vertraute Briefe geschrieben auf einer Reise nach Wien und den Oesterreichischen Staaten, 1808/09, zit. nach Walter Salmen: Reichardt, 1963, S. 149.

bildung galt für unerläßliche Pflicht.« So heißt es in der 1855 erschienenen Ludwig-Tieck-Biographie von Rudolf Köpke über die Zusammenkünfte in Reichardts Haus auf der westlichen Seite der Friedrichstraße, wenige Minuten vom Halleschen Tor entfernt.[24] Zweifellos war schon damals seine am Ende seines Lebens auf weit über 3000 Bände und Musikalien angewachsene Bibliothek, in der sich ein umfassend belesener homme de lettres spiegelt, ein besonderer Anziehungspunkt.[25] Einer, der die generös kollegiale Gastfreundschaft besonders genoß, war der Komponist Karl Ditters von Dittersdorf. Seiner Berlinreise im Jahr 1789 widmet er in seiner »Lebensbeschreibung« viele Seiten, auf denen nicht nur die eindrückliche Schilderung der Proben zur Berliner Uraufführung der ersten Goethe-Librettovertonung von Reichardt: »Claudine von Villa Bella«, mit Aloisia Lange in der Titelpartie, eine wichtige Rolle spielt (siehe G 1), sondern er auch nicht müde wird »[…] die Güte und Aufmerksamkeit, mit welcher ich von Herrn Reichardt behandelt wurde« zu »rühmen«.[26]

Der Naturphilosoph Henrich Steffens beschrieb die Gabe seines späteren Schwiegervaters zu großbürgerlich geselligem Wohlleben in seinen Erinnerungen ebenfalls ausführlich: »Alle Welt kannte ihn. Jeder, den ich traf, war irgend einmal auf irgendeine Weise mit ihm in Verbindung gewesen. Fast alle Männer von Bedeutung in ganz Deutschland, Männer von der verschiedensten Art, waren zu irgendeiner Zeit seine Freunde gewesen.[…] Kein ausgezeichneter Mann in Deutschland kam nach Halle, ohne ihn zu besuchen.«[27]

---

24 Rudolf Köpke: Ludwig Tieck, Leipzig 1855. Zit. nach Ernst Rudorff: Aus den Tagen der Romantik, ebd. S. 79 f.

25 Vgl. das ›Verzeichniß der von dem zu Giebichenstein bei Halle verstorbenen Herrn Kapellmeister Reichardt hinterlassenen Bücher und Musikalien, welche den 29sten April 1816 und in den darauf folgenden Tagen Nachmittags um 2 Uhr zu Halle an den Meistbiethenden verkauft werden sollen. Halle, 1815‹.

26 Karl Ditters von Dittersdorf: Lebensbeschreibung, seinem Sohne in die Feder diktiert, hg. von Norbert Miller, München 1967, S. 242 f.

27 Henrich Steffens: Was ich erlebte, zit. nach der Teilausgabe, hg. von Willi A. Koch, München 1956, S. 126.

Steffens lernte die große Reichardt-Familie 1799 kennen, zu einem Zeitpunkt mithin, da sich Goethe, wie er schreibt, »nach einer etwas feindseligen Trennung ihm wieder genähert« habe. Die erbitterten Angriffe aus Weimar hätten auch ihn »mit großen Vorurteilen [...] in seine liebliche Wohnung« in Giebichenstein treten lassen, und er war um so überraschter, sich »durch diesen allseitig beweglichen Mann in die Mitte früherer vaterländischer Verhältnisse« versetzt zu sehen.

Von luxuriösen »früheren Verhältnissen«, Nonchalance und einem unerschütterlichen Selbstvertrauen war auch Reichardts außergewöhnlich umfangreicher Artikel geprägt, den er zu einem Gutteil selbst für Ernst Ludwig Gerbers 1792 erschienenes »Historisch-Biographisches Lexikon der Tonkünstler« verfaßte. Der Text, auf den später noch einzugehen sein wird, endet mit Hinweisen auf Porträts, die von ihm angefertigt worden sind und »seine Büste in Gips«, die »schon beym Bildhauer Kreul in Weimar zu haben« sei, vor allem aber mit der bemerkenswert eitlen Selbstcharakterisierung: »Von Person ist er ein schöner Mann«.[28] (Abbildung 1)

Daß sich etwas von diesen Eigenschaften, zu denen während seiner Berliner Hofkapellmeisterjahre auch maniert buntseidene Kleidungsextravaganzen gehörten, bis in seine letzten Jahre hielt, schildert Goethes »Urfreund« Karl Ludwig von Knebel, bei dem Reichardt, schon schwerkrank, auf seiner letzten Reise nach Weimar im März 1810 Halt gemacht hatte. Aus Jena schreibt er an seine Schwester: »– der große Kapellmeister Reichardt! Ganz scharmant! so biegsam und zutraulich höflich! Wer kann ihm widerstehen? Von den hohen Personen gewiß keine.« Seinem Bericht fügte er jedoch ernüchternd hinzu: »Er bemerkte in der Eile mit schmeichelhaften Worten jede Kleinigkeit in meiner Stube, auf meinem Tische, selbst an meinem Leibe, indeß ich seine glatte Rhinocerosstirne ansah, sein vorgeschobenes Untergesicht

---

28 Historisch-Biographisches Lexikon der Tonkünstler, Zweiter Theil, Leipzig 1792, Nachdruck Graz 1977, Sp. 258.

und den vorragenden Schweinszahn, auch den häßlichen Spitzbauch u.s.w.«[29]

Diese Zeilen waren freilich von der Vorgeschichte mitgeprägt, die Reichardt im Umgang mit den Weimarer Größen hinter sich und die ihm schon zu Beginn seiner regeren Kontakte mit der Residenzstadt die Spaltung in zwei Lager beschert hatte (dazu ausführlich im Einführungsteil von Volkmar Braunbehrens). Bereits unmittelbar unter dem Eindruck seines ersten Besuches bei Goethe, ließ der leicht reizbare Friedrich Schiller am 30. April 1789 die beiden Schwestern Lengefeld wissen: »Noch ein Fremder ist hier, aber ein unerträglicher, über den vielleicht Knebel schon geklagt hat, der Kapellmeister Reichardt aus Berlin. Er componirt Goethes Claudine von Villabella und wohnt auch bey ihm. Einen impertinentern Menschen findet man schwerlich. Der Himmel hat mich ihm auch in den Weg geführt, und ich habe seine Bekanntschaft ausstehen müssen. Kein Papier im Zimmer ist vor ihm sicher. Er mischt sich in alles, und wie ich höre, muss man sehr gegen ihn mit Worten auf der Hut seyn.«[30] Auch wenn Schiller wenig später sein Urteil vorübergehend revidierte und Reichardt in einem Brief vom 10. Juli 1795 unter Freundschaftsbezeugungen einlud, die Musik zu seinem »Musen-Almanach« beizusteuern, so zeigt der Fortgang der kurzzeitigen Zusammenarbeit und die Unerbittlichkeit, mit der Reichardt der Gegenstand der Xenien-Attacken wurde, wie gefährdet die Beziehungen waren.[31]

Was von vielen als bedauerlicher Charakterfehler erlebt, in einer Rezension seiner »Vertrauten Briefe geschrieben auf einer Reise nach Wien« sogar prononciert mit der Formulierung auf den Punkt gebracht wurde, Reichardts Text leide unter seiner »immer hervor sich drängenden, allzu lieben

---

29 Brief vom 8. März 1810, zit. nach Walter Salmen: Reichardt, 1963, S. 151.
30 Weimar, den 30. April 1789, nach SNA, Bd. 25, S. 251.
31 Schiller an Reichardt, Jena den 10. Juli 1795, SNA, Bd. 28, S. 9.

Ichheit«,[32] machte ihn als Schriftsteller oder kritischen Rezensenten indessen zu einem mutigen Querdenker, einem
ebenso eloquenten wie detailverliebten Situationsschilderer
und Chronisten, als Komponist zu einem unbequemen Neue-
rer.

»Er hatte manchen Kampf auszuhalten«

Reichardt war am 25. November 1752 als drittes Kind des
Königsberger Stadtpfeifers und Lautenisten Johann Reichardt
geboren und »fast in Armuth erzogen« worden. In seiner ab
1805 veröffentlichen Autobiographie läßt er diese Kindheit
noch einmal ausführlich vorbeiziehen und den Leser an einem wechselvollen Werdegang teilhaben, der dem damali-
ger Wunderkinder vergleichbar ist, die mit zünftiger Strenge
von ihren Vätern zu »Wundertieren«, wie er sie nennt, ge-
drillt wurden.[33] Daß ihn die Reduktion seiner kindlichen virtuosen Fähigkeiten auf das Feilbieten von »Tausendkünsten
und Hexereien« noch beschäftigte, als er bereits zu hohem
sozialen Prestige am Hof König Friedrich II. aufgestiegen war,
zeigt sein satirischer Roman: »Leben des berühmten Tonkünstlers Heinrich Wilhelm Gulden«.[34] Mit unüberhörbaren An-
spielungen auf eigene Erfahrungen, werden die im Gefolge
von Schaustellern und »Bierfiedlern« mehr schlecht als recht
umherziehenden Wunderexistenzen von Reichardt zu Kari-

---

32 Allgemeine Musikalische Zeitung 12, 1810, zit. nach Gustav Gugitz
(Hg.): Johann Friedrich Reichardt, Vertraute Briefe geschrieben auf einer Reise nach Wien und den Österreichischen Staaten zu Ende des
Jahres 1808 und zu Anfang 1809, Einleitung, München 1915, S. XV.
33 Autobiographie von Johann Friedrich Reichardt. In: Berlinische Musikalische Zeitung, Erster Jahrgang 1805. Auch in AMZ 15, 1813,
Sp. 601 ff. und AMZ 16, 1814, Sp. 21–34. Kommentierte Neuausgabe
hg. von Walter Salmen, Berlin 2002. (Alle im Folgenden aus dieser
Quelle genommenen Textteile, sind dieser Ausgabe entnommen).
34 Johann Friedrich Reichardt: Leben des berühmten Tonkünstlers Heinrich Wilhelm Gulden nachher genannt Guglielmo Enrico Fiorino, Erster Theil, Berlin 1779, Nachdruck Leipzig 1967.

katuren verzerrt, die mit ihren beim Trödler gekauften »markt-schreierischen Anzügen« bedauerliche Gegenbilder abgeben. Ausstaffiert mit grellen »scharlachroten Röcken mit breiten goldnen, oft gewaschenen und mit Marienglas geputzten Tressen [...], hellblauen seidenen Westen [...], schwarz gefärbten kalbledernen Hosen«, nicht zu vergessen dem »kleinen Degen von Prinzmetall«, an dem »der arme Junge seine Ehre und seine Not« schleppte, wird ein grobianisches Szenario entworfen. Geschildert werden die Niederungen sinnentleerter Schaustellerei, scharf kontrastiert von dem Versuch, im zweiten Romanteil die Idee einer wunderbaren Läuterung des jungen Musikanten zum Tonkünstler zu entwickeln.[35] Wenn Reichardt in diesem frühen Roman auch zu expressiv sarkastischen Überzeichnungen ausholt, von denen er sich später distanzierte, so zeigt er sich doch als ein Autor, der sein Urteil an der Kulturkritik Jean Jacques Rousseaus oder Johann Gottfried Herders geschärft und von Immanuel Kant gelernt hat, »selbst über seine Kunst (zu) philosophieren«.[36] Die drastischen Milieuschilderungen rücken so gesehen in die Nähe von Goethes unvollendet gebliebener erster Version des Wilhelm Meister-Romans, die zur gleichen Zeit entstand.[37]

Abgeklärter als im Gulden-Roman blickt Reichardt in seiner Autobiographie auf seinen ersten Unterricht: »Der Vater fing früh an, ihn in der Violine zu unterrichten und im Clavier unterrichten zu lassen«. Durch Königsberg reisende Musiker wie der »vortreffliche Violinist Franz Adam Veichtner« oder Johann Friedrich Hartknoch, damals Theologiestudent, später »sehr braver Buchhändler« in Riga und der Verleger von Reichardts ersten Kompositionen, waren eben-

---

35 Ebd. S. 15 und 20 f. Den 2. Romanteil, die ›Hermenfried‹-Episode, überarbeitete Reichardt später noch einmal, um sie in seinem »Musikalischen Kunstmagazin« unter dem Titel: »Hermenfried oder über die Künstlererziehung« erneut zu veröffentlichen. Vgl. Musikalisches Kunstmagazin von Johann Friedrich Reichardt, Erster Band, III. Stück, Berlin 1782, S. 105 ff. (Reprint Hildesheim 1969).
36 Reichardt: Autobiographie S. 83.
37 Wilhelm Meisters theatralische Sendung, 1776–1786, Erstdruck 1911.

falls seine Lehrer.[38] Sie halfen, dem väterlichen »täglichen Antreiben«, sich einseitig zum Virtuosen zu bilden, vor allem aber der wiederholt abgebrochenen schulischen Ausbildung einen weiteren Horizont zu geben. Im Mittelpunkt stand jedoch, auch des Broterwerbes wegen, das regelmäßige Aufspielen in den Häusern und Landsitzen der wohlhabenden Aristokratie in und um Königsberg, bevor sich der 15jährige Reichardt entschloß, sich von diesem Lebenswandel zu trennen. Prägend mochte ihm der Umgang mit Gräfin Charlotte Caroline von Keyserling gewesen sein, deren Haushalt er als »eine reiche Quelle von Eindrücken anderer und sehr mannigfacher Art« schildert. Namentlich nach ihrer zweiten Vermählung konnte sie ein prächtiges Haus führen, das »sehr geschmackvoll und mit der allerraffinirtesten Bequemlichkeit auf französische Weise eingerichtet« wurde. »Concerte, Bälle, kleine Schauspiele belebten das Haus, und machten die fast täglichen Feten für ganz Königsberg zu einer reichen Freudenquelle. Der kleine Fritz, der seinen Vater fast täglich in dieses Prachthaus begleitete, hatte das alles beständig vor Augen«. Hier formte sich sein eigenes fernes Wunschbild von einem schöngeistigen, literarisch ambitionierten Leben, dem er durch den Ausbruch aus der häuslichen Beschränkung und den Beginn eines akademischen Studiums näher kommen wollte. Unterstützt von seiner Mutter gelang ihm 1768 bei Befreiung von der Matrikelgebühr die Immatrikulation an der Königsberger Universität. Das elterliche Haus wurde gegen die eigenen vier Wände vertauscht, der lebensnotwendige Unterhalt durch Musikunterricht erworben.[39]

Von einem geregelten Studium der Rechte und Theologie konnte jedoch keine Rede sein. Er stürzte sich in ein ausschweifendes »wüstes« Studentenleben und knüpfte nachhaltige Kontakte vor allem zu Johann Georg Hamann, dem Wegbereiter des Sturm und Drang, und zu seinem Philoso-

---

38 ›Vermischte Musicalien‹, Hartknoch Riga, 1773.
39 Zu den Königsberger Jahren ausführlich Walter Salmen, Reichardt, 1963, S. 13 ff.

phieprofessor Immanuel Kant, dessen Vorlesungen über »Logik und Metaphysik, Naturrecht, Physik, Ethik, Anthropologie und physische Geographie« er besuchte. Ihm dankte er, wie er in seinem »Musikalischen Kunstmagazin« später bekannte, daß er von seinen »frühsten Jugendjahren an, nie den gewöhnlichen erniedrigenden Weg der meisten Künstler unserer Zeit betrat, und seinen akademischen Unterricht, den er mir früh, ganz aus freiem Triebe, antrug, [...] dank ich das frühe Glück, die Kunst von Anfang an aus ihrem wahren höhern Gesichtspunkte beachtet zu haben«.[40]

Hatten sich die Königsberger Universitätsstudien also weitgehend auf den Besuch der Vorlesungen Kants beschränkt, so sollte eine Kunst- oder Geniereise das weitere zu seiner Ausbildung tun, die er 1771 mit der stattlichen Summe von »zwei Dukaten in der Tasche« antrat. Im Vorbericht zu seinen »Vermischten Musicalien«, der ersten 1773 bei Hartknoch in Riga gedruckten Notenausgabe, heißt es dazu: »Ich habe aus großer Neigung zur Musik und aus unwiderstehlichem Eifer es darinnen zu einem gewissen Grade der Vollkommenheit zu bringen, seit einiger Zeit die Akademie verlassen, mit dem Vorsatze, die vornehmsten Höfe in Deutschland zu besuchen, mich da, wo ich Gelegenheit fände, etwas zu lernen, eine Weile aufzuhalten und alsdann nach Italien zu gehen.«[41]

Was in diesen Zeilen so selbstbewußt und planvoll klingt, war indessen ein stationen- und entbehrungsreiches Wanderleben, das ihn nicht nur nahezu an den Rand des finanziellen, sondern auch des körperlichen Ruins führte. Weder der erste Aufenthalt in Berlin mit dem sporadischen Unterricht bei Johann Philipp Kirnberger oder die »liebevolle« Aufnahme, die er im Potsdamer Haus des Königlichen Konzertmeisters Franz Benda fand, noch die freundschaftlichen, nachhaltig prägenden Begegnungen mit dem »alten, braven« Johann Adam Hiller, der Sänger-Schauspielerin Corona Schröter und dem Verleger Bernhard Theodor Breitkopf in Leip-

---

40 J.F. Reichardt: Fingerzeige für den denkenden und forschenden deutschen Tonkünstler, in: Musikalisches Kunstmagazin II, 1791, S. 87.
41 Vorbericht zu: Vermischte Musicalien, Hartknoch Riga 1773.

zig haben ihn länger an einen Ort binden können. Die Absicht, an der Leipziger Universität seine Studien fortzusetzen, wurde durch die schwärmerische Liebe zu Corona Schröter vereitelt[42], und auch der »erste gründliche Unterricht auf dem historisch critischen Wege« bei dem Schüler Johann Sebastian Bachs, Gottfried August Homilius in Dresden, brach nach nur wenigen Monaten ab. Einige Instrumentalkompositionen, das eine oder andere Violin- und Cembalokonzert, »galante Armseligkeiten«, wie er sie nannte und die Fertigstellung von zwei dem Hillerschen Muster folgenden einaktigen Operetten »Hänschen und Gretchen« und »Amors Guckkasten«, waren nach zwei Reisejahren die schmale musikalische Ausbeute.[43] Reichardt mußte sich eingestehen, sich vornehmlich in der Rolle eines unverbindlich »auf Gelderwerb sinnenden Virtuosen« bewegt zu haben, so daß er am 13. Februar 1773 aus Dresden in einer vorläufigen Bilanz an seinen Königsberger Gönner und Lehrer Johann Gottlieb Kreuzfeld verunsichert und zweifelnd schreibt: »Sie werden mir am besten raten können, ob ich das Studium oder die Musik zu meinem künftigen Lebensberufe wählen soll. Ich höre Sie in der ersten Hitze ohne Anstand die Musik wählen und Sie haben Recht. Hören Sie aber erst meine Bedenklichkeiten. Ich werde mit jedem Tage mehr und mehr gewahr, wie sehr die Musik um davon zu leben, dem Eigensinne un-

---

42 Reichardt widmet der »heißen, innigen, tief begeisterten Liebe« zu der »schönen, herrlichen Künstlerin Corona Schröter« einige Seiten in seiner Autobiographie. In einer Passage heißt es dort: »Göthe, dem Corona während seiner Universitätszeit in Leipzig das war, was sie einige Jahre später Reichardten wurde, die schwärmerisch verehrte und geliebte Freundin und dem sie es dann später in Weimar wieder wurde, hat damals das liebliche Wesen in dem Trauergedicht auf Mieding's Tod so wahr und schön geschildert, daß nach diesen Versen keine Worte sie mehr zu preisen vermögen.« S. 108 ff.

43 »Hänschen und Gretchen und Amors Guckkasten, Zwey Operetten von einem Aufzuge. In Musik gesetzt von Johann Friedrich Reichardt. Riga, bey Johann Friedrich Hartknoch. 1773«. Vgl. Rolf Pröpper: Die Bühnenwerke Joh. Fr. Reichardts, Bd. 2, Werkverzeichnis, Bonn 1965, S. 71 ff.

verständiger oft geschmackloser Großen unterworfen ist; und eine Kunst von so hohem Werthe, die meine ganze Seele liebt und verehrt, demjenigen der mich bezahlt zu Gefallen, zu einem leeren Spiel des geselligen Vergnügens, sie und mich selbst zu einem Mittel des Amüsements herabzuwürdigen, wäre das nicht unverantwortlich?«[44]

Wenn dieser ausführliche Brief auch vom Überdruß angesichts des höfischen Musikbetriebes in Dresden diktiert sein mochte, zu dem er keinen Zugang fand, so spiegelt sich in ihm gewiß nicht nur eine momentane ziellose Stimmungslage wider, die sich schnell wieder verflüchtigen sollte. Herauszuhören ist bereits die offensiv kritische Position eines »aufmerksamen Reisenden«, die ihn später zu einem bürgerlich-liberalen Publizisten werden ließ, der mit spitzer Feder gesellschaftliche Zustände sezierte und mit der Herausgabe von Zeitschriften wie »Deutschland«, wenn auch immer nur für kurze Zeit, Plattformen für den politisch ästhetischen Diskurs schuf.[45]

Reichardt setzte seine Reise noch etwa ein Jahr fort. Er zog als Violinvirtuose durch Böhmen nach Prag und beeilte sich, zu Karnevalsbeginn des Jahres 1774 wieder in Berlin zu sein, um die großen Festveranstaltungen, die Inszenierungen der Hasseschen und Graunschen Opern und die Aufführungen von Georg Friedrich Händels Oratorien zu erleben, die ihn »ganz ausser sich gesetzt« haben.[46] Unter diesen mächtigen Eindrücken »ward er aufgemuntert«, wie er in seiner Autobiographie schreibt, »sich an die Komposition einer italieni-

---

44 Zit. nach Walter Salmen, Reichardt 1963, S. 29. Zum gesamten Verlauf der Reise siehe dort, S. 25 ff.

45 Deutschland. Eine Zeitschrift, Herausgegeben von Johann Friedrich Reichardt, 4 Bde., Berlin 1796. Reprint Nendeln 1971. Auswahlausgabe hg. mit einer Studie: »Die Zeitschrift ›Deutschland‹ im Kontext von Reichardts Publizistik« von Gerda Heinrich, Leipzig 1989.

46 Bewegende Schilderung seiner Händelbegeisterung im »vierten Brief. An den Herrn Kr*** B***. Berlin«, in: J.Fr. Reichardt: Briefe eines aufmerksamen Reisenden die Musik betreffend, Nachdruck der Ausgabe Frankfurt und Leipzig 1774, Hildesheim 1977, S. 82 ff.

schen Oper zu machen, ein Operngedicht, wozu der König
selbst einst den Plan gemacht und die meisten Szenen und
Arien angegeben hatte. Sie hieß »Le feste galanti«, dem Titel
nach weniger eine große Oper, als sie es der inneren Einrichtung, der hergebrachten Form nach war.«[47] Es sei seine »erste
gute Arbeit« geworden, gelobt vom damals amtierenden
Hofmusikdirektor Johann Friedrich Agricola, und wenig später das Werk, mit dem er sich um das Amt des Preußischen
Hofkapellmeisters bewerben sollte.

Was die letzten Monate seiner Wanderung bis zur Rückkehr ins heimatliche Königsberg kennzeichnet, ist aber nicht
nur die Anknüpfung an seinen früheren Berlinaufenthalt, die
Erneuerung der Freundschaft zur Familie Benda und die In-
tensivierung eigener kompositorischer Arbeit, sondern ein
zunehmendes, sein musikalisches Denken beeinflussendes
Interesse an der Begegnung mit Dichtern und Literaten, die
seine Wachsamkeit für deutsche Nationalkultur im Sinne
Johann Gottfried Herders zu schärfen begannen. In Berlin
hatte er Karl Wilhelm Ramlers pathetischen Odenvortrag
erlebt und zum Kreis um Friedrich Nicolai gehört, in Leipzig suchte er den Kontakt zu Christian Felix Weiße; er war in
Halberstadt im gastlichen Haus Johann Wilhelm Ludwig
Gleims eingekehrt, hatte sich in dessen Bibliothek umgese-
hen; seinen kurzen Aufenthalt in Braunschweig nutzte er,
um an den Abendgesellschaften Gotthold Ephraim Lessings
in Wolfenbüttel teilzunehmen und Johann Joachim Eschenburg, den Übersetzer der Händelschen Oratorientexte zu treffen. In Hamburg schließlich schloß er sich den Literaten an,
die sich mit Friedrich Gottlieb Klopstock und Matthias Claudius um Carl Philipp Emanuel Bach versammelt hatten. Hier
begegnete er nicht nur einer freiheitlichen Lebensart, die ihm
ausnehmend gut gefiel, sondern wurde auch der Zeuge des
stundenlangen Phantasierens von »dem grossen Bach«, der

---

47 Dramma per Musica in tre atti: La gioja duopo il duolo o le feste
   superbe. Autographe Partitur unter dem Titel »Le feste galanti«, Paris,
   Bibliothèque Nationale. Vgl. Rolf Pröpper: Die Bühnenwerke, Bd. 1,
   S. 233; Bd. 2, Werkverzeichnis, Bonn 1965, S. 177.

ihn »sehr freundschaftlich aufgenommen« habe und »ein treff-
licher, heiterer Wirth für seine Gäste« war. Er verließ Hamburg in der Gewißheit, in dieser Stadt »für immer« seinen
»Lieblingsort« gefunden zu haben, denn: »Nirgend fühlte er
sich mehr zu Hause, als unter diesen guten, für alles Gute
und Schöne empfänglichen Menschen, die in einem schönen, fruchtbaren Lande, und in der reinen, guten Verfassung
ihrer alten, würdigen Stadt, frey und liberal lebten […]«[48]

Unter diesen Eindrücken, zu denen auch die aufwühlende
Lektüre von Herders 1773 erschienener Programmschrift »Von
Deutscher Art und Kunst«[49] gehörte, begann für Reichardt,
wie er selbst bekennt, »eine bestimmende Epoche«, auch wenn
er krank und entkräftet nach Königsberg zurückkehrte und
es so aussah, als ob er von vielen hochfliegenden Plänen
Abschied nehmen mußte. Er tauchte wieder in das anregen-
de Königsberger Gesellschaftsleben ein, folgte sogar dem Rat,
seine juristischen Kenntnisse nutzbar zu machen und die
Position eines »extraordinären Kammersekretärs« auf dem
preußischen Kriegs- und Domänenamt im litauischen Rag-
nit anzunehmen. Neben diesem Amt fand er genügend Muße,
seine Reiseeindrücke zu ordnen und wurde als damals kaum
22jähriger mit einigen rasch hingeworfenen Schriften, angefangen mit seinen »Briefen eines aufmerksamen Reisenden
die Musik betreffend«, zu einem bewegten Schilderer des
gerade Erlebten, aus dem er sein eigenes künstlerisches Cre-
do entwickelte.[50] Er bediente sich der damals populären Mit-
teilungsform des persönlichen Briefes als dem »Abdruck der
Seele« (J.G. Herder) gewiß auch, damit er um so spontaner

---

48 J.F. Reichardt: Autobiographie S. 140.
49 Johann Gottfried Herder [Johann Wolfgang Goethe, Paolo Frisi, Ju-
   stus Möser]: Von Deutscher Art und Kunst. Einige fliegende Blätter,
   Hamburg 1773, in: Herders Sämmtliche Werke. Hg. von Bernhard
   Suphan, Bd. V, Berlin 1891.
50 Briefe eines aufmerksamen Reisenden die Musik betreffend. An seine
   Freunde geschrieben von Johann Friedrich Reichardt. Erster Theil.
   Frankfurt und Leipzig 1774, Zweyter Theil Frankfurt und Breslau 1776.
   Nachdruck Hildesheim 1977.

formulieren konnte, was er für reformbedürftig hielt. Und so legte er eine auf mehrere Bände geplante Briefausgabe vor, die sich in Anlehnung an Charles Burneys gerade in der Übersetzung durch Christoph Daniel Ebeling erschienenes »Tagebuch«[51] als kritischer Zustandsbericht verstanden wissen wollte. Am heftigsten hielt er sich bei den Fragen des »hiesigen deutschen Theaters« auf und holte in seinem 8. Brief »An den Herrn v. K. in P.« zu patriotischen Bekundungen über das Fehlen einer nationalen deutschen Oper aus. Dieser Bericht über einen Besuch im Berliner Deutschen Theater setzte ihn so sehr »ins Feuer«, daß er ihn zu der selbständigen Schrift: »Über die Deutsche comische Oper« erweiterte, einen Entwurf, der »mit dem Anspruch publiziert wurde, sowohl junge Komponisten als auch verständige Musikliebhaber über fortan anzuwendende Kunstregeln zu belehren«.[52] Nicht nur verarbeitete er in diesen skizzenhaftflüchtigen Ausführungen die Begegnungen mit Johann Adam Hiller, dessen Singspiel »Die Jagd« rasch zum Muster geworden war, er machte sich mit der kritischen »Zergliederung« des Werkes und einem Anhang »über die musikalische Poesie« sogar zum Vordenker einer neuen Gattungsidee.

Diese geradezu arbeitswütige, etwa ein Jahr andauernde Phase der inneren Bilanz endete mit der Nachricht vom Tod des Berliner Hofmusikdirektors Agricola und dem Entschluß, sich mit der bereits erwähnten, in Berlin unter dem Beifall seiner Kollegen begonnenen Oper »Le feste galanti« auf diese Position zu bewerben. Mit dem Schreiben vom 4. Dezember 1775, in dem es heißt: »Eilen Sie also, so geschwinde es sich will tun lassen, nach Potsdam zu kommen, um sich Se. Majestät dem Könige präsentiren zu lassen, welcher die Karnevalszeit hier zu pflegen Sich entschlossen haben.« erreich-

---

51 Carl Burney's der Musik Doctors Tagebuch einer Musikalischen Reise, Bde. 1–3, Hamburg, 1772–1773. Faksimile-Neudruck Kassel 1959.

52 Joh. Friedrich Reichardt: Über die Deutsche comische Oper nebst einem Anhange eines freundschaftlichen Briefes über die musikalische Poesie. Hamburg 1774. Faksimile-Nachdruck hg. von Walter Salmen, München 1974, Nachwort.

te ihn überraschend der Ruf auf die begehrte Position. Am Christabend 1775, so berichtet Reichardt in seiner Autobiographie, langte er in Berlin an und begann zu Beginn des Jahres 1776 ein so ehrenvolles wie schwieriges Amt. »Berlin lebt jetzt durch seinen Kapellmeister Richardt (sic), der so glücklich Grauns Pfad, und zugleich den Mittelweg zwischen steifer, todthalber theoretischer Gravität und zwischen dem Harlekinsgenius der neuesten Zeit auffand, auch wieder ein neues musikalisches Leben […] Kurz, meine Prophezeyung wird eintreffen, und die gewünschte heilsame musikalische Revolution in Berlin gewis erfolgen.«[53] Das hatte ihm Christoph Daniel Friedrich Schubart in seiner »Teutschen Chronik« zugerufen und gewiß geahnt, daß diese »heilsame musikalische Revolution« zunächst ausbleiben mußte. Ohne nennenswerte Opernaufträge sah sich Reichardt während des letzten Regierungsjahrzehnts Friedrichs des Großen in der Rolle eines servilen Dieners, der sich dem absolutistisch regressiven Musikverständnis des Monarchen zu beugen hatte und erleben mußte, wie seine Reformbestrebungen von erzkonservativen Vertretern des erhabenen, rationalistischen »alten Stils«, wie Kirnberger, heftig attackiert wurden.[54] Er selbst blickte um 1789 in Ernst Ludwig Gerbers Lexikon auf den Beginn seiner desillusionierenden Tätigkeit zurück und schrieb: »So hatte er manchen Kampf beym Antritte seines Kapellmeister Amts; […] auch wegen einiger seiner Schriften, auszuhalten.«[55]

Die Konsequenz, die Reichardt aus den ernüchternden Erfahrungen zog, ist im Zusammenhang der vorliegenden Ausgabe wichtig, denn sein Amt bot ihm zunehmend ledig-

---

53 Teutsche Chronik aufs Jahr 1776, Ulm 1776, S. 356.
54 Details dazu bei Walter Salmen, Reichardt, 1963, S. 37 ff. Kirnberger beschimpfte seinen ehemaligen Schüler als »gewesenen Landstreicher, den Gott im Zorn zum Kapellmeister uns gegeben« habe. Auch Christoph Henzel: Die italienische Hofoper in Berlin um 1800, Vincenzo Righini als preußischer Hofkapellmeister, Stuttgart 1994.
55 Ernst Ludwig Gerber: Historisch-Biographisches Lexikon der Tonkünstler, Zweiter Theil, Leipzig 1790, Sp. 255.

lich den nötigen wirtschaftlichen Hintergrund, auf dem er eine privilegierte bürgerliche Existenz aufbaute. Im November 1776 ehelichte er die geliebte Sängerin Juliane Benda, die Tochter seines väterlichen Freundes Franz Benda und gründete in repräsentativen Wohnverhältnissen den eigenen gastfreien Hausstand mit der bereits erwähnten wohlsortierten Bibliothek. Zur Teilung seiner unkonventionellen künstlerischen Wege in die leidliche Wahrnehmung seiner Amtspflichten bei Hofe und die Etablierung eigener Interessen als Schriftsteller, Konzertveranstalter und aktiver Beförderer deutscher Singspiele, gehörten ab 1778 wesentlich die Kontakte zur Doebbelin'schen Privatbühne.[56]

Beflügelt durch seine Frau, die an der Ausweitung des Beziehungsgeflechtes ihres Mannes regen und aktiven Anteil nahm, wurde er zudem zu einem »Singecomponisten«, dessen Liedschaffen beträchtlich anwuchs.

Wenn er 1782 in einem Brief schreiben konnte: »Mein Amt läßt mir 9 volle Monath im Jahr Musse, und meine freiwilligen Kunstarbeiten geschehen immer nur in glücklichen Geistesstunden«[57], so erlebte er diese Jahre als eine nahezu unabhängige, vielfältig tätige Zeit, die er auch nutzen konnte, um erneut auf Reisen zu gehen und sich gewohnt umtriebig zu orientieren. Gern fuhr er zu seinen Hamburger Freunden, er besuchte das Philanthropin in Dessau und im August 1780 zog es ihn mit seiner Familie nach Weimar. Dieser Aufenthalt, der zwar auch mit familiären Bindungen zu tun hatte – der amtierende dortige Hofkapellmeister Ernst Wilhelm Wolf war sein, wenn auch stets in Distanz verbleibender Schwager – wurde der Ausgangspunkt für die späteren Nahbeziehungen zu Goethe.

---

56 Dieser Schritt war begünstigt durch den Umstand, daß der Opernbetrieb wegen des Bayerischen Erbfolgekrieges vom März 1778 bis zum Dezember 1779 ruhte. Die aufgezwungene Untätigkeit hatte viele Ensemblemitglieder bewogen, zu Karl Theophil Doebbelin zu wechseln, der in Berlin eine große Spielkonzession bekommen hatte, um Komödien und Operetten aufzuführen.

57 Brief vom 9. November 1782 an Jenny von Voigts, zit. nach Walter Salmen: Reichardt, 1963, S. 47.

»... in der Zeit unsrer Geburtstage kam ein unerwarteter Besuch hier an, Kapellm. Reichard«

Reichardt hatte sich zunächst an den idolhaft verehrten, ebenfalls aus Ostpreußen stammenden Herder gewandt, zu dem er schon seit einigen Jahren in brieflichem Kontakt stand, dessen Werke zu seinen ständigen Begleitern gehörten und der ihm als Dichter musikalischer Poesie längst so vertraut war wie Goethe. Herder schildert diesen Besuch ausführlich dem beiden befreundeten Georg Hamann in Königsberg und charakterisiert die damaligen Interessen Reichardts, nicht ohne die vieldeutige Ambivalenz zu erwähnen, mit der ihm die »großen u. schönen Geister« in Weimar entgegentraten: »Acht Tage drauf u. in der Zeit unsrer Geburtstage also kam ein unerwarteter Besuch hier an, Kapellm. Reichard. Er ist mit seiner Frauen, einer geb. Benda, u. 2. Kindern über 8. Tage hier gewesen, weil seine Frau hier 2. verheirathete Schwestern hat u. er für seine Person hat sich tägl. zu uns gehalten. [...] Er ist ein herzl. guter Mensch, ein lieber treuer Junge, der die Wahrheit sehr liebt, sich ganz nach Claudius zu bilden scheint u. in deßen Musik ein Klopstockischer Geist wohnt. Klopstocken hat er sich ganz ergeben, wie er denn auch, diesen musikalisch zu deklamiren u. componiren, wenn irgend jemand gebohren scheint. Er hat uns einige Lieder u. Oden dieser Art hinterlaßen u. uns überhaupt von Tage zu Tage mehr erfreuet. [...] Sonst hat er hier, weil die großen u. schönen Geister, die den Ton angeben, den Stab über ihn gebrochen haben, zieml. kalte Aufnahme gefunden; aus der er sich aber nichts gemacht, so wie er auch diese nicht einmal gesucht hat. Er hat große Lust bezeugt, einmal allein wieder zu kommen [...]«[58]

Mit den hinterlassenen »Liedern u. Oden« wird er die seit 1779 erschienenen Hefte gleichen Titels gemeint haben, in

---

58 Johann Georg Hamann: Briefwechsel, hg. von Walther Ziesemer und Arthur Henkel, Bd. 3, Frankfurt a.M. 1957, S. 216. Siehe auch Walter Salmen: Herder und Reichardt, in: Herder-Studien, hg. von Walter Wiora, Würzburg 1960, S. 98.

25

deren programmatischer Vorrede Reichardt erstmals den an der Rezitation geschulten Komponierprozeß beschreibt: »Meine Melodien entstehen jederzeit aus wiederholtem Lesen des Gedichts von selbst, ohne daß ich darnach suche, und alles was ich weiter daran thue, ist dieses, daß ich sie so lang mit kleinen Abänderungen wiederhole, und sie nicht eh' aufschreibe, als bis ich fühle und erkenne, daß der grammatische, logische, pathetische und musikalische Akzent so gut mit einander verbunden sind, daß die Melodie richtig spricht und angenehm singt, und das nicht für Eine Strophe, sondern für alle. [...] Wären dies nicht meine eignen Gesänge, so würd' ich noch hinzufügen, daß der Sänger, der nicht imstande ist, Verse völlig gut zu lesen, durch die Akzente solcher Musik nachher seine Deklamation berichtigen könnte und so durch's richtige bedeutende Singen richtig und bedeutend lesen lernen könnte.«[59] Nach dieser bemerkenswerten Formulierung seines Vertonungs- und Vortragskonzepts, das von der unbedingten Wahrung des Primats der Dichtung ausging und daher der Goetheschen strophengebundenen Liedästhetik vollkommen entsprach, ist anzunehmen, daß Reichardt allzu gern persönlich dem hauptsächlichen Adressaten Goethe ein Exemplar überreicht und sich mit ihm darüber verständigt hätte. Caroline Herder formulierte diese Absicht in jenen Tagen jedenfalls deutlicher als ihr Mann: »Er hat zwar am Hof keinen Beifall gefunden u. ihn auch durch nichts zu erstreben gesucht, er verlangte nur nach näherer Bekanntschaft mit Goethe, die ihm aber nicht gewährt werden konnte. Wir waren zweimal mit ihm in Difurt (der Prinz war nie da) u. er hat den Geist dieses Schattenhains voll u. ganz eingesogen.«[60]

»Tiefurts Thal« war in diesem Jahr neben dem Ettersburger Schloß der Sommersitz der Herzogin Anna Amalia und ih-

---

59 Vorbericht zu: Oden und Lieder von Göthe, Bürger, Sprickmann, Voß und Thomsen, mit Melodieen beym Klavier zu singen, Zweyter Theil. Berlin 1780.
60 Brief vom 20. September 1780 an Karl Ludwig von Knebel, zit. nach Salmen: Reichardt, 1963, S. 50 f.

res Hofstaates geworden, die sich in diesem Gartenrefugium um das schlichte ehemalige Pächterhaus die Vorstellung eines unbeschwerten musikalisch-theatralischen Miteinanders »ohne Hofmarschall und Casino« besonders intensiv erfüllen konnten. Daß auch darüber und über die Aktivitäten des Gesellschaftstheaters gesprochen wurde, dessen Leitung Goethe bald nach seiner Ankunft im November 1775 übernommen hatte, können wir als sicher annehmen.[61] Reichardt dürfte mit den Weimarer Theatergeschicken schon durch seinen Schwager Wolf vertraut gewesen sein. Auch hatte er lebhaften Anteil genommen an Christoph Martin Wielands theoretischen Begründungen zur Neukonzeption deutscher Singspiele und dem »Posaunenschall«, mit dem der Dichter die Vertonung seines Singspiels »Alceste« durch Anton Schweitzer ankündigte, eine so despektierliche wie unvorsichtige Abfuhr erteilt.[62] Hingegen räumte er in seinen »Briefen eines aufmerksamen Reisenden« dem »Capellmeister Wolf in Weimar [...] den ersten Platz neben Herrn Hillern« ein, seine Operetten seien »voll Feuer und passendem Ausdrucke«.[63]

Ungeachtet jedoch der Erwartungen, die bereits allgemein begannen, sich an »die schöne Anstalt zu einer Theater-Schule in Weimar« zu knüpfen, in der »unser Göthe« noch zu Werken ausholen würde, die »seiner außerordentlichen Denkung=

---

61 Dazu ausführlich Gisela Sichardt: Das Weimarer Liebhabertheater unter Goethes Leitung, Weimar 1957. Auch Gabriele Busch-Salmen, Walter Salmen und Christoph Michel: Der Weimarer Musenhof, Stuttgart 1998. Besonders die Kapitel Gärten und Parks als »tönende Natur« und Musizierräume, S. 30 ff. und »Poesie, Musik und Akzion ...« Sing- und Sprechtheater, S. 144 ff.

62 Siehe seine ausführliche Besprechung: [Johann Friedrich Reichardt] »Alceste von Wieland und Schweizer«. Ohne Ort des Druckes und Jahreszahl (1774.) 39 Bogen in Queerfolio. (Mit einem etwas steif gezeichneten, und von Geyser gestochenen Titelblatte, welches die Scene vorstellt, wo Alceste von ihren Kindern Abschied nimmt)«. Kap. VIII, in: Allgemeine Deutsche Bibliothek, Bd. 33, Berlin, Stettin 1778, S. 307–335.

63 Briefe eines aufmerksamen Reisenden [...], Erster Theil. Frankfurt 1774, Nachdruck Hildesheim 1977, S. 156 f.

und Erfindungskraft gemäß« seien[64], verhielt sich Reichardt erstaunlich zurückhaltend und machte zu diesem Zeitpunkt noch keine Anstalten, den Maître de Plaisir und Komponisten Carl Siegmund Freiherrn von Seckendorff, seinen Schwager Wolf oder Philipp Christoph Kayser zu verdrängen. Es ist auch fraglich, ob er während seines Weimar-Aufenthaltes zu den Gästen gehörte, die am 18. August im Theater des Schloßes Ettersburg die Aufführung von Goethes Aristophanes-Adaption der »Vögel« mit der Musik von Ernst Wilhelm Wolf erlebten.[65]

In seiner Eigenschaft als Opernkomponist und Organisator, als der er sich vor allem empfand, scheint ihn Weimar damals nicht gereizt zu haben, denn noch richtete sich sein Hauptinteresse auf die Musikmetropolen London, Wien und Paris, während sein Wirkungszentrum Berlin blieb. Hier hatte er denn auch im Verlaufe der Jahre, nach wie vor frustriert durch die Einschränkung seiner Amtspflichten, seinen persönlichen Aktionsradius erheblich erweitern können. Dazu gehörte, daß er ab 1783 »Concerts spirituels« nach französischem Muster ins Leben rief, die als öffentliche Konzertinstitution zu einer nicht nur neuen, sondern auch einträglichen Wirkungsmöglichkeit wurden. Mit erlesenen Konzertprogrammen zur Heranbildung eines »feinen, geschmackvollen Auditoriums« richtete sie Reichardt ganz nach seinen Vorstellungen aus.[66] Daß ihm an dieser Institution als einem bürgerlich erzieherischen Ort gelegen war, hebt er in seinem biographischen Abriß für das Gerbersche Lexikon mit besonderem Nachdruck hervor: »Es erhob sich dies Institut nach und nach zu einem der ansehnlichsten und glänzendsten, theils durch die zahlreiche Gesellschaft der Vornehmsten, und durch die Vereinigung so vieler würdigen Sänger und Virtuosen, nicht allein aus des Königs, sondern auch des Kronprinzens Kapelle, und theils durch die reife Wahl und eigene

---

64 Ernst Christoph Dreßler: Theater=Schule für die Deutschen, das Ernsthafte Singe=Schauspiel betreffend, Hannover und Cassel 1777, S. 32.
65 Vgl. Gisela Sichardt: Das Weimarer Liebhabertheater, Weimar 1957, S. 163.
66 Dazu detailliert Walter Salmen: Reichardt 1963, S. 47 ff.

Behandlung der aufgeführten Musikstücke. Jeder Zuhörer erhielt dabey nicht allein die Worte der zu singenden Parthien in die Hand, sondern auch ein kurzes Exposé über den artistischen Werth derselben.«[67]

Insgesamt gewinnen wir bei der Lektüre seines Lebensabrisses den Eindruck, daß sich Reichardt zum Zeitpunkt der Niederschrift, auf dem Zenit seiner Laufbahn befand. Nur wenige traurige Geschicke, wie der Verlust seiner Frau Juliane im Jahr 1783, schienen das Bild eines erfolgsgewöhnten Mannes zu trüben; und selbst diese Trübung wurde erstaunlich schnell durch die Verehelichung mit der verwitweten Hamburgerin Johanna Dorothea Wilhelmina Alberti-Hensler aufgehoben, die er im Hause des Hamburger Handelsherrn Georg Heinrich Sieveking kennengelernt hatte.[68] Sie führte den größer gewordenen Berliner Haushalt fortan ebenso offen wie ihre Vorgängerin.

Auf seinen ausgedehnten Reisen war der Kapellmeister zum Weltmann mit reichen Erfahrungen geworden. Weder in London noch in Paris begnügte er sich mit der Rolle eines »müßigen Zuschauers«. In Paris schrieb er »die beyden Opern Tamerlan und Panthée«, deren Aufführung lediglich, wie er betont, durch die »außerordentliche Cabale der dasigen Künstler« vereitelt worden sei.

Nach dem Tod König Friedrichs II. im August 1786 bestätigte ihn dessen Nachfolger Friedrich Wilhelm II. in seinem Amt als Hofkapellmeister und machte ihn »sogleich zum Kapellmeister über beyde Kapellen« [die Kapelle des Kronprinzen und die Königliche]. Mit großer Genugtuung konn-

---

67 In Ernst Ludwig Gerber: Historisch-Biographisches Lexikon, Sp. 252.
68 Zu Juliane Benda, die am 9. Mai 1783 starb, vgl. Walter Salmen: Juliane Reichardt geb. Benda, in: Jahrbuch des Freien Deutschen Hochstifts 2002, Tübingen, in Vorbereitung. Reichardt setzte ihr selbst in Ernst Ludwig Gerbers Lexikon ein Denkmal. Siehe dort Sp. 258. Die zweite Ehe mit Johanna Hensler, die drei Kinder aus ihrer ersten Ehe mitbrachte, wurde am 14. Dezember 1783 in Hamburg geschlossen. Über den Verlauf dieser harmonischen Ehe siehe Ernst Rudorff: Aus den Tagen der Romantik, Leipzig 1938, S. 76 ff.

te Reichardt endlich über den so lange ersehnten Sensationserfolg berichten, den die Aufführung des »Dramma per Musica in tre atti: Andromeda« nach einem Libretto von Antonio de'Filistri auf der Berliner Opernbühne am 11. Januar 1788 hatte. »Sie that außerordentliche Würkung«, so resümiert er, denn er »hatte sich darinne der Gluckschen Manier genähert, doch ohne irgend eine von den Schönheiten der Musik der Poesie aufzuopfern.[…] der König vermehrte sogleich, zum Zeichen seiner Zufriedenheit, seinen jährlichen Gehalt mit 800 Thalern.«[69]

Es war ihm mithin gelungen, die Karnevalssaison 1788 mit einem italienischen Dramma per musica zu bedienen, das mit allen Ingredienzien einer traditionellen Opera seria auch die Ansätze zu der von ihm vorangetriebenen Reform trug. An diesen Erfolg konnte er ein Jahr später, schon unter Goethes reger Anteilnahme (siehe den Kommentar zu G 4), mit seinem »musikalischen Drama mit Chören und Tänzen: Brenno« anknüpfen, dem heroischen Werk, das nicht nur viele Jahre im Berliner Spielplan verblieb, sondern auch nachhaltig die Gemüter bewegte.[70] Reichardt ließ sich hinreißen, in seinem Lebensabriß über eine Sopranarie dieses mächtigen Werkes mit den Worten zu schwärmen: »nichts kommt der Kühnheit und Würde des Stils gleich, in welchem diese Arie geschrieben ist.«

---

69 E.L. Gerber: Historisch-Biographisches Lexikon, Sp. 254. In den »Annalen des Theaters« war unmittelbar nach der Aufführung zu lesen: »Die Menge der glänzenden Decorationen von dem Pinsel eines [Bartolomeo] Verona, die vortreffliche Musik, der bezaubernde Gesang eines [Carlo] Concialini und einer [Luigia] Todi, und die mit der Geschichte des Stücks selbst verwebten Baletts und Chöre, die vermehrte Anzahl der Tänzer, die Mannigfaltigkeit und das Fremde so vieler neuer Kleidungen – dies alles mußte bei der ersten Vorstellung eine so große Sensation hervorbringen, als hier noch keine italiänische Oper bewürkt hatte.« (Hg. von Bertram, Berlin 1788, 1. Heft, S. 62). Zit. nach R. Pröpper: Die Bühnenwerke, Bd. 1, S. 260.

70 Vgl. die ausführliche Darstellung bei R. Pröpper: Die Bühnenwerke, Bd. 1, S. 287–324. Auch Walter Salmen: Johann Friedrich Reichardt in Berlin, in: Jahrbuch des Staatlichen Instituts für Musikforschung Preußischer Kulturbesitz, 2001, Stuttgart 2001, S. 27 ff.

Daß zu dem von ihm gezeichneten Persönlichkeitsbild wesentlich seine schriftstellerischen Aktivitäten gehörten, läßt er den Leser des Gerberschen Lexikons ebenfalls mit Nachdruck wissen. Mit gewandter Feder war er als gefürchteter Rezensent, Berichterstatter und Romancier unermüdlich und zudem der ambitionierte, im Geiste Herders handelnde Herausgeber des »Musikalischen Kunstmagazins«, dessen erster Band 1782 erschien.[71]

Sein euphorischer Text kulminiert schließlich in den Sätzen: »Welche lachende Aussicht öffnet sich hier in die Zukunft für die Kunst sowohl, als für ihn [Reichardt] insbesondere! Es scheint, als wolle das Schicksal ihm jene Tage der Unruhe wieder vergüten, welche ihm ehedem Neid und Kabale zubereiteten. ..« Die »Achtung des Publikums«, so war er überzeugt, würde »immer höher« steigen.

So sehr er den »Neid« und die »Kabale« für überwunden erklärt hatte, so sehr hatten sie ihn spätestens ab 1787 mit Intrigen und Eigenmächtigkeiten seiner Kollegen eingeholt, derer er sich wiederholt zu erwehren hatte, für die seine häufigen Abwesenheiten den idealen Nährboden bildeten. Reichardts Lexikontext mag also auch mit dem Kalkül verfaßt worden sein, den Anfeindungen am wirkungsvollsten mit einem ungebremst optimistischen Tätigkeitsbericht begegnen zu können, glaubte er doch, sich am Hof und in der Öffentlichkeit so fest etabliert zu haben, daß er sich des ungeteilten Zuspruchs seines zweiten Dienstgebers, König Friedrich Wilhelms II. gewiß sein konnte. Die großzügigen Besoldungserhöhungen, die ihm 1788 gewährt wurden, scheinen ihm dafür ebenfalls ein deutliches und vor allem dauerhaftes Zeichen der persönlichen Gunst gewesen zu sein.[72]

---

71 Musikalisches Kunstmagazin, Berlin 1782. Im Verlage des Verfassers, Nachdruck Hildesheim 1969. Verzeichnis seiner schriftstellerischen und herausgeberischen Arbeiten bei R. Pröpper, Bd. 2, S. 3 ff.

72 Sein jährliches Salär lag nach der Anhebung um »800 Thaler« im Jahr 1788 bei der hohen Summe von 2000 Reichstalern. Vgl. dazu Christoph Henzel: Die italienische Hofoper in Berlin um 1800, Stuttgart 1994, S. 23.

Zu der »lachenden Aussicht«, die er beschwor, mochte wesentlich gehört haben, daß der König, ungeachtet seiner eigenen musikalischen Vorlieben für die Wiener Instrumentalmusik, in der Berliner Theaterszene die dringend notwendig gewordenen Reformen herbeigeführt hatte. Die Doebbelinsche Truppe war mit eigenem Haus und der Auflage, einen Spielplan zu erstellen, der sich auf hohem literarischen Niveau bewegen sollte, als »Königliches National-Theater« wirtschaftlich an den Hof gebunden worden, so daß sich Reichardt in seinen Reformbestrebungen bestätigt sah. Seine 1787 für eine Aufführung des Shakespeareschen »Macbeth nach Bürgers meisterhafter Verdeutschung« geschriebene Inzidenzmusik zu den »Hexenscenen«, denen er eine kühne, bis dahin nie gehörte musikalische Deutung gab, war sein eigener erster Anteil an diesem Theater, der enthusiastisch aufgenommen wurde.[73]

Vor diesem Hintergrund ist es um so verständlicher, daß er gerade zu diesem Zeitpunkt alles tat, den persönlichen Kontakt zu Goethe zu forcieren.

Als er sich Mitte April 1789 auf den Weg nach Weimar machte, tat er das mithin gewiß auch in der Hoffnung, in dem Dichter, der als Dramatiker in Berlin bestens bekannt war,[74] einen

---

73 Über den Auftrag der »Direktion des hiesigen Nationaltheaters« das unter die Leitung von Johann Jakob Engel und Karl Wilhelm Ramler gestellt worden war, schreibt Reichardt ausführlich im Vorwort zu seinem Klavierauszug einiger ausgewählter Stücke seiner Partitur (Berlin, Rellstab, 1789). Die Aufführung fand am 28. Dezember 1787 statt. (siehe den Kommentar zu G 5). Die »Musik zu den Hexenscenen aus Schakespeare's Macbeth« gehört zu den gewagtesten Partituren Reichardts. Dazu R. Pröpper, Bd. 1, S. 182 ff., Walter Salmen, 1963, S. 280 ff. und Ursula Kramer: Auf den Spuren des Häßlichen, in: Archiv für Musikwissenschaft 57, 2000, S. 301 ff.

74 Goethes Berliner Theatererfolge reichen zurück bis zu den spektakulären Aufführungen des »Götz von Berlichingen« und »Clavigo« der Theatertruppe Heinrich Gottfried Koch im Theater in der Behrenstraße im Jahr 1774. Die Doebbelinsche Theatertruppe hatte am 17. Juli 1775 die erste Fassung des »Schauspiels mit Gesang: Erwin und Elmire« in der Vertonung von Johann André erfolgreich auf die Bühne gebracht und das »Schauspiel für Liebende: Stella« wurde am 13. März

Partner zu gewinnen, mit dem ein weiterer spektakulärer Schritt auf der Bühne des Nationaltheaters gelingen könnte. Durch den Umgang mit Herder und dem Verleger Göschen, wohl auch durch Goethe selbst von den in Italien vorgenommenen Umarbeitungen der ersten Fassungen der Singspiellibretti »Claudine von Villa Bella« und »Erwin und Elmire« zu »Musterlibretti« unterrichtet, hatte er um eine Abschrift der Manuskripte und die Erlaubnis zur Komposition gebeten und traf am 23. April in Weimar bereits mit der weit gediehenen Komposition von »Claudine« ein (Details dazu in der Einleitung von V. Braunbehrens, siehe auch den Kommentar zu G 1).

»Reichard hat mir wohl gethan«

An entscheidenden Punkten in beider privater wie künstlerischer Laufbahn begann damit eine für einige Jahre lebhaft hin- und hergehende Korrespondenz, die den anregenden Austausch und die wiederholten Begegnungen begleitete. Goethe hatte den Hofkapellmeister in seiner Wohnung im Haus am Frauenplan beherbergt, wo sich beide bis zum 5. Mai ausführlich verständigten. Erneut setzte er sich damit über die entschiedenen Vorbehalte seiner Umgebung hinweg, denn schon zu Beginn des Jahres waren seine näheren Freunde mit der Enthüllung des Liebesverhältnisses zu Christiana Vulpius, auf eine Probe gestellt worden. Jetzt war es der freundschaftliche Umgang mit Reichardt, der mißfiel. Goethes Resümee an Knebel vom 8. Mai 1789 ist so kurz wie eindeutig: »Reichard hat mir wohl gethan«.[75] Nach der enttäuschenden Zusammenarbeit mit Kayser, muß ihm der mit neuen verlockenden Perspektiven auftretende, temperamentvolle Hofkapellmeister im rechten Moment entgegen gekommen sein (siehe G 1). Auch Reichardt muß Weimar mit dem

---

1776 hier uraufgeführt. Vgl. Siegfried Detemple: Goethe/Berlin/Mai 1778, Sechs Tage durch die preußische Residenzstadt, Berlin 2001.
75 WA IV, 2746.

Gefühl verlassen haben, alles erreicht zu haben, was er sich gewünscht hatte, denn geradezu fieberhaft ging er an die Umsetzung seiner Vertonungspläne. In der Tat gelang es ihm als Kapellmeister der italienischen Oper wenig später, mit den Aufführungen der »Claudine von Villa Bella« (am 20. und 29. Juli 1789 in Anwesenheit des Hofes in Charlottenburg sowie am 3. und 4. August als öffentliche Festaufführungen im Nationaltheater[76]) erstmals ein mit dem Personal des Hoftheaters ausgeführtes deutsches Singspiel auf die Bühne zu bringen, das zudem seinen Namen mit dem des Weimarer Dichterfürsten auch in einer musikdramatischen Arbeit verband. Zu den Darstellern hatte Aloisia Lange aus Wien gehört, die für großes Aufsehen sorgte. Daß es trotz der Wiederholungen nur zu Achtungserfolgen kam, mochte am Sujet und der Machart des Stückes gelegen haben, auf die man wenig vorbereitet war und die in denkbar krassem Gegensatz zu dem zwei Monate später mit größtem Pomp realisierten »Brenno« standen.[77] Reichardt blieb in der »Claudine« bei seinen Grundsätzen eines gemischten »Singeschauspiels« mit gereimten Dialogen, die nur an wenigen Stellen rezitativisch-dramatisch gesteigert werden.

An allen Details der Berliner Premiere nahm Goethe aus der Entfernung überaus regen Anteil (G 1) und ließ sich nach dem Erfolg des »Brenno« animieren, über einen »deutschen Text zu einer ernsthaft genannten Oper« nachzudenken (G 4). Diese gemeinsamen Pläne, die Reichardt stetig voranzutreiben wußte, zu denen auch Goethes bereits 1787 in Italien entworfenes Opernkonzept über die berühmt-berüchtigte Halsbandaffäre: »Der Groß-Cophta« kam (siehe die Kommentare zu G 4 und G 5), ließen den Musiker Ende November dieses Jahres erneut nach Weimar reisen. Hier arbeitete

---

76 Pressenotizen in: Berlinische Nachrichten für Staats- und gelehrte Sachen vom 21. Julius, 30. Julius und 4. August 1789. Am 4. August findet sich auch eine Notiz mit der Ankündigung der nochmaligen »Widerholung«.

77 Siehe R. Pröpper: Bd. 1, S. 86 ff.

er nicht nur »in Göthes Haus Arienmäßig im Opernstyl«[78], sondern wurde in allen musikalischen wie allgemeinen Theaterfragen zu dem erfahrenen Berater, den Goethe so dringend brauchte.

Wiewohl dieses Treffen beide Partner neuerlich ausnehmend inspiriert entließ, bewegte sich die beginnende Zusammenarbeit schon auf einem unheilvollen Strudel zunehmender Konflikte in Berlin. Ungeachtet der privilegierten gesellschaftlichen Stellung, die Reichardt genoß, traten die Differenzen mit dem »Directeur des Spectacles«, Freiherrn von der Reck und den italienischen Kollegen mit heftigen Auftritten nun offen zutage. So stetig die nächsten vertonten Goethe-Libretti auch im Sinne einer planvollen Gesamtvertonung aufeinander folgten – das Liederspiel »Jery und Bätely« (1790), die Singspiele »Erwin und Elmire« (um 1791) und »Lila« (1791), die Inzidenzmusiken zum »Faust I«, »Götz von Berlichingen«, »Tasso« (verschollen) sowie die Bühnenmusiken zum »Clavigo« (aufgeführt 1803) und zum »Egmont« (um 1791, Abbildung 7) – so sehr gerieten sie in die Turbulenzen demütigender Auseinandersetzungen, an deren Ende Reichardt mit der Begründung, seine »unerschütterte Gesundheit eingebüßt« zu haben, um seinen Abschied bittet.[79]

Seine zweite Italienreise, die er im Frühjahr 1790 weniger in der Absicht antrat, dort Sänger anzuwerben, als vielmehr, um Abstand zu gewinnen und seinen Wissensdurst nach »alten Meisterwerken« zu stillen, die er in Rom, Neapel oder Venedig hören und kopieren wollte, eine Reise, auf der er mehr zufällig als geplant im Mai 1790 in Venedig erneut auf Goethe traf[80], schützte ihn selbstredend nicht vor dem Fortgang der Berliner Machenschaften. Und so nahm mit dem

---

78 L. Blumenthal: Goethes Großkophta, in: Weimarer Beiträge 1961. Zit. nach Walter Salmen: Goethe und Reichardt, in: Jahrbuch der Sammlung Kippenberg, NF, Bd. 1, Frankfurt 1963, S. 54.

79 Ausführlich dargestellt von Günter Hartung: Reichardts Entlassung, in: Wissenschaftliche Zeitschrift der Martin-Luther-Universität Halle-Wittenberg, Mai 1961, S. 971 ff.

80 Darüber ausführlich Walter Salmen: Reichardt, 1963, S. 69.

an den König gerichteten Abschiedsgesuch vom 23. Januar 1791[81] eine ebenso tragische wie undurchsichtige Episode ihren Lauf, die im Herbst 1791 mit der Gewährung eines dreijährigen Urlaubs begann und im Oktober 1794 mit der schroffen, von dem gleichen Monarchen unterzeichneten Entlassung endete, der ihn bis dahin über alle künstlerischen Differenzen hinweg gestützt und geduldet hatte.

In der Literatur werden die Hintergründe zu dieser überraschenden Absage des Königs und die weiteren Geschicke Reichardts, insbesondere der Jahre zwischen 1791 und der teilweisen Rehabilitation 1796, unterschiedlich gewichtet und widersprüchlich interpretiert. Wie schon an anderer Stelle betont, gab er durch sein literarisch-journalistisches Engagement und die vielen gesellschaftlichen Ebenen, auf denen er sich souverän bewegte, oft selbst Veranlassung zu Kontroversen, die zu heftigen Ablehnungen und Protest umschlagen konnten.

Einen letzten befremdlichen, und wie sich zeigen wird, die Ambivalenz Reichardts ungeschminkt spiegelnden Konflikt hatten seine am Ende des Jahres 1809 erschienenen »Vertrauten Briefe geschrieben auf einer Reise nach Wien und den Oesterreichischen Staaten« ausgelöst. [82] Viele der ihm befreundeten Literaten waren einhellig aufgebracht über den genußsüchtigen Ton, mit dem sich ein Reisender angesichts des Beginns des österreichischen Koalitionskrieges und der napoleonischen Besetzung dem Adel anbiederte, so daß der Leser die Überzeugung gewinnt, als sei sich der einstige engagierte Demokrat gänzlich abhanden gekommen. Goethe, der schon zu früheren Schriften Reichardts in Distanz gerückt war, nahm das ihm 1809 zugesandte Exemplar kommentarlos entgegen und soll in einer Tischrunde seinem Unmut darüber in Abwandlung seines 216. gegen den Kapellmeister geschleuderten Xenions mit dem Satz Luft gemacht haben: »In seinen Briefen über Wien hatte sich Reichardt gerühmt, er habe nie einen

---

81 Abgedruckt in Walter Salmen, 1963, S. 71 und bei Günter Hartung: Reichardts Entlassung, S. 973.
82 Erschienen in Amsterdam 1810 (1809).

verdorbenen Magen gehabt. Darum hat er auch alle Nationen so beschmausen können.« (siehe R 39–R 41).[83]

Zweifellos war das Ende ihrer Beziehung damit besiegelt und auch die Vermittlung durch Goethes Frau Christiana, zu der Reichardt Zuflucht gesucht hatte, konnte das »Verstummen« nicht mehr aufbrechen (R 41).[84] Wiewohl ihm das Verhalten Goethes nunmehr »allen Muth« zur »Fortsetzung« nahm, wie er schrieb, so ließ er die Empörungen dennoch an sich abprallen, war er doch zu dieser Zeit wesentlich auf die Einnahmen aus Publikationen wie dieser dringend angewiesen. Am 10. Februar 1810 ließ er seinen Neffen Wilhelm Dorow abschätzig wissen: »Uebrigens setz' ich auch weiter keinen Werth darauf, als daß sie mich auf ein gutes Jahr recht reichlich mit Geld versorgt haben.«[85]

Einen entschieden anderen Eindruck vermittelt der vom »aufrüttelnden Erlebnis der Französischen Revolution« erfaßte Autor der frühen 1790er Jahre. Dieses Erlebnis, so Gerda Heinrich in ihrer Studie zu Reichardts politischen Schriften, »das eine geschichtliche Epochenwende signalisierte; seine persönlichen Erfahrungen mit dem feudalabsolutistischen Despotismus, die ihn seine Hoffnungen auf den aufgeklärten Absolutismus vorerst verabschieden ließen«, hatte ihn zu einem »politischen Publizisten« werden lassen, der sich wie kaum ein anderer zeitgenössischer Musiker exponierte und schließlich selbst das Opfer von Denunziation wurde,

---

83 Zit. nach Walter Salmen: Reichardt, 1963, S. 171, dort nach Flodoard v. Biedermann: Goethes Gespräche, Bd. II, Leipzig 1909, S. 64. Das 216. Distichon lautet: »An mehr als Einen./ Erst habt ihr die Großen beschmaust, nun wollt ihr sie stürzen;/ Hat man Schmarotzer doch nie dankbar dem Wirthe gesehn.«
84 Interpretation von Reichardts Brief an Christiana von Goethe vom 28. Juli 1810 (R 41) siehe Gabriele Busch-Salmen: »Hochwohlgebohrne, Gnädige Frau Geheimeräthin« – Reichardt und Christiana Vulpius - Goethe, in: Der Tonkünstler Johann Friedrich Reichardt und Goethe, Ausstellung und Katalog GMD, hg. von Walter Salmen und Regine Zeller, Düsseldorf 2002, S. 47 ff.
85 Wilhelm Dorow: Erlebtes aus den Jahren 1780–1827, Bd. III, Leipzig 1845, S. 28.

die ab 1792 an den deutschen Höfen an der Tagesordnung war.[86]

Seinen Urlaub trat Reichardt noch in dem Bewußtsein an, endlich der freie Mann zu sein, der sich dort ansiedeln konnte, »wo ich es meiner Gesundheit und meiner Familie am zuträglichsten finde«, wie es in seinem Abschiedsgesuch hieß. Den Ort, an dem er – entfernt von Hofintrige und Zeremoniell – in »schöner häuslicher Ruhe und Eintracht« zu leben beabsichtigte, hatte er schon im Frühjahr gefunden, als er sich entschloß, den »Kästnerschen Gutshof« in Giebichenstein bei Halle mit dem dazu gehörigen 2 089 Hektar großen Gelände zu pachten. Orientiert am Beispiel des Wörlitzer Parks, legte er im Laufe der nächsten Jahre mit üppiger Bepflanzung den allseits bewunderten Landschaftsgarten an, der von einer Mauer umfriedet der Lebensphilosophie des »Zurück zur Natur« vollkommen entsprach (Abbildung 2).[87]

Als er diese Idylle Ende 1791 mit seinem Stiefsohn Wilhelm Hensler, damals einem enthusiastischen Anhänger der Revolution, in Richtung Frankreich verließ, tat er das, um »sich mit der wahren Lage der sehr wichtigen Französischen Sache näher bekannt zu machen«. So heißt es im Vorbericht zum ersten Teil seiner bald nach seiner Rückkehr anonym erschienenen »Vertrauten Briefe über Frankreich«, leidenschaftlichen und scharfsinnigen politischen Kommentaren zu seinen Erlebnissen.[88]

---

86 Gerda Heinrich: Die Zeitschrift ›Deutschland‹ im Kontext von Reichardts Publizistik, in: Deutschland, Eine Zeitschrift hg. von Johann Friedrich Reichardt, Auswahl, Leipzig 1989, Anhang, S. 317 ff. Dazu auch Reichardts Schrift »Über die Schändlichkeit der Angeberei«, Berlin 1795, in der er am Beispiel eines denunzierten Musikers über sein eigenes Schicksal berichtet.

87 Dazu ausführlich Walter Salmen: Reichardts Garten in Halle-Giebichenstein, in: Die Gartenkunst 6, Heft 1, 1994, S. 105 ff. und Gabriele Busch-Salmen, Walter Salmen und Christoph Michel: Der Weimarer Musenhof, Stuttgart 1998, dort das Kapitel: Gärten und Parks als »tönende Natur« und Musizierräume, S. 30 ff.

88 Zit. nach Günter Hartung: Reichardts Entlassung, S. 974. Vgl. auch die Ausgabe: Vertraute Briefe aus Paris 1792, hg. und eingeleitet von Rolf Weber, Berlin 1980.

Bis heute gehören sie zu den wichtigen Zeitzeugenberichten, in denen der Musiker ohne den früheren beruflichen Ehrgeiz die zerstörerischen Vorboten der Schreckensjahre schildert und zu nüchternen, bisweilen weitsichtigen Einschätzungen kommt. Wenn er auch den Bruch mit dem Feudalsystem formuliert und den Idealen der Revolution das Wort redet, so bleibt er dennoch als bürgerlicher Aufklärer auf dem Boden der konstitutionellen Monarchie nach englischem Muster, die ihm als erstrebenswertes Gesellschaftsmodell gilt. Mit dieser Überzeugung schloß er sich den Idealen der progressiven norddeutschen Intellektuellen an und beeilt sich, die Revolution für Deutschland als Mittel, zu diesem Ziel zu gelangen, abzulehnen: der Deutsche sei »nicht gedrückt genug [...] um sich den vielen Übeln, die eine jede Revolution zur Folge hat, unterziehen zu müssen.« Mehr noch, er beginnt, seine Einschätzung der Jacobiner zu revidieren, die ihm in einer Versammlung als »höchst widrig, schmutzig und ekelhaft« erschienen.[89] Sie hatten mit der moralisch begründeten Gesetzmäßigkeit, die er in der Revolution sah, und an der er in seinen späteren publizistischen Arbeiten festhielt, nichts zu tun.

Wiewohl die Ausgabe dieser Briefe, die anstandslos die Zensur passierte[90], gewiß nicht mit seiner späteren Entlassung in direkten Zusammenhang zu bringen ist, so reichte ihre demokratische Tendenz aus, die Vorbehalte zu nähren, die sich längst gegen ihn gerichtet hatten, die später auch den Kontakt zu Goethe empfindlich zu überschatten begannen.

Davon noch untangiert und überzeugt, in Goethe vor allem den kongenialen künstlerischen Partner gefunden zu haben, hatte Reichardt von Giebichenstein aus begonnen, alle publizistischen Möglichkeiten zu nutzen, um sich zu dessen unverzichtbarem musikalischen Promotor zu machen. Die

89 Zit. nach Günter Hartung, S. 975.
90 Salmen, S. 170. Günter Hartung, S. 975.

große Streuung seiner Liedausgaben in Almanachen, Journalen und Einzeldrucken[91] war dazu ein nicht hoch genug einzuschätzender Schritt, vor allem breite Abnehmerkreise zu erreichen. Die Entwicklung einer dezidierten deklamatorischen Vortragsästhetik, mit der es ihm gelang, das Goethesche Lied aus der Sphäre einer funktionalen Kleinigkeit in eine höhere Kunstebene zu heben, ein weiterer.[92] Darüber hinaus empfahl er im zweiten Band des von ihm herausgegebenen »Musikalischen Kunstmagazins«, sich »die neue Ausgabe« der Schriften Göthes zu eigen zu machen. Unter dem Titel: »Fingerzeige für den denkenden und forschenden deutschen Tonkünstler« veröffentlichte er einen Artikel über »Göthe«, den er ein Jahr später in der gemeinsam mit seinem Gesinnungsfreund Friedrich Aemilius Kunzen redigierten »Musikalischen Monathsschrift« unter die provokante Rubrik: »Berichtigungen und Zusätze zum Gerberschen Lexikon der Tonkünstler« noch einmal einrückte.[93] Gerber wird von Reichardt vehement darauf hingewiesen, daß in seinem Werk der Name des Weimarer Dichters fehle, »der sich durch die neue Ausgabe seiner Schriften um jede Kunst und alle zur Kunst Berufene, vorzüglich aber auch um die Tonkunst und den ächten Componisten höchst verdient gemacht hat.« Sie finden in seinen Schriften: »Lebensmomente des Künstlers, von der Stunde der Einweihung bis zu seiner Apotheose [...] erweckende, leitende, erhebende, bildende, goldne Sprüche.« Und indem er die im »achten Bande« der »neuen Ausgabe« erschienenen Stücke als »sehr launige« empfiehlt, die »dem Tonkünstler viel Anlass zu ächt komischer und originallauniger Musik« bieten, macht er sich auch hier zu dem Komponisten, der »die drey ersten Stücke [...] mit grosser

---

91 Vgl. den Katalog der Musikalien des GMD, Bonn 1987, No. 941–1075.
92 Vgl. dazu Gabriele Busch-Salmen: »Er war unermüdet im Studiren des eigentlichsten Ausdrucks«, Goethes Zusammenarbeit mit dem Hofsänger Johann Wilhelm Ehlers, in: Goethe-Jahrbuch, 117. Bd., 2000, Weimar 2001, S. 126 ff.
93 Musikalisches Kunstmagazin, 1791, S. 89 und Musikalische Monathsschrift, 1. Stück, Juli 1792, S. 74 f.

Lust in Musik gesetzt«, ja sie »bereits in Berlin mit sehr glück-
lichem Erfolg' aufführen« gesehen habe.[94]

Wie sehr der Name des Dichters für Reichardt zum Programm geworden war, zeigt, daß er dem zweiten Band des
»Kunstmagazins«, nachdem er den ersten unter ein Motto
aus der Feder Herders gestellt hatte, ein Zitat aus Goethes
Drama um die Existenz des Genies: »Künstlers Apotheose«
vorausschickte:

»Dem glücklichsten Genie wird's kaum einmal gelingen,
Sich durch Natur und durch Instinct allein
Zum Ungemeinen aufzuschwingen:
Die Kunst bleibt Kunst! Wer sie nicht durchgedacht,
Der darf sich keinen Künstler nennen;
Hier hilft das Tappen nichts; eh' man was Gutes macht,
Muß man es erst recht sicher kennen.«[95]

Auf diese ehrgeizigen Unternehmungen reagierte Goethe, wie
dem Briefwechsel zu entnehmen ist, anfangs angeregt anteil-
nehmend und ab 1793 mit zunehmender Reserviertheit.
Selbst die Zusendung des ersten Bandes seiner auf sechs Bände
projektierten »Musik zu Göthe's Werken«, die mit der Musik
»zum großen Faust« hätte abgeschlossen werden sollen, kommentiert er auffallend zurückhaltend (G 6, G 13).[96] Am 29.
September 1793, unmittelbar vor seiner Abreise ins vorüber-
gehende Altonaer Exil, übersandte Reichardt den mit der
bereits eingangs zitierten Widmung versehenen Band mit den
Zeilen: »So muß ich mir denn auch für diesmal die Freude
versagen Ihnen Erwin u[nd] Elmire beim Claviere zu überreichen. Nehmen Sie es auch so freundlich an, und erkennen
Sie in der offentlichen Zuschrift nur die Begier meines Her-

---

94 In: Musikalische Monathsschrift, 1. Stück, Juli 1792, S. 74 f.
95 Künstlers Apotheose, Drama, WA I, 16, S. 154. Zit. nach dem Musikalischen Kunstmagazin, Zweiter Band, Berlin 1791, Nachdruck Hildesheim 1969.
96 Siehe das Vorwort zur Neuausgabe von »Goethes Lieder, Oden, Balladen und Romanzen mit Musik«, hg. von Walter Salmen, in: EdM,
Bd. 58, München 1964. Das Vorhaben blieb Torso und brach nach
dem Erscheinen des 3. Bandes ab.

zens Ihnen auf jede mir mögliche Weise die innige Verehrung und Dankbarkeit zu bezeigen die mich erfüllt und ewig
für Sie fortleben wird.« (R 1)[97]Der zweite Band: »Göthe's lyrische Gedichte in Musik gesetzt«, folgte am 16. Juni 1794
mit einem ebenso hochgestimmten Begleitbrief, in dem es
heißt: »Mit wachsendem Vertrauen geb' ich diesen zweiten
Band meiner Musik zu Ihren herrlichen Werken in Ihre Hände. Der dritte wird Claudine von Villa Bella enthalten.«
(R 4)[98]Die Drucklegung des dritten Bandes, der nicht wie angekündigt die »Claudine«, sondern das erfolgreiche Singspiel
»Jery und Bätely« enthielt, gelangte erst 1801 in Goethes Hände, als Reichardt einen erneuten Versuch einer Kontaktaufnah-
me nach der Xenien-Fehde wagte (siehe R 8 und R 9).[99]

Dazwischen lagen die heftigen Jahre nach seiner Entlassung, in denen sich Reichardt bar seiner gewohnten Bezüge,
hoch verschuldet durch den Ankauf des Giebichensteiner
Besitzes,[100] mit seiner Familie vor den Nachstellungen in
Preußen in das ihm so wohl vertraute Hamburg zurückzog
und Kontakte zum »Neumühlener Kreis« um Georg Heinrich Sieveking gefunden hatte. Für die journalistischen Unternehmen, die er dort ab 1795 mit der Herausgabe der Zeitschrift »Frankreich im Jahre 1795. Aus den Briefen Deutscher

---

97 Erwin und Elmire. Ein Singspiel in zwey Acten von Göthe. In Musik
   gesetzt von Johann Friedrich Reichardt. Vollständiger Clavierauszug.
   (Musik zu Göthe's Werken […] Erster Band.), Berlin: Im Verlage der
   neuen berlinischen Musikhandlung. 1793, GMD, Kat. No. 951.
98 Göthe's lyrische Gedichte mit Musik von Johann Friedrich Reichardt.
   (Musik zu Göthe's Werken […] Zweiter Band.), Berlin: Im Verlage
   der neuen berlinischen Musikhandlung. 1794. GMD, Kat. No. 958.
99 Jery und Bätely. Ein Singspiel in einem Aufzuge von Göthe. In Musik gesetzt von Johann Friedrich Reichardt. (Musik zu Göthe's Werken […]. Dritter Band.) Berlin: Im Verlage des Autors. 1794. GMD,
   Kat. No. 959.
100 Am 4. Juli 1794 erwarb er das Gut und bezahlte von der Kaufsumme
   von 9300 Reichstalern die Teilsumme von 2000 Talern, die ihm die
   Fürstin Luise Henriette von Anhalt-Dessau zur Verfügung gestellt hatte. Darüber ausführlich in Walter Salmen: Reichardts Garten in Halle-Giebichenstein, in: Die Gartenkunst, 6, Heft 1, 1994, S. 105 ff.

Männer in Paris« begann und ein Jahr später mit der überregionalen, bei Friedrich Unger in Berlin herausgegebenen Zeitschrift »Deutschland«[101] fortsetzte, konnte er keinen besseren Ort gewählt haben als das neutrale Altona und Hamburg, die damals tausenden von Emigranten Asyl und Auskommen gewährten.[102] Dem aus Weimar angereisten Karl August Böttiger verdanken wir eine anschauliche Schilderung seiner dortigen Lebenssituation in einem »kleinen Gartenhaus«, das in unmittelbarer Nachbarschaft zum Sievekingschen Garten lag.[103]

Daß er selbst es war, der sich der Schillerschen und Goetheschen Abscheu vor jeglicher Art von »gewaltätig aufgelösten Zuständen« auslieferte, indem er beide freimütig über seine herausgeberischen Tätigkeiten unterrichtete (R 6 vom 7. April 1795), zeigt eine fast naive Offenherzigkeit, mit der er seine Weimarer Verbindungen überschätzt hatte. Als ihm von einer am 30. Mai über die Bühne des dortigen Hoftheaters gegangene Aufführung der »Claudine« berichtet wurde, über die er nicht mehr verständigt worden war, heißt es am 5. Dezember 1795 immer noch ahnungslos: »Ich höre Sie haben Claudine aufgeführt; und sind so grausam gegen mich gewesen, mir kein Wort darüber zu sagen!« (R 7).

Der Verlauf, den das Zerwürfnis ab diesem Zeitpunkt mit dem unrühmlichen Höhepunkt in den Xenien Attacken nahm, ist vielfach dargelegt worden und wird im zweiten Teil dieser Einleitung ausführlich untersucht. Daß sich Reichardt zu den gegen ihn geschleuderten Anwürfen lediglich äußert mit einer in seiner Zeitschrift »Deutschland« abgegebenen »Erklärung des Herausgebers an das Publikum«, birgt sicher

---

101 Ausführlich dargestellt von Gerda Heinrich: Die Zeitschrift ›Deutschland‹ im Kontext von Reichardts Publizistik, in: Deutschland Eine Zeitschrift, Auswahl, Leipzig 1989, S. 334 ff.

102 Vgl. Hans-Werner Engels: Es begann in Neumühlen … Goethes und Schillers Streitereien mit Johann Friedrich Reichardt, in: Frieden für das Welttheater, Max Wegner zum 80. Geburtstag, hg. von Jörgen Bracker, Museum für Hamburgische Geschichte 1982, S. 99.

103 Karl August Böttiger: Literarische Zustände und Zeitgenossen. Hg. von K.W. Böttiger. Zweites Bändchen. Leipzig 1838, S. 52 f.

bereits den Kern seiner späteren Bemühungen, weiterhin unerschrocken auf Goethe zuzugehen. Es heißt dort:

»Kein Angriff wird je den Mut des Herausgebers, überall der Wahrheit treu zu huldigen, einen Augenblick erschüttern können, am wenigsten ein Pasquillantenunfug, der so offenbar aus empörter Eitelkeit herstammt. Ja, er würde kein Wort darüber verloren haben, wenn die Xenien ihn bloß als Schriftsteller beleidigt hätten, und wenn sie nicht, nach der löblichen Weise der Verleumder, noch mehr zu verstehen gäben, als namhaft sagten. Er ist es sich schuldig, dem Publikum laut und feierlich zu versichern, was er im Notfall durch den Abdruck der freundschaftlichsten und achtungsvollsten Briefe, die bis an die Erscheinung des ersten Stücks von *Deutschland* reichen, urkundlich erweisen kann; – daß nur jene Urteile allein diese Schmähungen veranlaßt haben. [...] Nichts könnte für den Herausgeber schmerzlicher sein, als wenn das wahr wäre, was er sich nicht als nur möglich denken kann, ohne mit innerem Schauder zurückzutreten; wenn ein Mann, dessen einziges Genie er immer dankbar verehren wird, seine Größe so entweiht und sich bis zur Teilnahme an einer absichtlichen Verleumdung erniedrigt haben sollte.«[104]

Zu seiner öffentlichen Rechtfertigung berief sich Reichardt mithin auf seine Korrespondenz, die in der Tat keine Andeutungen von Trübungen enthält und vermutet »Herrn Schiller« hinter den Attacken, dessen Anteil er »sehr leicht verschmerzen« könne, »da desselben schriftstellerische Talente und Anstrengungen keineswegs auf derselben Stufe mit jenem echten Genie stehen, welches auch selbst dann, wenn es sich durch Unsittlichkeit befleckt, noch Ansprüche an Ehrfurcht behält.«

Epilog

Als Reichardt mit seinem Brief vom 25. Januar 1801 (R 8) suchte, das langjährige Schweigen zu brechen, ließ sich frei-

---

104 Zit. nach der Auswahlausgabe »Deutschland«, Leipzig 1989, S. 267 f.

lich nach diesen Turbulenzen an die frühere Nähe nicht unbefangen anknüpfen. Dennoch gelang es beiden, sich weiterhin über viele Gegenstände zu verständigen, was wesentlich mit der ungebrochenen Umtriebigkeit Reichardts zu tun hat. Nicht nur griff er nach wie vor in die Belange der Politik ein, sezierte die kulturellen Zustände, schaltete sich sogar in Fragen der Lehrstuhlbesetzung an der Hallenser Universität ein (siehe R 30). Da er nach seiner Teilamnestierung im Jahr 1796 in Giebichenstein zum Salinendirektor mit einem Jahresgehalt von 612,5 Talern bestellt war, konnte er nun tatsächlich verwirklichen – wenn auch nur bis zum Einfall der Napoleonischen Truppen, die dem viel beschriebenen, ausgeprägten schöngeistigen Leben ein jähes Ende setzten – wovon er schon lange geträumt hatte. Das, was Ernst Ludwig Gerber in seinem »Neuen historisch-biographischen Lexikon« nicht mehr verstand, der Reichardts Rückzug »auf sein Landhaus zu Gibichenstein bey Halle« mit einem »Schiffs=Kapitain« verglich, der sich in ein Land versetzt sieht, »wo man die Schiffe bloß aus Kupferstichen und kein anderes Gewässer, als den vorbeyrieselnden Schmerlenbach kennt«, war der bewußte, keineswegs untätige Schritt in eine großbürgerliche private Existenz.[105] Er fühlte sich als ein Mann, der schon der nächsten Dichtergeneration eine »Herberge« bot. Wohnhaus und Garten hatte er zu Refugien gemacht, die aufeinander bezogen einer großen Personenzahl die Möglichkeit gartennaher Geselligkeit boten. Den ungewöhnlich geräumigen Gartensaal beschrieb Jean Paul als »belaubten Konzertsaal«, während sich Ludwig Tieck »romantisch« verklärt »in die fernste Vergangenheit« versenkt sah. Joseph von Eichendorff erlebte den Reichardtschen Garten »völlig mystisch« und Wilhelm Grimm schwärmt in seiner Selbstbiographie über »die Compositionen zu Goethes Liedern«, die er in Giebichenstein »von den Gliedern seiner [Reichardts] Familie hat vortragen hören«.

---

105 Ernst Ludwig Gerber: Neues historisch-biographisches Lexikon der Tonkünstler (1812–1814), Leipzig 1813/14, Nachdruck Graz 1966, Sp. 814 ff.

Abb. 2: Reichardts Gutshof in Giebichenstein bei Halle mit Blick auf den Talgarten

Wer das erlebt habe, der habe die Lieder »vielleicht erst in ihrem ganzen Werthe kennen gelernt«.[106]

Zu den wichtigsten Gästen gehörte dem Besitzer freilich Goethe, der auf die wiederholten früheren Einladungen nicht eingegangen war, wie etwa jene vom 16. Juni 1794 (R 4), in der es heißt:»Könte dies Zimmer Sie selbst einmal und bald beherbergen, wie glücklich würde das mich und mein liebes Weib machen, die außer Sie und Herders keinen Wunsch nach neuer Bekantschaft hat. Mich dünkt es sollte Ihnen in unsrer recht lieblichen Wohnung in userm fröhlichen Hauskreise wohl werden.« Als er im Juni 1802 endlich den Weg nach Giebichenstein fand, rief ihm Reichardt am 20. Mai 1802 zu: »Tausendmahl willkommen in unsrer Nähe! So schwer es mir auch wird Sie so nahe zu wissen, ohne Sie zu sehen, gehorche ich dennoch und erwarte Sie Sonabend in meinem Hause. Alle die Meinigen freuen sich mit mir unaussprechlich zu Ihrem Empfange.« (R 16)

»Alle die Meinigen«, das waren seine Frau und seine Töchter, die als »fröhlicher Hauskreis« die Goethevertonungen in der angemessenen Weise vorzutragen vermochten. Im Rückblick auf das Jahr 1802 erinnert sich der Dichter: »Die Nähe von Giebichenstein lockte zu Besuchen bei dem gastfreien Reichard; eine würdige Frau, anmuthige schöne Töchter, sämmtlich vereint, bildeten in einem romantisch-ländlichen Aufenthalte einen höchst gefälligen Familienkreis, in welchem sich bedeutende Männer aus der Nähe und Ferne kürzere oder längere Zeit gar wohl gefielen, und glückliche Verbindungen für das Leben anknüpften. Auch darf nicht übergangen werden, daß ich die Melodien, welche Reichardt meinen Liedern am frühsten vergönnt, von der wohlklingenden Stimme seiner ältesten Tochter gefühlvoll vortragen hörte.«[107]

Über die drei mehrtägigen Besuche Goethes und seiner Frau Christiane ist überliefert, daß man sich über neueste künstlerische Arbeiten austauschte und neben den musikalischen

---

106 Zit. nach Walter Salmen: Reichardts Garten in Halle-Giebichenstein, in: Die Gartenkunst 6, Heft 1, 1994, S. 107.

107 Tag- und Jahres-Hefte, WA I, Bd. 35, S. 136.

Darbietungen vor allem den Garten genoß. Goethe muß die private Appartementfolge im Seitenflügel des Hauses, die sich Reichardt für seine Bibliothek zugerichtet hatte, so sehr gefallen haben, daß er an ihrer südlichen Außenseite einen Kletterrosenstock pflanzte, der bis zum Abbruch des Anwesens im Jahr 1903 dort gewachsen ist.

Abgesehen von dem einen oder anderen Wunsch, etwa für die Wiedereröffnung des Lauchstädter Theaters den Prolog: »Was wir bringen«[108] zu vertonen, nahm Goethe nach 1804 an den künstlerischen und persönlichen Geschicken des »Herbergsvaters der Romantik« nur noch sporadisch teil. Bisweilen bat er um Auskünfte und konnte sicher sein, aus den reichen Bibliotheksbeständen Reichardts mit Materialien versorgt zu werden, wie etwa für seine Arbeit an den Anmerkungen zu Denis Diderots »Rameaus Neffe« (siehe R 35 vom 8. April 1805). Für Reichardt besonders schmerzlich war jedoch die Verweigerung jeder Reaktion aus Gründen, die oben bereits vorweggenommen wurden, als er ihm nicht nur seine »Vertrauten Briefe geschrieben auf einer Reise nach Wien« übersandte, sondern die in vier Abteilungen 1809 und 1811 erschienene Ausgabe »Goethe's Lieder, Oden, Balladen und Romanzen«.[109] Mit 128 Vertonungen schritt er in dieser Edition alle Facetten des geselligen Liedes bis zum romantischen Stimmungslied als eine Summe seiner Bemühungen um dieses Genre aus und öffnet den Weg zur dramatischen Deklamation.

Die letzte Reise, die Reichardt nach Jena und Weimar im März 1810 unternahm, entließ ihn daher bedrückt und enttäuscht, so daß er am 4. April »in sehr zerüteten Umständen« in Berlin eintraf. Carl Friedrich Zelter, Amalia Beer und an-

---

108 Vorspiel bei Eröffnung des neuen Schauspielhauses zu Lauchstädt, Gesang der drei symbolischen Damen: »Warum doch erschallen himmelwärts die Lieder«, aufgeführt am 26. Juni 1802. Bei der Aufführung in Lauchstädt war Reichardt anwesend. Druck in »Goethe's Lieder, Oden, Balladen und Romanzen, Bd. 2, Neuausgabe hg. von Walter Salmen, in: EdM, Bd. 58, S. 100.
109 Siehe die Neuausgabe von Walter Salmen in: EdM, Bd. 58 und 59.

dere Beobachter nahmen ihn nurmehr mitleidig auf.[110] Zelter war nun der Ansprechpartner für Goethe – Reichardts Aufgabe hatte sich erfüllt. Dennoch endet sein letzter Brief an den »Geheimenrath [...] in Carlsbad« mit dem Satz: »Ein Wort freundlicher Erwiderung würde mir zwar sehr wohl thun, aber auch ohne das werd' ich nie aufhören Sie im dankbaren Herzen innig zu verehren.« (R 42).

---

110 Darüber Salmen, S. 120.

Abb. 3: Friedrich Burg: Goethe und seine Freunde in Rom

Die Briefe Goethes an Reichardt

»Reichard hat wieder Lieder herausgegeben die ich gelegentlich schicke«, schreibt Goethe am 16. Juli 1781 an Philipp Christoph Kayser in Zürich. Dies ist Goethes früheste Erwähnung des Berliner Komponisten, die uns bekannt ist. Man wird wohl annehmen dürfen, daß Goethe hierbei an selbständige Publikationen Reichardts dachte und nicht an Lieder, die einzeln Almanachen oder Zeitschriften beigeheftet waren, und auch die Einschränkung, daß hier Goethe-Lieder gemeint waren, scheint nicht zu weit hergeholt.[1] Reichardt selbst wird sie an Goethe gesandt haben.[2]

Daß sich Goethe jeden weiteren Kommentars enthält, darf nicht wundern. Goethe hat nie musikalische Produktionen, auch nicht Kompositionen seiner Gedichte, aus den Noten beurteilt, sondern allenfalls dann, wenn sie ihm zu Gehör gebracht wurden. Es ist auch sehr zweifelhaft, ob er sich je – um neue Lieder kennen zu lernen – ans Klavier gesetzt und selbst dazu gesungen hat, wahrscheinlich haben seine Klavierkenntnisse dazu auch nicht ausgereicht. Er bedurfte stets

---

1 Demnach waren die beiden Sammlungen: »Oden und Lieder von Göthe, Bürger, Sprickmann, Voß und Thomsen, mit Melodien beym Klavier zu singen. Zweyter Theil« und »Oden und Lieder von Herder, Göthe und anderen, mit Melodien beym Klavier zu singen. Dritter Theil« (bei Joachim Pauli, Berlin 1780 und 1781 erschienen) angesprochen, genauer gesagt: kündigte Goethe die Sendung des Dritten Bandes der »Oden und Lieder« an, die er offenbar bereits druckfrisch erhalten hatte.

2 Dazu paßt auch eine Mitteilung von Max Friedlaender aus einem ungedruckten Briefe Reichardts an Schlabrendorff, »daß die Anfänge des brieflichen Verkehrs Goethes mit Reichardt bis in die Jahre 1780–81 zurückreichen« (Gedichte von Goethe in Compositionen seiner Zeitgenossen, Bd. 1, Schriften der Goethe-Gesellschaft Bd. 11, Weimar 1896, S. 130, Anm. zu Nr. 2).

der Vermittlung und hat sie dankbar angenommen. Eher dürfte also die Weiterreichung dieses Lieder-Bandes indirekt die Aufforderung enthalten, daß Kayser sich hierzu äußern solle, jener Freund noch aus der Frankfurter Zeit, der jetzt zu Goethes musikalischem Gesprächspartner wurde. Da die meisten Briefe an Goethe aus der Zeit vor der Italienreise nicht erhalten sind, sind allerdings Äußerungen Kaysers hierzu nicht bekannt, nicht einmal der Empfang der Lieder ist bestätigt.

Indes geht aus Goethes kurzer Briefbemerkung immerhin hervor, daß Reichardt schon 1781 weder ihm noch Kayser ein Unbekannter war, man sich vielleicht schon früher über den Berliner Kapellmeister verständigt hatte. Zu einer persönlichen Begegnung mit Goethe war es allerdings noch nicht gekommen, obschon dafür durchaus Gelegenheit bestand, denn Reichardt war Mitte August 1780 mit seiner Frau Juliane (geb. Benda) und ihren zwei kleinen Kindern acht Tage in Weimar, um seine Schwägerin Maria Carolina Benda, die seit 1761 als Kammersängerin am Weimarer Hof tätig war, und weitere Verwandte zu besuchen. Die Anwesenheit Reichardts kann Goethe in dem sehr überschaubaren Weimar nicht verborgen geblieben sein. Auch wenn Goethe in dieser Zeit mit der Vorbereitung und den Proben für die Aufführung des Lustspiels »Die Vögel. Nach dem Aristophanes« überaus beschäftigt war, so hatte er doch auch Zeit gefunden für Johann Anton Leisewitz und kurz darauf für Friedrich Ludwig Schröder. Für Reichardt hätte sich also durchaus ebenso eine günstige Stunde finden lassen.

Daß dennoch kein persönlicher Kontakt zu Stande kam, mag überraschen, findet seine Begründung aber in einem Brief Herders an Johann Georg Hamann (9. Sept. 1780), in dem es über Reichardt heißt: »Sonst hat er hier, weil die großen u. schönen Geister, die den Ton angeben, den Stab über ihn gebrochen haben, ziemlich kalte Aufnahme gefunden; aus der er sich aber nichts gemacht, so wie er auch diese nicht einmal gesucht hat.«[3] Daß Reichardt gleichwohl mit Herder

---

3 Herder Briefe, Bd. 4, S. 128.

zusammen war[4], erklärt sich wohl auch daraus, daß Königsberger aus landsmannschaftlicher Verbundenheit (wie aus Hamanns Briefwechsel hervorgeht) wohl immer und überall eng zusammengehalten haben.

Etwas deutlicher wird Caroline Herder in einem Brief an Karl Ludwig von Knebel am 20. Sept. 1780: »Wir haben seit Ihrer Abwesenheit auch einen Menschen kennen gelernt, Capellmeister Reichardt aus Berlin, eine treue, warme Seele – er liebt Klopstock u. Claudius gar innig u. componirt Klopstocks Oden mit großer Liebe u. Glück. Er hat zwar an Hof keinen Beifall gefunden u. ihn auch durch nichts zu erstreben gesucht, er verlangte nur nach näherer Bekanntschaft mit Goethe, die ihm aber nicht gewährt werden konnte.«[5]

Diese Formulierung spricht dafür, daß Goethe aus Hof-Rücksichten den persönlichen Umgang mit Reichardt vermieden hat. Warum Reichardt am Weimarer Hof in Ungnade gefallen war – denn so wird man dies wohl bezeichnen können –, ist nicht bekannt. Der junge Reichardt war schon einmal, 1772, kurz in Weimar gewesen und hatte der Herzogin Anna Amalia eine Klaviersonate vorgespielt und gewidmet, die auch sogleich im Druck erschienen war. Mag dies vielleicht »keinen Beifall« gefunden haben, so war er doch immerhin dafür entlohnt worden. Daß er den Beifall des Hofes »durch nichts zu erstreben gesucht«, deutet schon eher auf ein konfliktträchtiges Verhalten. In welcher Weise Goethe die »nähere Bekanntschaft nicht gewähren konnte« oder abwehrte (oder den Wunsch einfach ignorierte), wissen wir nicht. Jedenfalls werden die Gründe dafür nicht in Reichardts Weise gelegen haben, Goethes Gedichte in Musik zu setzen, sondern eher in der Art seines persönlichen Auftretens und manchen Eigentümlichkeiten seines Charakters.

Für 1780 liegen noch wenige charakterisierende Schilderungen der Zeitgenossen vor, doch spätere Bemerkungen lassen einiges erkennen, das auf massives Befremden stieß, den

---

4 »Er für seine Person hat sich *täglich* zu uns gehalten. Abend 5. Uhr insonderheit, die Zeit unserer Promenaden war er flink da« – a. a. O.
5 Herder Briefe, Bd. 4, S. 286.

Umgang mit Reichardt sehr belastete oder ihn zu vermeiden veranlaßte. So werden immer wieder seine mit Eitelkeit gepaarte Zudringlichkeit, seine Neigung sich in fremde Angelegenheiten einzumischen, seine Indiskretion, Geschwätzigkeit und Tratsch- und Klatschsucht genannt, die Reichardt als eine wenig distinguierte, sogar undisziplinierte und gesellschaftliche Gepflogenheiten leicht mißachtende Persönlichkeit schildern. Schiller etwa, der vor der Veröffentlichung des »Xenien«-Almanachs einen im Ton durchaus liebenswürdigen Briefwechsel mit Reichardt um die Komposition einiger seiner Gedichte hatte, äußerte gegenüber den beiden Schwestern von Lengefeld (30. April 1789): »Einen impertinenteren Menschen findet man schwerlich. Der Himmel hat mich ihm auch in den Weg geführt, und ich habe seine Bekanntschaft ausstehen müssen. Kein Papier im Zimmer ist vor ihm sicher. Er mischt sich in alles, und wie ich höre, muß man sehr gegen ihn mit Worten auf der Hut sein.«[6] Selbst der gutwillige Herder mußte sich unvermittelt des Vorwurfs übergroßer Schulden erwehren, der ihm leicht zum Nachteil werden konnte, – offenbar hatte Reichardt einige mißverstandene Äußerungen oder Beobachtungen im Herderschen Hause leichtfertig ausposaunt.[7] Aber Bosheit war dabei keineswegs im Spiel, – wie man überhaupt bei allem, was man Reichardt vorhalten mag, niemals Bosheit findet. Vielleicht dachte er Herder mit dem Hinweis auf dessen Schulden sogar helfen zu können, denn zur gleichen Zeit beteiligte er sich an Herders Suche, fern von Weimar eine bessere Stellung zu finden.[8] Reichardt war ebenso beteiligt an dem Versuch Goethes, Caspar Friedrich Schuckmann zum Dienst in der Re-

---

6 SNA 25, S. 251.
7 vgl. Herder Briefe, Bd. 4, S. 221, an Hamann.
8 Im Sommer 1786 war in Hamburg der Hauptpastor Goeze, der alte Gegner Lessings, gestorben und Reichardt frug bei Herder nicht nur wegen der Nachfolge an, sondern trat auch als Vermittler auf (Herder Briefe, Bd. 5, S. 183, siehe auch Rudolf Haym: Herder, Berlin 1958, Bd. 2, S. 414). Nachdem dieser Plan gescheitert war, schlug Reichardt nach dem Tod Friedrichs II. eine Anstellung Herders in Berlin vor.

gierung von Sachsen-Weimar zu gewinnen (vgl. G 8). Und auch in der Berufungsfrage des Anatomen Samuel Thomas Sömmering nach Jena, bzw. der Stellenbesetzung dieser Professur nach dessen Absage war Reichardt als Vermittler tätig (vgl. R 30). Andererseits konnte seine Geltungssucht bis zur Rücksichtslosigkeit auch erstaunliche Capriolen schlagen, etwa wenn er Herders Plan zu einer allgemeinen deutschen Akademie mit dem Vorschlag eines allgemeinen Musikinstituts zu konterkarieren suchte.[9]

---

9 Im Rahmen der geplanten Gründung eines Fürstenbundes der kleineren deutschen Staaten zur Abwehr von Hegemonialinteressen der größeren Mächte entwarf Herder 1787 im Auftrag des Markgrafen von Baden den Plan zu einem »Institut für den Allgemeingeist Deutschlands« und legte diesen Entwurf vor der Absendung dem Herzog Carl August vor. Als er jedoch Reichardts ›Konkurrenzplan‹ las, den er vermutlich vom Herzog selbst übermittelt bekommen hatte, schrieb er voller Empörung: »Mit Erstaunen und Verwunderung, ja ich möchte sagen mit Widerwillen lese ich Reichardts schönen Plan. Für ihn ist er sicher, bequem u. nützlich: er will 1200 Thaler von Berlin ohne weitere Arbeit, damit er solche in einer wohlfeilen Gegend verzehren und reisen könne, wohin es ihm gutdünkt u. das gönne ich ihm, wenn es der König ihm geben will, gern. Daß er aber dabei den Namen u. die Interceßion Deutscher Fürsten, ja gewißermaaße der Nation selbst mißbraucht und sich mit seinem Project an die vortreffliche, im Wesen ganz andre, patriotische Idee des Markgrafen angeschlungen hat, um ihr zuvorzukommen u. sie zu verderben; dies ist mir in der Seele zuwider. Musik ist nicht das erste Erforderniß des jetzigen Deutschlands u. Reichardt schwerlich der Mann, der ein solches Institut zur Ehre derer, die es unterstützen u. zum Wohl des Ganzen einrichten könnte. Er, der ja nirgend eine bleibende Stäte hat u. so fort. [...] Reichardt ist gerade der Mann, um in den Augen Deutschlands den fernern Credit ihm zu benehmen. Die beste Idee, die auf eine solche Unternehmung folgte, verlöre von ihrem Glanz u. Werth. Mich ärgerts also, daß er den guten Gedanken des Markgrafen, der mit dem Seinigen gar nichts gemein hat, so mißbraucht; wahrscheinlich ist der Seinige als Project bei ihm auch nur entstanden, da ihm der Fürst seine Idee vertraut hat u. er sogleich Beruf fühlte, sie für sich zu nützen. Um Gottes Willen, wenn etwas für die Nation gethan werden soll u. alle nähere Beziehungen erfüllt sind, so lehre man sie etwas anders als flöten und geigen. Wenigstens fange man damit, u. zwar unter solcher Anführung, nicht an« (13. März 1787 an Herzog Carl August; Herder Briefe, Bd. 5, S. 216). Bei

Auch in seinen Urteilen war Reichardt oft ungeniert und ohne Schonung bis zur Schroffheit, dabei im Ton »verletzend« und »mit der selbstgefälligen Miene der Unfehlbarkeit«.[10] Daß er sich nicht scheute, auch solche, um deren Zusammenarbeit oder gar Freundschaft er warb – wie etwa Goethe und Schiller –, mit kritischen Rezensionen in seinen Zeitschriften zu bedenken (darauf wird noch zurückzukommen sein), zeigt seine Unbefangenheit, aber auch mangelnde Sensibilität im Umgang mit anderen Menschen, deren Folgen Reichardts Lebensgang oft genug entscheidend geprägt haben.

Solchen wenig gewinnenden Eigenschaften standen seine einladende Geselligkeit, seine viel gerühmte Gastfreundlichkeit und hilfsbereite Großzügigkeit gegenüber, die sein Haus zu einem attraktiven Anziehungspunkt für viele Musiker, Dichter, Literaten und Wissenschaftler selbst der naturwissenschaftlichen Disziplinen machten. (Seine Unvoreingenommenheit galt auch den Frühromantikern um Arnim, Tieck oder Henrik Steffens, die einer viel jüngeren Generation angehörten.) Und in dieser Geselligkeit konnte er offenbar auch ein liebenswürdiges und gewinnendes Wesen entwickeln, seine »treue, warme Seele« (Caroline Herder) zeigen und durchaus für sich einnehmen.

Reichardt war ein vielseitig interessierter und weit über das Musikalische hinaus neugieriger Mensch von ausgedehntem Horizont, ein politischer Kopf ohnehin. Damit einher ging

---

Herders ohnehin bestehender Skepsis gegen den Fürstenbund und solche Akademiepläne, denen er sich gleichwohl mit seinem Gutachten nicht versperren wollte, äußert er hier den nicht ganz von der Hand zu weisenden Verdacht, Reichardt habe im Auftrag seines Fürsten, also des Königs Friedrich Wilhelm II. von Preußen, sich geäußert. Denn Preußen hatte Interesse, sich am Fürstenbund zu beteiligen (wodurch die Ursprungsidee eines Bundes der ›kleinen‹ und armen Fürsten gegen die ›großen‹ und mächtigen freilich eine entscheidende Korrektur erfuhr), und gegen einen solchen Wunsch Preußens konnte sich keiner erwehren. Ob Reichardt solche Implikationen jedoch übersah, ist zu bezweifeln.)

10 Louis Spohr: Selbstbiographie, Cassel und Göttingen 1860, Bd. 1, S. 134

aber eine Rastlosigkeit und Unruhe, die Reichardt von einem Ort zum anderen trieb, ja geradezu durch ganz Europa jagte, oft genug kaum geplant und vorbereitet. Zahlreiche Reiseberichte, einige größeren Umfanges, hat er dazu veröffentlicht, noch heute wegen ihres kulturgeschichtlichen Materials von größtem Interesse, doch manchmal sind sie – insbesondere die »Vertrauten Briefe [...] auf einer Reise nach Wien« (1810) – in befremdlicher Weise von persönlichen Eitelkeiten durchsetzt. Seine Umtriebigkeit und Kontaktfreudigkeit machten Reichardt jedoch zu einem interessanten Gesprächspartner, keineswegs nur zu Fragen aus musikalischem Gebiet.

Aber von seinen unbeherrschten Eigenschaften her war er immer auch in Gefahr, gesellschaftlich zu »entgleisen«. Und Goethe war in dieser Hinsicht nicht besonders tolerant und eher auf Distanz und Abwehr als auf vermittelnden Ausgleich bedacht. Einstweilen vermied Goethe noch jede Begegnung mit ihm, obschon es durchaus Gelegenheit gab. So kam Reichardt im Spätherbst 1783 auf der Rückreise von Italien nach Hamburg durch Weimar, was nicht gerade am Wege lag, von Reichardt also bewußt ins Auge gefaßt worden war. Herder war zwar ein Anknüpfungspunkt in Weimar, aber insgeheim dürfte er stets auch eine Begegnung mit Goethe erhofft haben. Doch auch diesmal kam eine solche nicht zu Stande, (möglicherweise war Goethe auch bereits auf seiner Reise nach Halberstadt, Göttingen und Kassel unterwegs).

Goethes dramatische Produktion hatte schon seit der Frankfurter Zeit immer deutlicher die Musik als wesentliches gestalterisches Mittel einbezogen, sei es durch Gesangseinlagen, musikalische Begleitung zur Deklamation oder indem er seine Stücke bereits als »Schauspiel mit Gesang« (wie »Erwin und Elmire«, 1775 und »Claudine von Villa Bella«, 1776), als »Monodrama« (»Proserpina«, 1778) oder als »Singspiel« (»Die Fischerin«, 1778) konzipiert und veröffentlicht hatte. Die persönlichen Erfahrungen, die er insbesondere mit den Komponisten Johann André, Siegmund von Seckendorff und Ernst Wilhelm Wolf gemacht hatte und die ihn nicht befriedigt hatten, drängten ihn zu einer genuinen Zusammenarbeit mit einem Musiker, der auf seine immer ausreifenderen Vorstellungen über das Singspiel eingehen würde. In Philipp Christoph Kayser, seinem Frankfurter Jugendfreund, der schon einige Goethe-Lieder vertont hatte und dessen musikalische Begabung allgemein hoch geschätzt wurde, sah Goethe einen möglichen kongenialen Partner, der überdies der Aufmunterung und Unterstützung bedurfte.

Auf der Schweizer Winterreise mit dem Herzog Carl August hatte er Kayser im November 1779 in Zürich wieder getroffen und sogleich mit ihm den Plan zu einer »Operette« besprochen, die »blos auf den musikalischen und Theatralischen Effekt gearbeitet« ist.[11] Schon am 29. Dezember 1779 hatte Goethe den Text von »Jery und Bätely« nach Zürich geschickt mit ausführlichen Differenzierungen der »dreierlei Arten von Gesängen«, die »drinne vorkommen,« und hinzugefügt: »Der Dialog muß wie ein glatter goldner Ring sein, auf dem Arien und Lieder wie Edelgesteine aufsizen.«[12] Zur Komposition Kaysers ist es freilich nicht gekommen, da Goethe das Stück baldigst auf die Bühne bringen wollte und Kayser nicht genügend Zeit hatte.[13]

Dennoch begann damit eine enge Zusammenarbeit Goethes mit Kayser, die bis zum Ende der Italienreise dauern sollte (Abbildung 3). Da Kayser ein sehr menschenscheuer und introvertierter Künstler war, sah Goethe zunächst eine doppelte pädagogische Aufgabe, nämlich Kayser zum »lebendigen Gebrauch der Welt«[14] zu bringen, ihn an die Gesellschaft zu gewöhnen, andererseits aber auch ihn in seiner weiteren musikalischen Ausbildung sowohl zu lenken wie auch zu unterstützen. So lud er ihn für einige Monate nach Weimar ein (Januar bis Mai 1781) und äußerte gegenüber Lavater: »Kayser ist recht gut hier, er hört und sieht viel Musick

11 an W. H. v. Dalberg, 2. März 1780, WA 902.

12 an Kayser, WA 877.

13 So wurde Seckendorff mit der Musik betraut – Goethe nannte sie »schlecht componirt« (Tagebücher, 13. Mai 1780), – und das Werk am 12. Juli 1780 im Weimarer Liebhabertheater aufgeführt.

14 an Kayser, 16. Juli 1781, WA 1278.

und Menschen. Ich habe Absichten mit ihm davon mehr wenn sie reifer sind.«[15] Offenbar dachte er längerfristig auch an eine Anstellung in Weimar. Andererseits empfahl er Kayser dringend einen Besuch bei Gluck in Wien zum weiteren Studium und bot ihm sogar an, die Reise zu finanzieren.[16]

Kayser konnte sich zu diesem Angebot nicht entschließen, aber Goethe gab nicht auf, weil er noch immer Hoffnungen auf eine enge Zusammenarbeit hatte. Ende 1784 kündigte er Kayser »einen Versuch einer kleinen Operette« an, »die ich angefangen habe um einen deutschen Komponisten der italienischen Manier näher zu bringen. Man kann durch ein Beyspiel immer viel mehr sagen als im Allgemeinen.«[17] Im Frühjahr 1785 schickte Goethe den Text von »Scherz, List und Rache. Ein Singspiel« an Kayser und damit begann ein umfangreicher Briefwechsel zu den Problemen der Singspielgestaltung, der den Entstehungsprozess der Komposition bis zum August 1787 begleitete. Ende Oktober 1787 kam dann Kayser selbst nach Rom (und blieb mit Goethe bis zur Rückkunft in Weimar zusammen).

Durch Kayser und mit ihm lernte Goethe sehr viel über Musik, Musikgeschichte, den Volksgesang, aber auch über die Oper und konnte im Gespräch mit ihm seine Vorstellungen über das Verhältnis von Text und Musik und über musiktheatralische Formen und Gattungen schärfen. Die fruchtbare Zusammenarbeit mit Kayser wirkte sich auch auf die Umarbeitungen von »Erwin und Elmire« und »Claudine von Villa Bella« für die Göschen-Ausgabe der »Schriften« aus. Außerdem komponierte Kayser eine Bühnenmusik zu »Egmont« (die nicht erhalten ist).

---

15 WA 1162, 18. März 1781.
16 »Freylich wünscht' ich, daß Sie gleich aufbrächen um noch bey allen Proben und Anstalten zu seyn und das Innerste kennen zu lernen. Haben Sie das Alles gesehen und gehört, haben Sie den Wiener Geschmak, Sänger und Sängerinnen kennen gelernt, so ist es alsdenn wohl Zeit, daß wir auch was versuchen. Einige Monate in Wien können Sie iezo weiter rüken als zehn Jahre einsames Studium« (WA 1308, 10. September 1781).
17 WA 2039a.

Schließlich mußte Goethe sich freilich eingestehen, daß die lange Arbeit an »Scherz, List und Rache« eine verlorene Liebesmüh war: »Über die Oper bin ich mit Ihnen gleicher Meynung. Wie das Werck jetzt liegt, geht die ungeheure Arbeit verlohren«, schrieb er am 18. Oktober 1789 resignierend an Kayser.[18] Im gleichen Brief heißt es: »Von Musick habe ich nichts neues noch merckwürdiges vernommen. Das heißt in dieser letzten Zeit. Zu Anfange des Jahrs machte mich Reichart mit Schulzens Athalie bekannt und trug mir den größten Theil der komponirten Claudine vor.« Auf schonende Weise deutete er damit an, daß er durch Reichardt nicht nur neue Anregungen bekommen hatte (bei der »Athalie« ging es vor allem um die Chöre, die J.A.P. Schulz zu Racines Drama geschrieben hatte), sondern in ihm auch einen neuen Singspiel-Komponisten gefunden hatte. Es sollte einer der letzten Briefe Goethes an Kayser werden.

Freilich war schon während der Italien-Reise ein brieflicher Kontakt mit Reichardt zu Stande gekommen und wahrscheinlich hat Kayser davon gewußt. Wohl im Laufe des Jahres 1787 hatte Reichardt bei Goethe angefragt, ob er »Erwin und Elmire« und »Claudine von Villa Bella« in Musik setzen dürfe (Brief nicht erhalten). Möglicherweise bezog er sich dabei auf die Subskriptionsanzeige der »Schriften«-Ausgabe in acht Bänden bei Göschen, die im Juli 1786 erschien.[19] Spätestens um die Jahreswende 1788 muß Goethe seine Zustimmung übermittelt haben, denn am 9. Febr. 1788 spricht Reichardt bereits davon und, daß er das Manuskript von Goethes Singspiel noch vor dem Druck erhalte.[20] Reichardt konnte auf

18 WA 2785.
19 »Journal von und für Deutschland«, 1786, Stück 6, S. 575–578.
20 Vgl. J. F. Reichardt an Georg Joachim Göschen, 9. Februar 1788 (Freies Deutsches Hochstift Frankfurt, 60880–83, No. 651). Der erste und zweite Akt gingen im Manuskript am 27. Jan. 1788 an Herder nach Weimar, der dritte Akt am 9. Februar. Dort wurde eine Abschrift erstellt, wovon die ersten beiden Akte am 25. Februar, der dritte nach dem 20. März an Göschen gingen. Von wem und wann Reichardt den Text erhielt, ist nicht bekannt.

keine empfänglichere Stimmung treffen, denn »eine Operette, wenn sie gut ist, [kann] niemals im Lesen genug thun; es muß die Musik erst dazu kommen, um den ganzen Begriff auszudrücken, den der Dichter sich vorstellte.«[21] Andererseits war nicht daran zu denken, daß Kayser die Musik dazu liefern könnte. So sehr er Goethe bei der Umarbeitung des Textes zum Singspiel geholfen hatte, so hatte doch die langwierige Arbeit an »Scherz, List und Rache« gezeigt, daß Kayser als Komponist in keiner absehbaren Zeit eine solche Komposition fertig stellen könnte.[22] Gerade jetzt bot sich Reichardt, der Goethe als Liederkomponist bereits wohl vertraut war, mit einer Singspielkomposition an. Ob Reichardt bereits die Grundzüge seiner Komposition angedeutet hat, wissen wir nicht. (Die früheren Singspiele Reichardts (»Hänschen und Gretchen«, »Amors Guckkasten« (beide 1773) und »Liebe nur beglückt« (1781) dürfte Goethe kaum gekannt haben.) Aber Goethe dürfte einen hinreichenden Eindruck von Reichardt als Musiker gehabt haben, um sich auf dessen Angebot einzulassen. Frühere Unbill war wohl vergessen.

Und Goethe war sehr daran gelegen, einen Komponisten zu finden, der auf seine Vorstellungen der musikalischen

---

21 10. Jan. 1788, Italienische Reise. Zweyter Römischer Aufenthalt (WA 32, 209).

22 Goethe war in doppelter Weise über Kayser enttäuscht, einmal über den Singspielkomponisten, mit dem nicht zu einem passablen Ergebnis zu kommen war, jetzt aber auch über Kaysers so wenig anpassungsfähiges und undankbares Verhalten. Am Ende von Kaysers Aufenthalt in Weimar, Mitte August 1788, muß es zu einer Verstimmung mit Goethe gekommen sein, – am 29. Dez. 1792 schreibt Kayser dazu: »und überhaupt ruhet, seitdem ich Sie vor vier Jahren so unbesonnen in Weimar verliess, kein Segen mehr auf mir.« (Goethe-Jahrbuch, 13. Bd., 1892, S. 26). Darüber hinaus: Goethe hatte ihn der Herzoginmutter Anna Amalia, die im Sommer 1788 nach Italien reiste, als einen kenntnisreichen Reisebegleiter empfohlen, doch bereits im September war es zu einem Eklat gekommen und Kayser hatte sich von der Reisegruppe unfreundlich getrennt. Für Goethe muß dieses eine so peinliche Erfahrung gewesen sein – fühlte er sich doch mitverantwortlich für den erfolgreichen Verlauf der Reise, – daß er den bis dahin so engen und freundschaftlichen Kontakt mit Kayser für immer abbrach.

Ausgestaltung eingehen würde und damit den Stücken, insbesondere »Egmont«, »Claudine von Villa Bella«, »Erwin und Elmire«, »Lila« und »Jery und Bätely«, zu einem Bühnenleben in seinem Sinne verhelfen könnte, das heißt mit einer Bühnenmusik nach den Vorstellungen des Dichters. (Und in der Tat hat Reichardt im Laufe der Jahre zu allen diesen Werken die Musik komponiert.)

In den ersten Apriltagen 1789 kündigte Reichardt seinen Besuch bei Goethe in Weimar an, um ihm die bereits weitgehend fertig gestellte Musik zu »Claudine von Villa Bella« vorzustellen. Eine persönliche Begegnung war damit unausweichlich, denn Goethe war äußerst begierig, diese Musik kennen zu lernen, die vielleicht einlösen würde, was Goethe sich von der Umarbeitung dieses Stücks zu einer »fetten Oper«[23] versprach. Das Problem der Veröffentlichung in den »Schriften« war ja, daß man ein Opernlibretto las und damit das Werk sich nicht in seiner musikalischen Ganzheit vorstellen konnte. Gegenüber Seidel ging Goethe auf die möglicherweise daraus resultierenden Mißverständnisse deutlich ein: »Wäre diese Claudine komponirt und vorgestellt wie sie geschrieben ist; so solltest du anders reden. Was Musikus, Ackteur, Dekorateur dazu thun müssen und was es überhaupt heißt: ein solches Ganze von seiner Seite *anzulegen* daß die übrigen mitarbeiten und mitwürcken können, kann der *Leser* nicht hinzuthun und glaubt doch immer er müße es können weil es geschrieben oder gedruckt ist.«[24] Erst mit einer geeigneten Musik erfüllte dieses Werk seine Ganzheit, die Musik war ein integraler Bestandteil dazu. Und deshalb mußte es für Goethe ein besonderes »Vergnügen« sein, sein Werk als eben dieses Ganze durch die Mitwirkung eines Komponisten vorgestellt zu bekommen.

Andererseits empfand Goethe durchaus den Zwiespalt, daß es Reichardt sein würde, der ihm zu diesem Vergnügen verhülfe, jener Reichardt, vor dem er häufig gewarnt worden

---

23 an Seidel, 15. März 1788, WA 2646.
24 a. a. O.

war. Zu Herzog Carl August äußerte er deshalb: »Reichart schreibt mir: er werde mich ehstens besuchen und seine Composition der Claudine mitbringen. Wenn er mich nur das Vergnügen, das ich dabey empfinden kann, nicht allzu theuer bezahlen läßt.«[25] Bereits am 23. April traf er in Weimar ein, zunächst wohl bei Caroline Herder, doch schon am Nachmittag ließ er sich zu Goethe rufen. Goethe, der schon in dieser Zeit sehr steif und zugeknöpft sein konnte,[26] muß mit Reichardt sehr schnell zu einem guten Einvernehmen gekommen sein (vermutlich ging die erste Verständigung gleich über das Verhältnis von Text und Musik, dem eigentlichen Prüfstein), denn er lud ihn überraschenderweise für die Dauer seines Aufenthaltes ein, in seinem Haus zu wohnen.

Gewiß, es gab sachliche Gründe dafür, konnten doch beide auf diese Weise sehr ungezwungen und eng zusammen an dem Stück arbeiten, – und dennoch war es eine Vertraulichkeit, die Goethe äußerst selten gewährte. Zumal einem Fremden gegenüber, dessen persönliches Betragen in einem so zweifelhaften Ruf stand. In Weimar war man äußerst verwundert und befremdet darüber. Dabei war Goethe in diesen Tagen mit sehr delikaten Dingen beschäftigt, etwa den Verhandlungen mit dem Herzog um den drohenden Weggang Herders nach Göttingen. Auch im Verhältnis zu Charlotte von Stein wurden die gegenseitigen Vorwürfe der Entfremdung nun in rauhen Formulierungen geäußert, während Goethe gerade in diesen Tagen bewußt wurde, daß Christiane Vulpius zum Ende des Jahres ein Kind von ihm erwarte.[27]

Doch mit Reichardt ging alles wider Erwarten gut. Dabei hatte Goethe in diesen elf Tagen auch noch häufigen Be-

25 6. April 1789, WA 2741.

26 – wie der Empfang Gottfried August Bürgers am folgenden Tage zeigte, vgl. Briefe von und an Gottfried August Bürger, hrsg. von Adolf Strodtmann, Berlin 1874, Bd. 4, S. 270 f.

27 Vgl. dazu die Bemerkung an Knebel: »Wenn es Amorn gefällt; so regalire ich Dich beym nächsten Wiedersehn mit einigen Späßen im Antikern Styl. Ich kann von diesem Genre nicht laßen, ob mich gleich mein Heidenthum in wunderliche Lagen versetzt«, 8. Mai 1789 (WA 2746).

such, Knebel kam öfters, Prinz August von Gotha, Gottfried August Bürger, und zweimal wurde ein Privatkonzert veranstaltet, bei dem Reichardt seine Komposition vorstellte. Caroline Herder schrieb darüber etwas mokant an ihren Mann: »Er komponiert die ›Claudine‹, die ich in Gesellschaft bei ihm gehört habe, worunter nur Einiges gut ist. Goethe aber Alles hübsch findet.«[28]

Goethe hatte Reichardt gegenüber die größte Bereitwilligkeit und genoß es dankbar, endlich seine musikalischen Wünsche, die so eng mit seiner Dichtkunst verwoben waren, erfüllt zu sehen. Und Reichardt gelang es offenbar, Goethe durch seine Flexibilität und seinen musikalischen Einfallsreichtum zu beeindrucken, wobei die Einfachheit und Natürlichkeit seiner Melodiefindung ebenso überzeugten wie die Sensibilität gegenüber den Texten. So gab ihm Goethe auch einige Gedichte weiter, worunter selbst so persönliche (und für die Komposition schwierige) waren wie etwa »An Lida« (»Den Einzigen, Lida, welchen du lieben kannst, forderst du ganz für dich, und mit Recht…«), ein Briefgedicht an Charlotte von Stein, das Reichardt später zu einem der ersten »Deklamationsstücke« ausarbeitete. Am Ende schrieb Goethe an Knebel – auch er Reichardt wenig wohlgesonnen –: »Reichard hat mir wohl gethan und sein Psalm, den wir am letzten Tag probirten ist recht brav.«[29] Der Hinweis auf den Psalm (wohl eine der vier Psalmvertonungen Reichardts aus dem Jahre 1784), der in dem Nachmittags-Konzert am 4. Mai in Goethes Haus aufgeführt wurde, sollte Knebel deutlich machen, daß Goethe nicht nur mit der Musik zu »Claudine« als Autor einverstanden, sondern ganz allgemein von den musikalischen Fähigkeiten Reichardts überzeugt war.

Erst aus dem Jahre 1829 ist eine Beurteilung Goethes über die Musik von Reichardt überliefert, als ihn Eckermann auf »Claudine von Villa Bella« ansprach: »Von wem ist denn die

---

28 Wilh. Bode (Hrsg.): Goethe in vertraulichen Briefen seiner Zeitgenossen, Berlin 1921 , S. 427.
29 8. Mai 1789, WA 2746.

Oper componirt, und wie ist die Musik? ›von Reichardt‹, antwortete Goethe, ›und zwar ist die Musik vortrefflich. Nur ist die Instrumentirung, dem Geschmack der früheren Zeit gemäß, ein wenig schwach. Man müßte jetzt in dieser Hinsicht etwas nachhelfen und die Instrumentirung ein wenig stärker und voller machen. Unser Lied: Cupido, loser eigensinniger Knabe etc. ist dem Componisten ganz besonders gelungen.‹ Es ist eigen an diesem Liede, sagte ich, daß es in eine Art behaglich träumerische Stimmung versetzt, wenn man es sich recitirt. ›Es ist aus einer solchen Stimmung hervorgegangen‹, sagte Goethe, ›und da ist denn auch mit Recht die Wirkung eine solche.‹«[30]

Goethe fühlte sich von Reichardt in den musikalischen Intensionen, die er mit seinem dramatischen Schaffen verband, verstanden, und nicht nur dies, sondern Reichardt ging auch auf Fragen der Dekoration, des Kostüms ein und begriff, wie er selbst, die Einheit von Werk und Aufführung, bei der sich alles bis zur letzten Kleinigkeit zum wohldurchdachten Ganzen eines Gesamtkunstwerkes fügen muß. Dieses Verständnis für Goethes Theatervorstellungen – und man darf wohl sagen: dieser Gleichklang mit ihnen – war die Grundlage einer Zusammenarbeit für einige entscheidende Jahre, die nie in der Sache selbst, sondern nur durch gänzlich andere Faktoren gefährdet und gestört werden konnte. Gerade weil Reichardt von der Nachwelt vor allem als Liederkomponist wahrgenommen wird und sein musikdramatisches Werk völlig vergessen ist, muß festgehalten werden, daß nicht der Liederkomponist (obschon Goethe mit einer großen Zahl dieser Lieder wohl bekannt war), sondern der Opern- und Singspielkomponist Goethes Interesse fand. Von Reichardts

---

30 Johann Peter Eckermann: Gespräche mit Goethe in den letzten Jahren seines Lebens, MA Bd. 19, S. 317 f. Goethes eigene Ansichten über die Instrumentierung des Singspiels hatten sich in diesen vierzig Jahren offenbar grundlegend geändert, denn im Zusammenhang mit »Scherz, List und Rache« hatte er Kayser gegenüber gerade auf eine sparsame Instrumentation großen Wert gelegt, vgl. dazu insbesondere den Brief vom 20. Jan. 1780, WA 884.

Goethe-Liedern ist in den Briefen kaum die Rede, – im Gegensatz zum späteren Briefwechsel mit Carl Friedrich Zelter, wo es immer wieder um dessen Kompositionen von Goethe-Liedern geht.

In der Singspiel-Dramaturgie behält das einzelne Lied eine eigene herauslösbare Gestalt mit einer großen Nähe zum Klavierlied oder zum Strophenlied mit einfacher Instrumentalbegleitung, aber Goethe ging es nicht um den spezifischen Liedcharakter, sondern immer um seine dramatische Funktion, wie er schon Kayser gegenüber dargelegt hatte.[31] Seit der Italienreise und näherer Kenntnis der italienischen Oper wollte Goethe den »melodischen Gesang durch einen recitirenden und deklamatorischen wenigstens verknüpft sehen.«[32] Er kehrte sich damit immer deutlicher ab vom älteren deutschen Singspiel wie auch den französischen Vorbildern der opéra comique und näherte sich der italienischen opera buffa zu. Und Reichardt verkörperte für ihn offenbar die geeignete Mittlerperson. Reichardt als Musiker war für Goethe vor allem der Komponist fürs Musiktheater, – den Liederkomponisten kannte er immerhin, vom Instrumentalkomponisten wußte er wahrscheinlich wenig.

Aber Reichardt war in diesen wenigen Tagen zu einem viel umfassenderen Gesprächspartner für Goethe geworden und die Briefe der folgenden Monate zeigen, daß weit mehr Themen anklingen als die eines Theaterdichters mit »seinem« Komponisten. Der Ton wird immer vertrauter und umstandsloser und bald werden auch Fragen berührt, die mit Goethes immer dringlicheren naturwissenschaftlichen Interessen und Vorhaben in Zusammenhang stehen.

Wenn man die Frequenz des Briefwechsels dieser ersten Jahre beachtet, so schreibt Goethe deutlich häufiger als Reichardt – bis Ende 1791, bevor Reichardt zu seiner Frankreich-Reise aufbrach, sind es in zweieinhalb Jahren 16 bis 18 Briefe Goethes (10 überliefert; die anderen aus Antwortbrie-

---

31 29. Dez. 1779, WA 877.
32 WA 32, 142.

fen erschlossen bzw. nach dem Tagebuch oder dem Ausgabenbuch Goethes, wobei in zwei Fällen nicht klar ist, ob gleiche Briefe nur unter verschiedenen Daten verzeichnet sind), denen 10 (nicht überlieferte, nur aus den Antworten erschlossene) Briefe Reichardts gegenüber stehen.[33]

Gleich der erste Brief Goethes schließt mit der Formel: »Leben Sie recht wohl und fleißig, biß wir uns wieder sehen.« Bereits fünf Monate später fand dieses Wiedersehen in Weimar statt, als Reichardt aus München kommend einen Umweg über Weimar nach Berlin machte. Inzwischen hatte Reichardt von Goethe ein Opernlibretto erbeten (»deutschen Texte zu einer ernsthaft genannten Oper« (G 4)) und Goethe war sofort darauf eingegangen, hatte sich nach den Einzelheiten des Berliner Theaters, seinem Publikum, den Schauspielern, sogar der Bühnentechnik erkundigt. Nebenbei erwähnte er dabei auch den »Groß-Cophta« (noch unter dem Arbeitstitel »Conte«), jenes Stück über die sogenannte Halsband-Affäre, mit dem Goethe sich bereits seit 1787 beschäftigte.[34] Die »ernsthaft genannte Oper« war freilich ein weiteres, gänzlich neues Projekt. Mit Reichardt, den er ein weiteres Mal ermuntert hatte, in Weimar Station zu machen (»Sie können immer im Vorbeygehn ansprechen, es wird allerhand abzuhandeln geben« – 2. Nov. 1789, G 4) gab es also genug zu besprechen und Goethe hatte sich inzwischen arglos auf den neuen Partner eingestellt.

Der zweite Besuch – Mitte November 1789 – war nur kurz, aber er zeigte Goethe offenbar zum ersten Male auch die Schattenseiten von Reichardts eigenwilligem Charakter. Goethe unterließ es nicht, in seinem nächsten Brief darauf anzuspielen (sonst wüßten wir weder von dem Besuch, noch von seinen Trübungen), aber er machte auch deutlich, daß er sich einstweilen nicht an Reichardt beirren lassen wollte, zu wichtig und perspektivreich war ihm inzwischen die Zusammenarbeit geworden. Mit äußerstem Takt nahm er eine offenbar

---

33 siehe Briefverzeichnis im Anhang.
34 Zunächst unter dem Titel »Die Mystifizierten« begonnen, aber Fragment geblieben, war es wohl als »opera buffa« für Kayser gedacht.

von Reichardt übersandte Entschuldigung an und bagatelli-
sierte den (nicht weiter aufklärbaren) Vorfall, als er schrieb:
»Auch mir war es nicht angenehm, daß die jovialische Stimmung unterbrochen wurde, die Sie von Ihrer glücklichen Reise
in meine kleine Stube brachten. Doch dünkt mich das Wölckchen ging bald vorüber und die Tonkunst übte ihre Gewalt
aus« (G 5). Die heiter-wohlwollende Stimmung, also ein un-
befangenes Parlieren, war von Reichardt offenbar in die Grenzen der Vertrautheit sprengende Bemerkungen übergegan-
gen und Goethe hatte sich verletzt gefühlt. Vielleicht war es
auch zu einer Zurechtweisung gekommen, aber dann war es
gelungen, sich schnell wieder musikalischen Themen zuzu-
wenden, und darin gab es keine Differenzen. Goethe gab
Reichardt sogar ein Fragment aus den »Mystifizierten« (»Geh!
Gehorche meinen Winken, nutze deine jungen Tage«), das
dieser noch in Weimar komponierte (und später als »Kophtisches Lied« in Schillers »Musenalmanach für 1796« veröffentlichte).

Der positive Ertrag dieses Kurzbesuches war jedoch höchst
gewichtig, denn das Projekt einer »ernsthaften Oper« kon-
kretisierte sich nun zu einer Oper aus dem Umkreis des Ossian und Goethe dachte sich sogleich einen Plan aus. Wie
um zu zeigen, daß das »Wölckchen« eine Störung ohne jede
Nachwirkung sei, sprach Goethe auch bereits vom nächsten
Besuch und lud ihn sogar wiederum in sein Haus ein: »Richten Sie Sich auf einige Tage, Sie sollen ein freundliches Zimmer in meinem Hause bereitet finden« (G 5). Im gleichen
Brief – und das deutet den weiten Umfang der Gespräche
mit Reichardt an – kündigt Goethe »auf Ostern einen kleinen botanischen Versuch« an und läßt Reichardt neben dem
Herzog Carl August als ersten von seinem »Versuch die Metamorphose der Pflanzen zu erklären« wissen, der Ostern 1790
erschien.

Auch dem Herzog Carl August gegenüber muß Goethe ein
eher günstiges Bild von Reichardt vermittelt haben, denn als
der Herzog zu politischen Verhandlungen nach Berlin reiste,
traf er sich auch mit Reichardt, um sich mit ihm über die
Verbesserung der Weimarer Theaterverhältnisse zu beraten.

Noch agierte dort Bellomo mit seiner Truppe, aber mit zunehmendem Mißbehagen des theaterverständigen Publikums. Reichardt konnte sicher sehr anschaulich über die Berliner Erfahrungen berichten, wo nach den langen Jahren der Verpachtung des Theaters an Döbbelin und seine Truppe seit 1787 eine Königliche Theater-Direktion das Nationaltheater leitete, in dem auch Singspiele gegeben wurden. Reichardt jedoch war Kapellmeister der (italienischen) Hofoper, die völlig getrennt vom Nationaltheater und mit sehr direkter Einwirkung des Königs geführt wurde. Natürlich war an eine Hofoper in Weimar schon aus Kostengründen nicht zu denken, wohl aber an die Einrichtung eines Hoftheaters. Und darüber ging das Gespräch mit dem Herzog.

Auch der Hamburger Theaterdirektor Friedrich Ludwig Schröder hatte sich schriftlich dazu geäußert und offenbar vor allem auf das Reglement hingewiesen, durch das der sittliche Zustand einer Theatertruppe zu gewährleisten sei. Reichardt war von all dem sehr begeistert, wohl vor allem, weil er sich in der Rolle eines Beraters des Herzogs von Sachsen-Weimar in Theater-Dingen sah. Den Schröderschen Brief, den er wohl vom Herzog bekommen hatte, schickte er gleich an Goethe weiter mit einem lebhaft zustimmenden Kommentar. Aus Goethes Antwort läßt sich schließen, daß er das Theater als einen Ort zur Veredelung des allgemeinen Geschmacks gepriesen hatte (G 6). Gewisse Parallelen zu Reichardt Plan eines nationalen Musik-Instituts[35] klingen hier an. Doch Goethe antwortete mit einem entschiedenen Dämpfer und malte ein düsteres Bild vom deutschen Theaterpublikum, das in dem Satz gipfelte: »Das heißt mit Einem Worte sie [die Deutschen] haben keinen Geschmack.« Und da Reichardt offenbar auch sehr positiv vom Berliner Nationaltheater berichtet hatte, fügte Goethe an: »Was ich unter diesen Aspeckten von Ihrem Theater hoffe, es mag dirigiren wer will, können Sie sich dencken.« Das war ein deutliches In-die-Schranken-verweisen, Goethe wollte ihn in die Weima-

---

35 vgl. Anm. 9.

rer Thetaterpläne lieber nicht weiter involviert sehen. Dem Herzog hatte er zuvor schon die weitere Korrespondenz abgenommen, als er ihm schrieb: »Reichardt ist sehr von Ihrer Idee wegen des Theaters eingenommen. Ich schreibe ihm nächstens.«[36] Im Gegensatz zu Kayser, den Goethe sich eine Zeit lang sehr wohl als Weimarer Theater-Kapellmeister vorstellen konnte, hatte Goethe keinerlei ähnliche Ansinnen an Reichardt, dessen Wirkungsfeld in Berlin freilich auch ganz andere Dimensionen hatte. Aber er wollte ihm auch keinerlei Einfluß auf die Einrichtung des Weimarer Hof-Theaters zugestehen. Die abweisend schroffe Bemerkung über das Berliner Nationaltheater ist wohl vor diesem Hintergrund zu sehen.

Doch zugleich äußerte Goethe seine Freude, daß Reichardt nun »Erwin und Elmire« in Musik zu setzen begonnen hatte. Der Komponist war ihm nach wie vor höchst erwünscht, deshalb erwähnt er auch »Tasso« und mehr noch: »Faust kommt Ostern und wird auch Ihnen manches zu thun geben.« Auch die Einladung nach Weimar wird wiederholt, freilich auf später verschoben, da Goethe im März 1790 zu seiner zweiten Italien-Reise aufbricht.

Auch Reichardt fuhr im März 1790 nach Italien, um Gesangspersonal für die Oper in Berlin anzuwerben. Mitte Mai traf er Goethe, die Herzoginmutter Anna Amalia und deren Gefolge in Venedig, – sicher nicht zufällig: die Termine wird ihm Angelica Kaufmann in Rom vermittelt haben. Ganz unauffällig mischte er sich einige Tage unter die Weimarer Reisegruppe, zwanglos und wohlgelitten von allen. Als er im Juni wieder nach Berlin zurückkam, folgte die Ernüchterung: es mehrten sich die Intrigen gegen ihn, der als Kapellmeister der Hofoper so häufig abwesend war.

Umso wichtiger war es Reichardt, die Opernpläne mit Goethe weiter zu verfolgen, die seine Position in Berlin und bei Hofe unangreifbar festigen sollten. Er warb jetzt geradezu um Goethe, brachte den König wegen der Oper ins Spiel,

---

36 Briefwechsel des Herzog-Großherzogs Carl August mit Goethe, hrsg. von Hans Wahl, Berlin 1915–18, 1. Band, S. 152.

berichtete von all dem, was er von Goethes Singspielen in Arbeit hatte, sprach über die gerade erschienene »Critik der Urtheilskraft« von Kant, dessen Schüler er gewesen war, und berichtete von der Kränklichkeit von Karl Philipp Moritz, weil er wußte, wie sehr Goethe dessen Schicksal bewegte.

Goethe hatte sich inzwischen immer mehr auf seine naturwissenschaftlichen Interessen verlegt, mit dem 8. Band der »Schriften«-Ausgabe bei Göschen war ein großes Kapitel des dramatischen Schaffens bei ihm abgeschlossen. Seine Antwort war offen und direkt: »Ich danke Ihnen daß Sie Sich meiner emancipirten Kinder annehmen, ich denke nicht mehr an sie. Machen Sie damit was Ihnen gut däucht, es wird mir lieb und recht seyn« (G 7). Aber der Ton blieb verbindlich, sogar freundschaftlich in der umstandslosen Direktheit, hatte nichts Abweisendes. »Es ist jetzt kein Sang und Klang um mich her. Wenn es nicht noch die Fideley zum Tanze ist«, schrieb er und bestellte gleich »auf das schnellste ein halbdutzend oder halbhundert Tänze« bei ihm, ganz ernst gemeint, und entschuldigte sich sogleich, daß er sich »mit solcher Frechheit an einen Künstler wende […] Doch auch selbst das geringste Kunstwerk muß der Meister machen, wenn es recht und ächt werden soll.«

Schon zwei Wochen später hatte Goethe die Tänze – wie viele es waren, ist nicht bekannt, sie sind in Weimar nicht mehr auffindbar – und schickte zum Dank Reichardt einige Epigramme, auch wenn sie sich »am weitesten vom Gesang entfernen«. Und da Reichardt ein weiteres Mal zur Oper gedrängt hatte, antwortete er auch darauf in aller Kürze: »Schon habe ich in Gedancken Fingaln, Ossianen, Schwawen und einigen nordischen Heldinnen und Zauberinnen die Opern Stelzen untergebunden und lasse sie vor mir auf und abspaziren. Um so etwas zu machen muß man alles poetische Gewissen, alle poetische Scham nach dem edlen Beyspiel der Italiäner ablegen« (G 8). Es war ein Bekenntnis und ein Versprechen. Aber es blieb der konkreteste Hinweis auf das, was sich Goethe zu diesem Plan dachte. Zu einem Entwurf oder Fragment dieser »nordischen Oper« ist es nicht gekommen, obwohl jetzt auch König Friedrich Wilhelm II. selbst bei

Goethe nach einer »grossen deutschen Oper« anfragte, die »mit aller Pracht im nächsten Frühjahr« aufgeführt und ein »brillantes und leidenschaftliches Sujet aus der nordischen Geschichte« mit Reichardts Musik darstellen solle.[37]

Reichardt hatte Goethe mit Einzelheiten seiner bewegten Lebensgeschichte verschont, ihm auch nichts von einer sehr ernsthaften Krankheit erzählt, die ihn im Herbst 1790 betroffen und dazu geführt hatte, daß die geplante Karnevalsoper für 1791 (»Olympiade«) nicht rechtzeitig fertig wurde. Auch die Kabalen, mit denen Reichardt in Berlin immer deutlicher konfrontiert wurde (eine Art Verdrängungswettbewerb der italienischen Fraktion an der Hofoper), scheinen nicht zur Sprache gekommen zu sein. Dann aber, im Februar 1791, übersandte er Goethe einen (leider nicht erhaltenen) Bericht über die Gründe, warum er den König plötzlich um die Pensionierung von der Kapellmeisterstelle gebeten hatte. Goethe antwortete sehr zurückhaltend und objektivierend (G 9, 10. März 1791, Abbildung 4). Er selbst war jetzt mit der Vorbereitung und Leitung des neuen Weimarer Hoftheaters betraut, aus dieser Perspektive sah er Reichardts Verhältnis zur Hofoper wohl als heillos zerrüttet an. Zugleich bat er um Partiturabschriften der von Reichardt komponierten Goethe-Singspiele für das Weimarer Hoftheater.

Daß Goethe einigermaßen irritiert gewesen sein mußte über die plötzliche Pensionierung Reichardt's, geht aus seinem nächsten Schreiben hervor, nachdem ihm Reichardt seinen Rückzug aufs Land nach Giebichenstein mitgeteilt hatte. Erst jetzt findet er zu einer Bewertung der Vorgänge, wenn er deutlich macht, daß Reichardt sich auf ein riskantes Vorgehen eingelassen habe. »Sie haben sich also nach einem gefährlichen Sturm auf ein ruhiges Plätzchen in Sicherheit gesetzt, wozu ich Ihnen von Herzen Glück wünsche. Ich dachte wirklich nicht, daß es noch so gut abgehen würde. Mögen Sie recht lange diese Ruhe genießen« (am 30. Mai 1791, G 10). Goethe vermied es in jeder Weise, Reichardts Verhalten in

---

37 5. Dez. 1790, GSA, S 28/705.

diesem Konflikt zu billigen oder mißbräuchliche Formulierungen zu benutzen, aber er war weiterhin zur freundschaftlichen Zusammenarbeit bereit. So fragte er nach einer Sängerin fürs Weimarer Theater, klagte über den »abscheulichen Schlendrian« der Schauspieler und berichtete über die »vergnügten Tage« mit Karl Philipp Moritz, dem gemeinsamen Freund. Mehr noch: deutlich ließ er sich über die »Arbeiten die mich jetzt am meisten interessiren« aus, »eine neue Theorie des Lichts, des Schattens und der Farben«, die als »Beyträge zur Optik« (und später »Zur Farbenlehre«) veröffentlicht wurden. Auch diesmal war es Reichardt, dem Goethe als erstem (nach dem Herzog) von diesen naturwissenschaftlichen Arbeiten berichtete. Und Reichardt, der vielseitig Neugierige und Interessierte, vertiefte sich auch sogleich nach Erscheinen des ersten Stücks der »Beyträge zur Optik« in dieses Werk, das aufwendig mit einer Beilage von 27 kolorierten Tafeln versehen war. Vermutlich hat Goethe selbst es ihm zukommen lassen.

Ganz unbefangen diskutierte Reichardt mit Goethe über diese wissenschaftlichen Arbeiten und Goethe muß von der Vielfalt dieses Musikers, der in seiner Jugend eine höchst unordentliche Bildung genossen hatte, sehr beeindruckt gewesen sein. Er schrieb zurück: »Mein Optisches Wesen und Treiben empfehle ich Ihrer fortdauernden Aufmerksamkeit es freut mich wenn Sie die Art der Behandlung mehr als die Sache ergötzt hat. Sie werden in der Folge noch wunderbare Dinge zu sehen kriegen« (17. Nov. 1791, G 11). Und nun deutete er sogleich seine neuesten Hypothesen an, die auf nichts anderes hinausliefen als die »wohlverteidigte Vestung« der Newtonschen Lehre zu »unterminiren«. All dies waren für Goethe Bausteine zu einer ganzheitlichen Betrachtung der Naturerklärung, die er überdies in ihren Folgen für die »allgemeinen Gesetze wornach die lebendigen Wesen sich organisiren«,[38] untersuchen wollte, das heißt: den Zusammenhang von Naturgeschichte, Kunst und Sitten. Und Reichardt gehörte für Goethe zu dem kleinen Kreis von Künst-

---

38 an F. H. Jacobi, 20. März 1791, WA 2859.

lern, Philosophen und Naturwissenschaftlern, mit denen über diese Fragen zu sprechen war.

Reichardt war im August 1791 wieder Kapellmeister in Berlin geworden, vor allem um endlich doch noch seine Oper »Olympiade« aufführen zu können, doch gleich danach bat er um die Gewährung eines dreijährigen Urlaubs, der ihm auch gewährt wurde. Er plante nach Paris zu gehen, um die dortigen politischen und kulturellen Vorgänge aus nächster Nähe zu beobachten. Goethe muß er über diese Reisepläne unterrichtet haben, denn er kündigte ihm sogleich einen Besuch in Weimar auf der Durchreise an. Und Goethe antwortete: »Ich freue mich Sie hier zu sehen, und wenn ich Ihnen gleich kein Quartier anbieten kann (der Schweizer Meyer, dessen Sie Sich aus Venedig erinnern bewohnt meinen obern Stock) so sollen Sie doch übrigens auf das freundlichste empfangen seyn; ich hoffe Zeit genug zu finden die wichtigen Angelegenheiten der fünf Sinne mit Ihnen abzuhandeln« (17. Nov. 1791, G 11). Das nicht gewährte Quartier war keine Ausrede, denn der Schweizer Maler und Kunsthistoriker Meyer wohnte tatsächlich bei Goethe. Im übrigen war das, was Goethe im gleichen Brief Reichardt anbot, ein Projekt gänzlich neuen Zuschnitts, das die Zusammenarbeit auf eine völlig andere Ebene zu heben versprach. Nicht mehr um die gemeinsame Arbeit an einer Oper sollte es gehen, nicht mehr der Singspielkomponist war gefragt, sondern musiktheoretische und hörphysiologische Fragen kamen auf die Tagesordnung. Die »wichtigen Angelegenheiten der fünf Sinne« deuteten es bereits an: »Lassen Sie uns die Akustik gemeinsam angreifen!« Nach der Optik also die Akustik, und das hieß wohl für Goethe, zunächst die naturwissenschaftlichen Grundlagen zu untersuchen und später die ästhetischen Folgerungen daraus zu ziehen.[39]

---

39 Was er allerdings genauer mit dem riesigen Gebiet der Akustik vorhatte, ist nicht recht ersichtlich. Jedenfalls wird man 1791 wohl noch nicht von den Überlegungen ausgehen können, die ab 1808 zu einer ausführlichen Diskussion mit Zelter und später zu dem Plan einer »Tonlehre« führten.

Goethe konnte sich offenbar Reichardt auch als einen Gesprächspartner in Bereiche der Naturwissenschaften vorstellen, zumal er gerade einen Diskussionskreis oder ein Korrespondentennetz für die »Naturlehre« zusammenzustellen suchte. »Lassen Sie uns conferiren«, beendete er seinen Brief, »und jeden von seiner Seite arbeiten, ich habe mich schon mit einem Mahler und Mathematiker innig associirt und hoffe bald für die übrigen Fächer auch nahe und reine Verbindungen. Leben Sie wohl und grüßen die Ihrigen. Schreiben Sie mir wenn Sie kommen.« Eine Antwort Reichardts ist nicht bekannt, aber nichts deutet darauf hin, daß er sich auf ein für ihn so neuartiges Projekt eingelassen hätte. Oder er verwies auf seine Reisepläne nach Frankreich. Vielleicht hat er hierzu auch geschwiegen, weil er einer offenen Absage solcher Angebote aus dem Wege gehen wollte, denn Reichardts Interessen gingen jetzt in völlig andere Richtungen.

Es ist nicht einmal sicher, ob Reichardt den angekündigten Besuch in Weimar unternommen hat, in Goethes Aufzeichnungen und Briefen findet sich jedenfalls keine Spur davon. Er konnte auch nur um die Jahreswende zu 1792 stattfinden, als Reichardt nach Frankreich aufbrach, eine Reise, über die er anonym in den »Vertrauten Briefen über Frankreich«[40] berichtete. Goethe kam auf die »Akustik«, zu der er Reichardt vielleicht doch zu sehr im Überschwang eingeladen hatte, auch nie mehr zurück, ihm war wohl klar geworden, daß er Reichardt in seinen wissenschaftlichen Fähigkeiten überschätzt hatte. Außerdem wurde bald deutlich, daß dieser, angesteckt von den Revolutionsereignissen in Paris, eher Pläne in Richtung einer politischen Publizistik entwickelte.

Gleichwohl ist von Enttäuschung über Reichardt nichts zu spüren, obschon sich Goethe im Juli 1792 beschwerte: »Es war nicht ganz recht, daß Sie nach Ihrer Rückkunft mir nicht einige Nachricht von Ihrer Reise gaben und daß ich, da ich Sie noch tief in Frankreich glaubte, von andern Leuten erfahren mußte Sie seyen schon lange wieder zu Hause ange-

---

40 2 Bde., Berlin 1792–93.

kommen.« Denn nun war Goethe selbst, allerdings unter ganz anderen Umständen in Reisevorbereitungen, nämlich auf Befehl des Herzogs zur »Campagne in Frankreich«, jenem Feldzug der Alliierten gegen die Revolutionsarmee, der so schmählich in Morast und Dreck stecken bleiben sollte. War Reichardt in seinem Reisebericht zu dem Ergebnis gekommen, daß die französische Revolution unvermeidlich und unumkehrbar war, so bezog Goethe seinen Beobachterposten unter Truppen, die versuchen sollten, das Rad der Geschichte zurückzudrehen. Aber ein politischer Konflikt entzündete sich daraus noch nicht. Die Scheidelinie, die Freundschaften zerstören konnte, waren erst die Septembermorde 1792 und die Hinrichtung des Königs im Januar 1793. Und Reichardt, der wohl ein Gespür dafür hatte, was er Goethe an politischen Ansichten zumuten konnte, vermied ihm gegenüber offenbar jede politischen Bekenntnisse.

Goethes Brief vom 29. Juli 1792 hatte keinen konkreten Anlaß. Reichardt hatte nach seiner Rückkehr aus Frankreich am 15. Juli in Lauchstädt den »Groß-Cophta« gesehen und dazu an Goethe geschrieben. Dieser antwortete eher resigniert und riet von einer Bearbeitung zur Oper ab: »Die politischen und Autor-Verhältnisse, welche der Aufführung des Großcophta entgegen stehen, würden eben so gut gegen die Oper gelten und wir würden einmal wieder einen Stein in den Brunnen geworfen haben.« Und er fügt hinzu: »Ich schreibe jetzt wieder ein paar Stücke die sie nicht aufführen werden, es hat aber nichts zu sagen, ich erreiche doch meinen Zweck durch den Druck indem ich gewiß bin mich auf diesem Wege mit dem denkenden Theil meiner Nation zu unterhalten, der doch auch nicht klein ist.«[41] Für Reichardt hingegen wollte er einige neuere kleinere Gedichte aussuchen, fand aber »gar nichts Singbares darin. Es scheint nach und nach diese Ader bey mir ganz auszutrocknen.« In dieser gewiß nicht erhebenden Stimmung spricht er von einem Be-

---

41 Von diesen Stücken wurde lediglich »Der Bürgergeneral« aus- und aufgeführt.

such bei Reichardt (in Giebichenstein), wenn nicht seine Reise gerade in die andere Richtung (nach Westen) ginge.

Daß nun der Briefwechsel eine anderthalbjährige Unterbrechung erfuhr, hatte vor allem äußerliche Gründe. Goethe war von August bis Mitte Dezember zur »Campagne in Frankreich« gefahren und schon im Mai 1793 mußte er wieder zum Kriegsschauplatz gegen die Franzosen, diesmal zur Belagerung von Mainz, von der er am 22. August wieder in Weimar eintraf.

Reichardt hingegen hielt sich mit seiner Familie jetzt vorwiegend in Hamburg auf, von wo aus sein unruhiger Geist ihn zu immer neuen Reisen in die skandinavischen Länder verführte. Der erste erhaltene Brief Reichardts vom September 1793 berichtet davon. Ein kurzer Brief Goethes im November (G 13) behält zwar die alte Freundschaft, ist im Ton aber bereits merklich abgekühlt und kann sich einer kleinen Spitze gegen die politischen Leidenschaften nicht enthalten – damit war zweifellos der Adressat selbst gemeint: »Von ihrer Lebhaftigkeit hoffe ich daß Sie uns doch einmal wieder erscheinen, Sie werden mich in dem alten Raume, immer mit unveränderten Gesinnungen antreffen. Meyer ist noch immer bey mir und die ästethischen Freuden halten uns aufrecht, indem fast alle Welt dem politischen Leiden erliegt.« Reichardts Sympathie mit der Revolution war längst allgemein bekannt.

Reichardt hatte Goethe den Klavierauszug von »Erwin und Elmire« mitgeschickt, der als 1. Band der »Musik zu Göthe's Werken« mit einer hymnischen Widmung erschienen war. Darauf ging Goethe nur mit der milden Andeutung ein: »Haben Sie dank für Erwin und Elmire, für die Zeichen Ihres Andenkens und Ihrer Neigung.«[42] Aber es war wohl wirklich so, daß Goethe an seine »emancipirten Kinder«, wie er die

---

42 Schon 1791 war im 8. Stück von Reichardts »Musikalischem Kunstmagazin« der Plan zu einer sechsbändigen Ausgabe der »Musik zu Göthe's Werken von Johann Friedrich Reichardt« angekündigt worden.

»Singspiele« nannte, nicht mehr dachte. So hatte er es schon im Herbst 1790 an Reichardt geschrieben (G 7) und so galt es jetzt, drei Jahre später, erst recht. Selbst als Intendant des Weimarer Hoftheaters war Goethe zu skeptisch über ihren Erfolg, um sie aufführen zu lassen. So wurde selbst »Claudine von Villa Bella« nur ein einziges Mal in Weimar gegeben und dafür eigens die Verse der Rezitative wieder in Prosa umgearbeitet (von Vulpius), also die »prosaische Fäulnis« (G 1) sogar unter Goethes Verantwortung eingeleitet, – »Jery und Bätely«, »Erwin und Elmire« und »Lila« wurden unter Goethes Intendanz überhaupt nicht mehr aufgeführt.

Von seinen weiteren Plänen und politischen Gedanken erwähnte Reichardt in seinen Briefen kaum etwas. Einmal, im November 1793 (R 2), heißt es: »Wüßten Sie, wie innig ich mich unter all meinem bisherigen politisch oekonomischen Treiben nach einer Nachricht von Ihrer Hand gesehnt habe…« Ihm war bewußt, daß er von Goethe keine Zustimmung erwarten durfte. Ein halbes Jahr später deutet er eine »neue Befestigung meiner Lage« an, aber das war wohl Vernebelung oder Selbsttäuschung. Nur, daß er Giebichenstein jetzt als Eigentum bekommen hatte, entsprach den Tatsachen – das Geld dazu hatte er freilich nicht aus Berlin, sondern von der Herzogin Luise aus Gotha bekommen. »Den Winter werd' ich künftig, für meine Kunst beschäftigt, in Berlin zubringen. Die Hoffnung, daß Sie mit dieser Veränderung zufriedner seyn werden als mit jeder andern, die ich seit drei Jahren unternahm, treibt mich an, es Ihnen sogleich zu melden« (R 3). (Nach dem Ende des dreijährigen Urlaubs war Reichardt nun wieder Kapellmeister in Berlin.) Die Anspielung auf den weiten Abstand in den politischen Ansichten ist unverkennbar, wird aber nicht weiter thematisiert.

Goethe hat darauf geantwortet (nicht erhalten), scheint also noch immer an Reichardt festgehalten zu haben. Auch ließ er ihm »Reineke Fuchs« zukommen, der soeben im 2. Band von »Göthe's Neue Schriften« erschienen war. Reichardt schickte im Gegenzug den »zweiten Band meiner Musik zu Ihren herrlichen Werken«, der »Göthe's lyrische Gedichte« enthielt (16. Juni 1794, R 4). Eine neuerliche Besuchsanfrage

Reichardts bei dieser Gelegenheit scheint Goethe positiv beantwortet, vielleicht sogar seinen Besuch in Giebichenstein in Aussicht gestellt zu haben. Denn im September (R 5) äußert Reichardt anläßlich eines Empfehlungsschreibens, das er einem Studenten aus Halle an Goethe mitgab: »Es war also doch nicht möglich uns auf Ihrem Rückwege [Reise mit dem Herzog nach Dessau und Dresden im August] zu besuchen? Ich eilte gerades Weges von Dresden her um Sie nicht zu verfehlen. Lassen Sie uns künftigen Sommer doch glücklicher seyn!«

Die Frequenz der Briefe hatte sich nun umgedreht: Vom Herbst 1793 bis Ende 1795 liegen von Reichardt 7 Briefe vor (ein weiterer ist nicht erhalten), während von Goethe aus dieser Zeit nur zwei Briefe erhalten sind (und zwei weitere aus dem Post-Ausgabenbuch erschlossen werden können). Reichardt, dessen Position wegen seiner positiven Haltung zur französischen Revolution immer prekärer wird, obschon er vielleicht zu naiv ist, die Gefahren zu erkennen, möchte den Kontakt zu Goethe auf keinen Fall verlieren. Immer wieder fragt er nach Besuchsmöglichkeiten. In seinen Briefen meidet er möglichst alle Themen, die problematisch werden können, denn er weiß oder ahnt zumindest, daß Goethe keinerlei Sympathie für die Vorgänge in Frankreich hat.

Goethe hat sich in seiner »Campagne in Frankreich«, obwohl rückblickend nach 1820 erst geschrieben, über diese Zeit deutlich geäußert: »Wie die Halsbandsgeschichte als düstre Vorbedeutung, so ergriff mich nunmehr die Revolution selbst als die gräßlichste Erfüllung; den Thron sah ich gestürzt und zersplittert, eine große Nation aus ihren Fugen gerückt und nach unserm unglücklichen Feldzug offenbar auch die Welt schon aus ihren Fugen. Indem mich nun dies alles in Gedanken bedrängte, beängstigte, hatte ich leider zu bemerken, daß man im Vaterlande sich spielend mit Gesinnungen unterhielt, welche eben auch uns ähnliche Schicksale vorbereiteten. Ich kannte genug edle Gemüter, die sich gewissen Aussichten und Hoffnungen, ohne weder sich noch die Sache zu begreifen, phantastisch hingaben; indessen ganz schlechte Subjekte bittern Unmut zu erregen, zu mehren und zu benutzen strebten.«[43] Reichardt zählte er sicher zu den hier gemeinten »edlen« aber verblendeten »Gemütern«, zu denen Goethe auf deutliche Distanz ging.

Von Reichardts fristloser Entlassung in Berlin (am 18. Oktober 1794) und der besonderen Verschärfung, daß auch sein ganzes Gehalt gestrichen wurde, hatte Goethe durch Unger erfahren, der schrieb: »Herrn Reichard hat ein wirklich großes Unglück getroffen. Der König hat ihm sein ganzes Gehalt gestrichen; zur Ursach wird angegeben, er habe in Hamburg *jakobinische Grundsätze* geäußert. Nun ist er mit seiner großen Familie unglücklich. Er hat oft an den Monarchen geschrieben, ihn gebeten, daß er gerichtlich verhört werden möge, wo er im Stande sei, seine Unschuld darzuthun u. seine Verläumder beschämen möge. Noch hat derselbe aber keine Antwort bekommen. Seine Ankläger sind mancherlei angesehene Männer. Ob es zum Patriotismus gehört, daß seine Familie ungehört unglücklich wird, u. daß man ihn nicht gerichtlich auf seine Bitte verhört, das kann ich nicht einsehen. Ich glaube aber doch, daß heimliche Ankläger wohl unmöglich Anspruch auf edle Menschen machen können«[44]

Diese Entlassung war ein spektakulärer und einmaliger politischer Vorgang. Und wahrscheinlich dürfte Goethe auch der Grund bekannt geworden sein, den man dazu kolportierte – ob er nun zutreffend war oder nicht: Reichardt soll beim Kartenspiel in provokanter Laune dem Blatt des Königs den oberen Teil mit dem Kopf abgerissen und dazu gesagt haben, so müsse man es mit allen Königen machen. Gleichwohl war all dies anonyme Anschwärzerei und Unger hatte eine deutliche und gangbare Verteidigungslinie für Reichardt angegeben. Doch Goethe verstummte. Er hatte bei allem, was von Reichardt und seinen politischen Ansichten im Umlauf war, sich bisher nicht erschüttern lassen und an ihm festgehalten, indem alle problematischen Fragen und möglichen Differenzen sorgfältig ausgeklammert wurden.

---

43 Campagne in Frankreich, MA Bd. 14, S. 511 f.
44 29. Nov. 1794, Unger S. 33 f.

Gewiß, der Briefwechsel war von seiner Seite aus seltener geworden, der Inhalt kürzer und sachbezogener, aber doch immer noch im freundschaftlichen Ton. Auch die noch immer häufigen Besuchsankündigungen oder gar Einladungen hatten für ein bis dahin lebhaftes Interesse aneinander gesprochen, auch wenn längst nicht mehr die Vertonung der Singspiele im Vordergrund stand oder gar jene Form der Zusammenarbeit wie bei »Claudine von Villa Bella« 1789. Das war nun alles abgebrochen und beendet und Goethe ging schweigend darüber hinweg, – selbst anderen gegenüber äußerte er sich dazu mit keinem Wort, nirgends in seinen Briefen findet sich eine Spur davon. Nicht einmal die finanziellen Folgen für Reichardt und seine Familie rührten ihn.[45]

---

45 Goethe wurde von Unger auch weiterhin auf dem Laufenden gehalten: »Reichard ist nun in Hamburg, u. man sagt, er komme als Capellmeister nach Kopenhagen, wo eben Schulz gestorben sein soll.[Dies traf nicht zu, J. P. A. Schulz starb erst am 10. Juni 1800 in Lüneburg.] Hier ist für ihn nichts mehr zu hoffen. Der König hat einen so hohen Grad Widerwillen gegen ihn, der durch Nichts auszulöschen ist; so viele Mühe man sich auch gegeben hat, ihn zu besänftigen. Ich war selbst vor 14 Tagen Augenzeuge in einem Concert wo Reichard neben mir stand, als der König eintrat, Jedermann sehr freundlich grüßte, u. auf einmal für Unwillen blas ward, als er seinen ehemaligen Kapellmeister, den er sonst so liebte, ansichtig wurde, u. darauf keinen Menschen mehr ansah. – Wie gut ist es, daß R. so viel Talent hat, selbst außer seinem musikalischen. Ist Schulz nicht tod, so macht er vielleicht eine andere Carriere. – Der Kronprinz von Preußen hat ihn sehr bedauert, u. durch sehr gütige Briefe seine Theilnahme an Reichards Unglück bezeigt. Wäre ich nicht von Ihrer großen Nachsicht überzeugt, ich würde mich nicht unterstehen, Ihnen mit meiner Schreiberei lästig zu sein; Ein Wink nur, so werde ich es nie mehr wagen, nur Eine Minute von Ihrer edlen Zeit zu verderben« (Unger, S. 36 f.). Vielleicht gehen diese Vermittlungsversuche Ungers auch auf Bitten von Reichardt zurück. In diesem Zusammenhang sind Ungers Bemühungen, Reichardts Lieder zum »Wilhelm Meister« der gedruckten Ausgabe von Goethes Roman beizufügen, nicht nur als materielle Unterstützung des Komponisten zu sehen, sondern auch als Versuch, öffentlich zu zeigen, daß Goethe ihn nicht fallen gelassen habe. Doch gerade daran war Goethe ganz und gar nicht gelegen.

Reichardt hatte erst am 7. April 1795 (R 6), also nach fünf Monaten den Mut gefaßt, Goethe den Ruin seiner Existenz als Berliner Kapellmeister einzugestehen. Seine zahlreichen Versuche eine Audienz beim König und seine Rehabilitation zu erreichen, waren völlig gescheitert und Reichardt mußte sich nach einer neuen Einkommensquelle umsehen. Als erfahrener Zeitschriftenredakteur lag es für ihn nahe, sich auf diesem Gebiet zu versuchen, freilich nun mit einer politischen Zeitschrift, deren lapidarer Titel »Frankreich im Jahr 1795«[46] als Monatsschrift so etwas wie eine kulturpolitische Korrespondenz sein sollte.

Das Wasser stand ihm so sehr bis zum Halse, daß er Goethe sogar um Vermittlung beim Herzog von Weimar bat, als dessen Hamburger »Correspondent oder Commissionar« bestellt zu werden, der »die wichtigsten Nachrichten die hier einlaufen, und von den Zeitungen oft nicht aufgenommen werden dürfen posttäglich berichten« (R 6) könne. Reichardt, vom Berliner Hof davongejagt, also als Confident des Herzogs von Weimar? Goethe hat solche lächerlichen Vorschläge nicht einmal beantwortet.

Es war ein Bruch in der Freundschaft mit Reichardt eingetreten und er läßt sich genau datieren: mit dessen Entlassung in Berlin.

Denn am 12. November hatte Unger, der sich auch weiterhin für Reichardt einsetzte, an Goethe wegen des Drucks von »Wilhelm Meister« geschrieben: »Reichardt hat die 3 Lieder des Harfenisten componirt, und Kenner versichern, sie seien schön u. passend gesezt, wie man es auch von ihm erwarten konnte. Er verehrt nicht allein den großen Dichter auf das Höchste, sondern hat auch diesen Roman mit Entzücken gelesen, und in diesem hat er die Musik verfertigt. – Erlaubten Sie es, daß diese drei Blätter Noten zu diesem Werke beigelegt würden? Und kann ich dies auf dem Titel bemerken?«[47] Umgehend kam die Antwort, die nur indirekt aus

---

46 bzw. 1796 bis 1805, insgesamt 23 Bände, wobei Reichardt wohl nur den 1. Jahrgang herausgegeben hat, die weiteren Bände Peter Poël.
47 QuZ 1, 525; Unger S. 32.

der Bestätigung Ungers überliefert ist: »Auf Ihren Befehl werde ich die Compositionen von Reichard nicht bei dem Titel erwähnen, sondern nur neben demselben eine Nachricht für den Buchbinder beifügen, wohin sie geheftet werden sollen«[48] Diese Devise, äußerlich zu Reichardt auf Distanz zu gehen und jede sichtbare Verbindung zu ihm zu vermeiden, auch wenn Goethe ihn nach wie vor als Komponist hoch schätzte, wird noch drastischer in den »Tag- und Jahres-Heften 1795« formuliert: »Indem nun Unger die Fortsetzung betrieb und den zweiten Band zu beschleunigen suchte [der im April 1795 erschien], ergab sich ein widerwärtiges Verhältniß mit Capellmeister Reichardt [...] Reichart hatte auch die Lieder zum Wilhelm Meister mit Glück zu componiren angefangen, wie denn immer noch seine Melodie zu »Kennst du das Land«, als vorzüglich bewundert wird. Unger theilte ihm die Lieder der folgenden Bände mit, und so war er von der musikalischen Seite unser Freund, von der politischen unser Widersacher.«[49]

Die Eskalation ging später so weit, daß Goethe die bereits gedruckte Musikbeilage (Lied Mignons »So laßt mich scheinen bis ich werde«) zum 4. Band des »Wilhelm Meister«, der im Oktober 1796 erschien, wieder entfernen ließ, sodaß sie sich nur in ganz wenigen Vorzugs-Exemplaren erhalten hat. Goethe versuchte jetzt in jeder Weise, Reichardt aus dem Weg zu gehen, freilich ohne diesem darüber ein offenes Wort mitzuteilen.

So sagte er Reichardt auch nichts von der Aufführung der »Claudine von Villa Bella« (30. Mai 1795), weil er befürchten mußte, daß dieser sich die Gelegenheit zu einem Besuch in Weimar nicht entgehen lassen würde. Mit Recht beschwerte sich Reichardt darüber: »Ich höre Sie haben Claudine aufgeführt und sind so grausam gegen mich gewesen, mir kein Wort darüber zu sagen!« (R 7). Und wie zu befürchten war, endete der Brief mit einem listigen Köder: »Wären Sie um die Weihnachts und Neujahrszeit wohl etwas frei zu treffen?

---

48 QuZ 1, 527; Unger S. 33.
49 MA Bd. 14, S. 37.

– Ich könnt' Ihnen Jery und Bätely mitbringen.« Darauf *mußte* Goethe allerdings antworten, aber natürlich höflich ausweichend: »Auf Weynachten erwarten wir den Darmstädtischen Hof der bisher in Eisenach sich aufhielt, es möchte also wohl schwerlich zu einem privat Kongreß die rechte Zeit seyn« (21. Dez. 1795, G 14). Das Darmstädter Fürstenpaar kam freilich erst am 23. Januar nach Weimar – also war es nur eine Ausrede. Und zu »Claudine« hieß es: »ich habe mit Vergnügen Ihre Arbeit bey den Proben und der Aufführung wieder genossen, leider trafen soviele Umstände zusammen daß das Publikum über diese Production zweifelhaft blieb und ich eine günstigere Constellation abwarten muß um das Stück wiedergeben zu können.« Die »günstigere Constellation« konnte sich in solcher Formulierung auch direkt auf Reichardt beziehen. Kein Wort von der Umarbeitung. Kein Wort über »Jery und Bätely«. Nur zu den Liedern im ersten Band des »Wilhelm Meister« die immerhin anerkennenden Worte: »Die Lieder zum Roman sind voll Anmuth und Bedeutung, bey einem vollkommenen Vortrag verfehlen sie gewiß ihre Wirkung nicht.« Im übrigen schloß dieser Brief mit der höflichen Andeutung: »Ich wünsche zu hören daß Sie Sich wohl befinden und daß Ihre Angelegenheiten an denen ich vielen Theil genommen, sich wieder ins alte Gleis begeben mögen.« Direkte offene Worte suchte Goethe stets zu vermeiden. Dieser letzte Brief vor der langen Briefpause bis 1801 verrät mit keinem Wort wie tief die Entfremdung Goethes von Reichardt inzwischen war.

Über das Ausmaß war Reichardt sich wohl nicht im Klaren, denn als er im Januar 1796 mit einer weiteren Monatsschrift, diesmal unter dem Titel »Deutschland«, sich publizistisch betätigte und gleich im ersten Stück eine umfangreiche Kritik von Schillers Zeitschrift »Die Horen« veröffentlichte, kam es bald auch zu einer öffentlich wahrnehmbaren, für Reichardt aber überraschenden Feindschaft. Eben hatte er noch mit Schiller korrespondiert und mit Musikbeilagen zu den »Horen« und zum neuen »Musen-Almanach« von Schiller beigetragen. Den »Horen« selbst hatte er sich als Mitarbeiter angeboten. Goethe hatte darauf an Schiller geschrieben: »Reichardt ist nicht abzuweisen, aber seine Zudringlichkeit werden Sie sehr in Schranken halten müssen.«[50] Nun, ein dreiviertel Jahr später erschien in »Deutschland« die »Horen«-Kritik, deren Brisanz Reichardt wohl nicht einmal vermutete, die Schiller aber maßlos empörte. Er schrieb an Goethe: »Wir müssen Reichardt, der uns so ohne allen Grund und Schonung angreift, auch in den Horen, bitter verfolgen.«[51] Nicht, daß Reichardt so überaus polemisch geschrieben hätte, er würdigte »Die Horen« mit einer Ausführlichkeit von allein 45 Seiten im 1. Stück[52] und ging auf jeden Beitrag kritisch ein, oft sogar mit begeisterter Zustimmung. Aber Schiller hatte sofort gesehen, daß diese Kritik entschiedene Gegenpositionen formulierte und lobte, wo Schiller eher reserviert war, hingegen »sich über die Unterhaltungen [«Unterhaltungen deutscher Ausgewanderten«] und auch noch andere Aufsätze schrecklich emancipirt.[...] Das fünfte Stück (das schlechteste von allen) ist als das *interessanteste* vorgestellt.[...] Es ist durchaus mit einem nicht genug verhehlten Ingrimm geschrieben.«[53]

Goethe antwortete postwendend: »Hat er sich emancipiret, so soll er dagegen mit Karnevals-Gips-Drageen auf seinen Büffelrock begrüßt werden, daß man ihn für einen Perückenmacher halten soll.« Doch dann fährt Goethe sehr viel ernster fort, obschon er den Wortlaut der Rezension wohl noch gar nicht gelesen hat: »Wir kennen diesen falschen Freund schon lange und haben ihm bloß seine allgemeinen Unarten nachgesehen, weil er seinen besondern Tribut regelmäßig abtrug, sobald er aber Miene macht diesen zu versagen so wollen wir ihm gleich einen Bassa von drei brennenden Fuchsschwänzen zuschicken.«[54] Längst wird an den »Xenien« gefeilt und Reichardt sollte ihr bevorzugtes Opfer werden.

---

50 16. Mai 1795, WA 3155.
51 27. Januar 1796, SNA Bd. 28, S. 175.
52 S. 54–90, fortgesetzt S. 241–256 und 375–386.
53 27. Jan. 1796, Schiller an Goethe, SNA Bd. 28, S. 175.
54 30. Jan. 1796, WA 3265.

Daß Goethe selbst der Autor der »Unterhaltungen deutscher Ausgewanderten« war, wußte Reichardt nicht, vermutete vielmehr Schiller. Hätte er sonst anders geschrieben? Jedenfalls verhehlte er nicht seinen politischen Standort, wenn er darauf hinweist, daß dieser »Aufsatz nicht nur Scenen des gegenwärtigen Krieges und ihre Folgen zum Gegenstand hat und der Autor und die darin vorkommenden Personen sich nicht begnügen, über das Lieblingsthema des Tages zu urtheilen und zu streiten, sondern auch die ganze Vertheilung der Charaktere und Maximen ein bestimmtes verdammendes Urtheil über ein Lieblingsthema des Tages fällt. Der Autor spricht für den Adel und Adelsstolz, er und seine eingeführten Personen beurtheilen die französische Nation, den jezigen Krieg und seine schlimmen Folgen, die politischen Klubs, die verbreiteten Gesinnungen und Meinungen, die Verfassung welche die Franzosen einzuführen streben, ja sogar die künftige *wahrscheinlich schlechte Behandlung* ihrer eroberten deutschen Provinzen«.[55] Vor allem aber mißt er diese Erzählung an Schillers Programm der »Horen«, »zu einer Zeit, wo das nahe Geräusch des Kriegs das Vaterland ängstiget, wo der Kampf politischer Meynungen und Interessen diesen Krieg beynahe in jedem Zirkel erneuert [...], zu einer Unterhaltung von ganz entgegengesetzter Art einzuladen« und »sich über das Lieblingsthema des Tages ein strenges Stillschweigen« aufzuerlegen.[56] Und Reichardt fragt polemisch: »Heißt das nicht vielmehr, die wichtigen Gegenstände mit dictatorischem Uebermuthe aburtheilen, und das einseitige Urtheil mit hämischer Kunst dem Schwachen und Kurzsichtigen annehmlich, durch imponirende Namen ehrwürdig machen wollen? So unschuldig der achtungswerthe Herausgeber auch immer an dem Inhalte dieses Aufsatzes [«Unterhaltungen deutscher Ausgewanderten«] seyn mag, so unverzeihlich bleibt es doch, so etwas ganz dem angekündigten Plan entgegenlaufendes von irgend einem Mitarbeiter aufzunehmen.«[57] Reich-

---

55 »Deutschland«, 1. Band, S. 59 f.
56 »Die Horen«, 1. Stück, S. III.
57 »Deutschland«, 1. Bd., S. 63.

ardt schien nicht im mindesten zu ahnen, was sich über ihm zusammenbraute. Denn als im Juni 1796 sich Johann Heinrich Voss von Giebichenstein aus bei Schiller in Jena zu Besuch anmeldete, wollte Reichardt ihn begleiten. Schiller war höchst erleichtert, daß es dann doch nicht zu diesem »sehr unangenehmen Auftritt« kam. »Die unvermeidliche Grobheit, die ich gegen diesen Gast hätte beweisen müssen, würde Voßen in große Verlegenheit gesetzt, und wahrscheinlich ganz und gar verstimmt haben.«[58]

Goethe und Schiller schienen sich nun immer mehr in einen Haß auf Reichardt hineinzusteigern, je länger sie sich gegenseitig zu »Xenien« auf ihn anstachelten, die sie in Schillers »Musen-Almanach« veröffentlichen wollten. Es ging bereits um die Strategie der Verteilung im Druck: »Auch die Hiebe auf Reichardt wollen wir unter dem Haufen zerstreuen und nicht, wie erst geschehen war, an die Spitze stellen. Von der einen Seite war die *Ehre* und von der andern die *Beleidigung* zu groß, die wir ihm durch diese Auszeichnung anthaten.«[59] Das heißt, daß sie sich durchaus über das Ausmaß ihrer Invektiven im klaren waren. Goethe scheint dabei zwar der Gelassenere, weniger Antreibende gewesen zu sein, zugleich aber kamen von ihm die zugespitzteren und schärferen Xenien, er kannte Reichardt auch länger und besser, während Schiller zwar der Zornigere war, andererseits weitaus weniger Distichen gegen Reichardt beitrug. Bei Goethe spürt man eher eine übermütige Laune, aber deswegen auch mehr Ungerechtigkeit und Maßlosigkeit. Daß er dabei sich auch von Reichardts Musik so drastisch distanziert, ist besonders verwunderlich. Da die »Xenien« nicht namentlich gekennzeichnet waren, konnte Reichardt auch nicht erkennen, wie sehr ihm insbesondere Goethe mitgespielt hatte. Es seien nur einige der gröbsten Geschütze aus dem »Musen-Almanach für das Jahr 1797« aufgeführt:

---

58 an Goethe, 20. Juni 1796, SNA Bd. 28, S. 229.
59 Schiller an Goethe, 1. August 1796, SNA Bd. 28, S. 276.

(229.) Abscheu.
Heuchler ferne von mir! Besonders du widriger Heuchler,
 Der du mit Grobheit glaubst Falschheit zu decken und List.
[Schiller]

(80.) Zeichen des Scorpions.
Aber nun kommt ein böses Insekt, aus G – b – n her,
 Schmeichelnd naht es, ihr habt, flieht ihr nicht eilig, den Stich.
[Schiller]

(216.) An mehr als Einen.
Erst habt ihr die Grossen beschmaust, nun wollt ihr sie stürzen;
 Hat man Schmarotzer doch nie dankbar dem Wirthe gesehn.
[Goethe]

(145.) Gewisse Melodien.
Dies ist Musik fürs Denken! So lang man sie hört, bleibt man
 eiskalt,
  Vier, fünf Stunden darauf macht sie erst rechten Effekt.
[Goethe]

(146.) Überschriften dazu.
Frostig und herzlos ist der Gesang, doch Sänger und Spieler
 Werden oben am Rand höflich zu fühlen ersucht.
[Goethe]

(147.) Der böse Geselle.
Dichter bitte die Musen, vor ihm dein Lied zu bewahren,
 Auch dein leichtestes zieht nieder der schwere Gesang.
[Goethe]

(210.) Der Wächter Zions.
Meine Wahrheit bestehet im Bellen, besonders wenn irgend
 Wohlgekleidet ein Mann sich auf der Strasse mir zeigt.
[Goethe]

(211.) Verschiedene Dressuren.
Aristokratische Hunde, sie knurren auf Bettler, ein ächter
 Demokratischer Spitz klafft nach dem seidenen Strumpf.
[Goethe]

(219.) Umwälzung.
Nein das ist doch zu arg. Da läuft auch selbst noch der Cantor
Von der Orgel, und ach! pfuscht auf den Klaven des Staats.

[Goethe]

(223.) Dem Grosssprecher.
Öfters nahmst du das Maul schon so voll und konntest nicht
    wirken,
Auch jetzt wirkest du nichts, nimm nur das Maul nicht so
    voll.

[Goethe]

Insgesamt sind aus Goethes und Schillers mehr oder weniger
gemeinsamer Produktion 942 Distichen hervorgegangen, von
denen 414 im »Musen-Almanach«, der Anfang Oktober 1796
erschien, anonym veröffentlicht wurden. Reichardt und seinen Zeitschriften »Frankreich« und »Deutschland« galten etwa
36 »Xenien« (also ein Zwölftel) des »Musen-Almanachs«, nur
der Berliner Buchhändler Friedrich Nicolai wurde häufiger
bedacht. Über die ungeheure Sensation dieser Veröffentlichung und ihrer Wirkung ist hier nicht zu sprechen, sie bildet ein eigenes Kapitel der deutschen Literaturgeschichte.[60]
Insbesondere bei den gegen Reichardt gerichteten Versen war
die weitgehend übereinstimmende Meinung der Zeitgenossen, aber auch der Freunde Goethes und Schillers, daß hier
zu weit gegangen sei, Reichardt eine solche Behandlung nicht
verdient habe und nur seine Kritik an den »Horen« einen
solchen persönlichen Rachfeldzug aus gekränkter Eitelkeit
ausgelöst habe.

Über Reichardts erste Reaktion berichtete Schiller an Goethe und bezog sich dabei auf Humboldt: »Er soll sich bei

---

60 Vgl. dazu Franz Schwarzbauer: Die Xenien. Studien zur Vorgeschichte
   der Weimarer Klassik, Stuttgart und Weimar 1993; zur Entschlüsse-
   lung der »Xenien« noch immer einschlägig: Eduard Boas: Schiller und
   Goethe im Xenienkampf, 2 Theile, Stuttgart und Tübingen 1851 und
   Goethe, J.W.: Xenien 1796. Nach den Handschriften des Goethe- und
   Schiller-Archivs; Erich Schmidt, Bernhard Suphan (Hg.), Verlag der
   Goethe Gesellschaft 1893, Schriften der Goethe-Gesellschaft, Bd. 8.

den Xenien sehr sentimentalisch benehmen und weil ihm Schlegel versichert, *Sie* hätten keinen Antheil an denen, die auf ihn gehen, so soll er sehr getröstet sein, und Humboldt meint, Sie wären vor seinem Besuch keineswegs sicher. Er glaube, bei Ihnen noch immer was zu gelten. Auch hat er Ihre Stücke im Almanach [mit Goethes Namen gezeichnete Gedichte, darunter »Alexis und Dora«] sehr gelobt gegen Humboldt. Sie haben also Ihre Absicht mit ihm vor der Hand noch nicht erreicht, wie es scheint: er ist und bleibt vor der Welt Ihr Freund, wenigstens in seinen Augen, und wird sich auch wahrscheinlich jetzt mehr als je dafür auszugeben suchen.«[61] Es ist deutlich, daß Schiller von Goethe einen auch nach außen sichtbaren Bruch mit Reichardt forderte.

Reichardt selbst bewies eine respektable Haltung, indem er sofort im 4. Band von »Deutschland« eine umfangreiche Rezension des »Musen-Almanachs« aus der Feder von Friedrich Schlegel erscheinen ließ, der den »Xenien« allerdings nur milden Spott widmet und bekennt, er sei »treuherzig genug, sich an einem solchen Gastmahle höchlich zu ergötzen, wenn auch vier Fünftheile der salzigen Küchenpräsente an ihn adressirt wären.«[62] Dieser Rezension folgte jedoch eine »Erklärung des Herausgebers an das Publikum über die Xenien im Schillerschen Musenalmanach 1797«, also von Reichardt selbst, in der nun deutlicher ausgeholt wird: »Kein Angriff wird je den Muth des Herausgebers, überall der Wahrheit treu zu huldigen, einen Augenblick erschüttern können, am wenigsten ein Pasquillantenunfug, der so offenbar aus empörter Eitelkeit herstammt.« Und dann heißt es weiter: »Überdem konnte er [der Herausgeber Reichardt] die Schändlichkeiten schon um dieswillen nicht ganz ungerügt lassen, da Herr *Schiller* sich in seinem drollichten Dünkel so weit vergißt, die Beleidigten, wenn sie antworten, in der vom Rezensenten des Almanachs angeführten *Warnung*, mit härterer Züchtigung zu bedrohen.[...] Er hält sich an ihn, den Herausgeber des

---

61 2. Nov. 1796, SNA Bd. 29, S. 52 f.
62 »Deutschland«, 4. Band, S. 101.

Almanachs, und fordert ihn hiedurch laut auf, den Urheber der Verleumdungen anzugeben, oder falls er sich selbst dazu bekennt, seine Beschuldigungen öffentlich zu beweisen. Kan er dies nicht, so ist er für ehrlos zu achten. Ehrlos ist jeder Lügner: zwiefach aber der Feigherzige, der sich und die Beziehungen seiner Iniurien nicht einmal ganz zu nennen wagt. Auch giebt es unter unsern Mitbürgern auch wackere Männer genug, denen die Gerechtigkeit mehr gilt, als ein Spaß. Diese werden alle, so hofft er mit Zuversicht, den Mann, der sich ehrloser Lügen schuldig machte, eben so sehr verachten, als wäre er gerichtlich beschimpft.«[63]

Reichardt selbst hielt Schiller nicht nur als Herausgeber des Almanachs für den allein Verantwortlichen, zudem konnte er sich nicht vorstellen, daß Goethe sich in solchen Pasquillen über ihn hergemacht haben könnte, – oder er wollte es nicht wahrhaben. Dabei hatte seine Herausgeber-Erklärung Schiller deutlich verunsichert, denn dieser glaubte es seiner Ehre schuldig zu sein, darauf reagieren zu müssen. Ein Konzept einer Replik sandte er gleich an Goethe, doch der mahnte zu mehr Gelassenheit: »Meo voto müßte unsere Prosa so ästhetisch als möglich sein, ein rednerischer, juristischer, sophistischer Spaß, der durch seine Freiheit und Übersicht der Sache wieder an die Xenien selbst erinnerte.« Und dann entwickelte Goethe einen überlegenen Plan, wie man strategisch ein Scharmützel bestehen könne, denn als nichts anderes sah er die öffentliche Auseinandersetzung mit Reichardt an: »Nach meiner Meinung muß man ihn bei dieser Gelegenheit aus seinem bequemen Halbincognito heraustreiben und zuerst von ihm verlangen, daß er sich auf seinen Journalen [die anonym erschienen] nenne, damit man doch auch seinen Gegner kennen lerne; zweitens, daß er die Gedichte wieder abdrucken lasse, die er auf sich zieht, damit man wisse, wovon die Rede sei und worüber gestritten wird. Diese beiden Präliminarfragen müssen erst erörtert sein, ehe man sich einläßt; sie incommodiren den Gegner aufs äußerste und er

---

63 »Deutschland«, 4. Band, S. 164 ff.

mag sich benehmen wie er will so hat man Gelegenheit ihn zu persiffliren, die Sache wird lustig, die Zeit wird gewonnen, es erscheinen gelegentlich noch mehrere Gegner denen man immer beiher etwas abgeben kann, das Publikum wird gleichgültig und wir sind in jedem Sinne im Vortheil.«[64] Das hieß nichts anderes als der Beleidigte müsse die Beleidigung selbst wiederholen, um darauf antworten zu können, eine Zumutung, auf die Reichardt wohl kaum eingegangen wäre. Nach weiteren mündlichen Beratungen zwischen Goethe und Schiller wurde schließlich auf eine öffentliche Entgegnung verzichtet.

Der öffentliche Streit um die »Xenien« nahm ein Ausmaß an, wie selten zuvor eine Literaturdebatte, nicht nur in allen wichtigen Zeitungen, sondern darüber hinaus durch zahlreiche Gegenschriften und Parodien. Spätestens hierdurch dürfte auch Reichardt gemerkt haben, daß ihm jeder weitere Zugang zu Goethe verwehrt war. Und Goethe selbst ließ – selbst in Briefen – den Namen Reichardt nicht wieder fallen. Er war für ihn zur Unperson geworden.

Umso erstaunlicher die Wiederannäherung fünf Jahre später, die allerdings von Reichardt ausging. Goethe war Anfang Januar 1801 in besorgniserregender Weise krank geworden und schnell hatte sich herumgesprochen, Goethe sei in Lebensgefahr gewesen. Reichardt hatte alle »bisherigen Bedenklichkeiten mich Ihnen wieder eigenwillig zu nähern«, überwunden und in einer wahrhaft treuherzigen Weise ohne jede Anspielung auf frühere Verletzungen geschrieben: »ich fühle nur das Glück Sie wieder außer Gefahr zu wissen, und mein Herz treibt mich unwiderstehlich an es Ihnen zu sagen, daß ich erst seit dieser Nachricht wieder ganz glücklich bin« (R 8, 25. Jan. 1801).

Goethe antwortete bereits eine Woche später – mit einem Brief, den er zuerst im Konzept diktierte und von dem er sich auch noch eine Abschrift machen ließ, bevor er abgesandt wurde. Es ist ein Meisterstück wohlüberlegter und ab-

---

64 27. Dez. 1796, WA 3457.

gewogener Formulierungskunst, fast in der Art eines Rund-
schreibens an teilnehmende Freunde während der Krankheit,
die er als eine Reise zu »der nahfernen Grenze des Todtenreichs« bezeichnete (G 15, 5. Febr. 1801).

Ohne direkte Anrede und in abgeklärter literarischer Prosa
beginnt der Brief: »Nicht Jedermann zieht von seinen Reisen
solchen Vortheil, als ich von meiner kleinen Abwesenheit.«
Und auch, wo Goethe von der Anteilnahme redet, geschieht
dies in einer unpersönlichen, aber hochgestimmten Weise:
»Freunde und Bekannte nicht allein, sondern auch Fremde
und Entfremdete, bezeigten mir ihr Wohlwollen und, wie
Kinder ohne Haß geboren werden, wie das Glück der ersten
Jahre darin besteht, daß in ihnen mehr die Neigung als die
Abneigung herrscht; so sollte ich auch bey meinem Wiedereintritt ins Leben dieses Glücks theilhaft werden, mit aufgehobenem Widerwillen eine neue Bahn anzutreten.« Doch
damit ist zweifellos schon Reichardt persönlich gemeint, der
»Entfremdete«, der sein »Wohlwollen bezeigt« und bei dem
»mehr die Neigung als die Abneigung herrscht«, sogar »auf-
gehobener Widerwillen«.

An dieser Stelle wird eine im Ton völlig verschiedene Passage eingefügt, die nun Reichardt direkt anspricht: »Wie angenehm Ihr Brief mir, in diesem Sinne, war, sagen Sie sich
selbst, mit der Herzlichkeit, mit der er geschrieben ist.« Goethe mag selbst gefühlt haben, daß diese ehrliche Herzlichkeit
nicht nur in sehr verallgemeinerten Worten beantwortet werden durfte, sondern er auch ein Wort schuldig war zu dem
Bruch, der so plötzlich und unerklärt eine langjährige Freundschaft beendet hatte. Aber von Freundschaft wollte er nicht
sprechen – wenigstens nicht direkt. »Ein altes gegründetes
Verhältniß wie das unsrige konnte nur, wie Blutsfreundschaften, durch unnatürliche Ereignisse gestört werden. Um so
erfreulicher ist es, wenn Natur und Überzeugung es wieder
herstellt.« Was vorgefallen war, nennt er »unnatürliche Ereignisse«, also Störungen von außerhalb, ohne sie näher zu bezeichnen. Aber »Natur und Überzeugung«, beides, stellen »ein
altes gegründetes Verhältniß« wieder her, soll heißen: eigentlich war es (»wie Blutsfreundschaften«) nie unterbrochen.

Nach diesem ›privaten‹ Einschub kommen wieder allgemeiner formulierte Beobachtungen und Erfahrungen aus der Zeit der Krankheit und sie enden: »Das erste höhere Bedürfniß, was ich nach meiner Krankheit empfand, war nach Musik«. Dies ist das Stichwort, Reichardt wieder direkt anzusprechen, der in seinem Brief ausführlich von den vielen Goethe-Vertonungen berichtet hatte, mit denen er in der letzten Zeit beschäftigt war. »Senden Sie mir doch ja Ihre neusten Compositionen, ich will mir und einigen Freunden damit einen Festabend machen.« Damit wurde zugleich ausgedrückt, daß Reichardts Musik nie Gegenstand der Kontroverse war und Goethe sich auch unter Freunden für sie einsetzen wolle. Anders gesagt: Goethe wollte sich unter seinen Freunden auch wieder zu Reichardt und der Wiederannäherung an ihn bekennen. Dieser versöhnliche Gestus wird nun in den Schlußwendungen auch nach Berlin ausgedehnt: »Empfehlen Sie mich dankbar bekannten und unbekannten Wohlwollenden und Theilnehmenden in Berlin. Ich wünsche nichts mehr, als so vielen Freunden, die auf meine Existenz einen Werth setzen, auch künftig zur Freude und zum Nutzen zu leben.«

Das waren Signale zu einem umfassenden Wunsch nach Aussöhnung, nicht nur mit Reichardt. Daß aber gerade von diesem in so herzlichen Worten die Hand ausgestreckt worden war, hat Goethe offenbar sehr berührt. »Nehmen Sie wiederholten Dank für Ihre Annäherung in diesem Zeitpunct und genießen einer dauerhaften Gesundheit« – so schließt dieser bewegende Brief. Goethe hatte in den Wochen seiner Krankheit, zumal auch Zeitungen darüber berichteten, zahlreiche Genesungswünsche erhalten, keinen aber so umfänglich und mit so viel Aufmerksamkeit beantwortet.

Goethes Musikwunsch ließ Reichardt sich nicht entgehen und sandte ihm sofort einige Lieder, nicht ohne darauf hinzuweisen, wie schön insbesondere »Freudvoll und leidvoll« aus der Musik zu »Egmont« (Abbildung 6) von der Königin Luise gesungen werde, mehr noch: wie »unglaublich schön« dies Lied und die »Proserpina« die Herzogin von Hildburghausen singe. Er wollte damit deutlich machen, wie »viel

Glück« er in der letzten Zeit erlebt und »mit großen und kleinen Arbeiten viel Freude gemacht und Belohnungen jeder Art sehr freudig geerndtet« (R 9) habe. Reichardt wollte damit auch zeigen, wie sehr er am Berliner Hof wieder wohlgelitten und die alten Vorwürfe seines Jakobinismus vergessen seien. Zugleich lud er Goethe für den Frühsommer nach Giebichenstein ein, wolle ihm sogar seine Pferde entgegen senden oder ihn selbst abholen – bei aller Herzlichkeit auch dies Hinweise auf sein äußerliches Wohlergehen. Goethe verbrachte diese Monate allerdings zunächst zur Erholung in Oberroßla und Anfang Juni bis Ende August zur Kur in Bad Pyrmont (mit längeren Aufenthalten in Göttingen). Doch war er keineswegs mehr abgeneigt, auch Reichardt persönlich wieder zu begegnen.

Von Oktober 1801 bis Oktober 1802 setzt dann eine Brieffrequenz ein, wie sie weder vorher noch nachher wieder erreicht wurde: aus diesem Jahr liegen allein 16 Briefe von Reichardt vor, denen zwar nur zwei von Goethe gegenüber stehen, allerdings können mindestens vier weitere nicht erhaltene aus den Briefen bzw. Goethes Post-Ausgabenbuch erschlossen werden. Da Goethe in dieser Zeit sehr oft von Weimar abwesend war, kann jedoch das Post-Ausgabenbuch nur als ein sehr rudimentärer Quellenhinweis gelten. In den zehn Monaten von Januar bis Ende Oktober 1802 zum Beispiel war Goethe mehr als die Hälfte der Zeit abwesend, fast jeden Monat für zwei bis drei Wochen in Jena, im Sommer auch fünf Wochen in Lauchstädt, wo er Reichardt häufig sah, ihn auch in Giebichenstein besuchte.

Von der meisterlich gedrechselten und sehr unpersönlichen Prosa des ersten Briefes nach der Krankheit hatte Goethe jetzt vollständig abgelassen – ganz sicher hatte sich in diesem Stil auch eine gewisse Verlegenheit ausgedrückt, – und war in seinen Briefäußerungen jetzt sehr umstandslos und direkt wie unter lang vertrauten Bekannten oder Freunden. Die Briefe sind zumeist sehr kurz, aber von einem sehr freundlichen und keineswegs unterkühlten Ton, dabei sachbezogen, wobei es fast nur um musikalische Fragen ging. So gab es auch einen Auftrag an Reichardt (G 17), den »Hymnus« aus Au-

gust Wilhelm Schlegels Drama »Ion« zu komponieren. Da
bis zur Aufführung am Weimarer Hoftheater der Verfasser
geheim bleiben sollte, hatte Schlegel Goethe gebeten, er solle den Text der Hymne an Reichardt schicken. (Der ging auch
prompt davon aus, daß Goethe der Verfasser sei.) Man wußte sich inzwischen besser gegen die bekannte Neigung zur
Indiskretion bei Reichardt zu schützen.

Da Reichardt immer wieder drängte, Goethe zu sehen und
nun konkret für die Zeit zwischen 15. und 25. November
1801 für einen Besuch in Weimar anfragte (R 10), antwortete Goethe keineswegs ausweichend: »Da dieser Brief erst den
16. h.m. abgeht, so kommt er freylich fast zu spät bei Ihnen
an, als daß Sie sich vielleicht zu einer Reise hierher auf so
kurze Zeit entschließen könnten« (G 16), aber er fügt auf-
munternd an: »Leben Sie indessen recht wohl und lassen
mir die Hoffnung, früher oder später, eines reichen und tiefen musikalischen Genusses, der mir lange nicht geworden
ist.«

Daß dieses ohne jeden Vorbehalt gemeint war, geht aus
den häufigen Begegnungen der beiden alten Freunde im folgenden Jahr hervor. Goethe hatte am 3. Mai 1802 an Reichardt geschrieben (nicht erhalten) »wegen seines Kommens
nach Weimar« (Tagebuch) und offenbar stattdessen einen
Besuch in Giebichenstein während seines Aufenthaltes in
Lauchstädt vorgeschlagen. Denn Reichardt schrieb postwendend zurück: »Ihre erfreuliche Anmeldung hat mich und mein
ganzes Haus mit Jubel erfüllt« (R 15). Vermutlich sind in dieser Zeit, als Goethe sich vom 19. Mai bis 25. Juli (mit Unter-
brechungen) wegen des Theaterbaus und der Eröffnung des
Theaters (am 26. Juni) in Lauchstädt aufhielt, einige kurze
Briefe mit Reichardt hin- und hergegangen, erhalten haben
sich aber nur die immerhin neun Briefe Reichardts bis Ende
Juli (R 16 bis R 24).

Doch Goethe kam nun endlich selbst vom 22. bis 24. Mai
nach Giebichenstein und notierte darüber in den mehr als
zwanzig Jahre später erst ausgearbeiteten »Tag- und Jahres-
Heften«: »Giebichenstein lockte zu Besuchen bei dem gastfreien Reichardt; eine würdige Frau, anmutige schöne Töch-

ter, sämtlich vereint, bildeten in einem romantisch-ländlichen Aufenthalte einen höchst gefälligen Familienkreis, in welchem sich bedeutende Männer aus der Nähe und Ferne kürzere oder längere Zeit gar wohl gefielen, und glückliche Verbindungen für das Leben anknüpften. Auch darf nicht übergangen werden, daß ich die Melodien, welche Reichardt meinen Liedern am frühsten vergönnt, von der wohlklingenden Stimme seiner ältesten Tochter gefühlvoll vorgetragen hörte.«[65] Wie gelungen dieser Besuch gewesen sein muß, geht nicht nur aus dieser späteren Erinnerung hervor, sondern auch daraus, daß Reichardt am 27. Mai Goethe in dessen Kutsche nach Weimar begleitete und eine Woche dort blieb, wobei auch noch ein Konzert in Goethes Haus gegeben wurde, (bei dem, mit altem Mißbehagen gegen Reichardt, übrigens auch das Ehepaar Schiller anwesend war).

Daß man sich bei so engem Kontakt auf der Reise oder in Weimar auch offen ausgesprochen hatte und Goethe auf einige der Reichardtschen Unarten zu sprechen gekommen war, erschließt sich aus einem kurzen Brief Reichardts noch während des Weimarer Aufenthaltes – er wohnte demnach nicht in Goethes Haus. Da erbat sich Reichardt einige von Goethes Gedichten zur Komposition: »Und Ihr Gaudeamus und Ihr Mihi est propositum und den Rattenfänger – die prächtigen Sachen bekomm' ich doch mit? Es wird sicher nicht davon gemisbraucht werden. Seit länger als zwanzig Jahren besitz' ich einige solcher köstlichen Sachen von Ihnen, die nie aus meinen Händen kamen« (R 18). Über mangelnde Diskretion und unbefugte Weitergabe von Äußerungen und Texten war also gesprochen worden.

Bei dem langen Aufenthalt in Lauchstädt (bis 25. Juli) kam zu einigen der Aufführungen auch Reichardt herüber (es waren ja nur etwa 20 km), teilweise mit seiner Familie, und Goethe verbrachte noch einmal drei Tage in Giebichenstein (vom 17. bis 20. Juli) zusammen mit seinem Sohn August und der Familie des Hallenser Altphilologen Friedrich Au-

---

65 Tag- und Jahres-Hefte 1802, MA Bd. 14, S. 94 f.

gust Wolf. Auch im folgenden Jahr (1803) war Goethe einige
Tage in Giebichenstein (5. bis 9. Mai) wo er wiederum mit
Wolf und anderen Gästen Reichardts zusammentraf.[66]

Aus der folgenden Zeit haben sich keine Goethe-Briefe an
Reichardt erhalten. Immerhin zwei lassen sich indirekt nach-
weisen, einer vom 7. Okt. 1802 durch das Post-Ausgabenbuch,
ein anderer vom 6. September 1803 durch das Tagebuch. Äußerliche Gründe, wie Reichardts sechsmonatige Reise nach
Paris mögen die Gründe für diesen selteneren Briefaustausch
gewesen sein. Es wird aber auch deutlich, daß seit dem Frühjahr 1802 ein intensiver und häufiger Briefwechsel mit Friedrich Zelter eingesetzt hatte (der schon 1799 allerdings mit großer Zurückhaltung begonnen hatte), nachdem Zelter im Februar 1802 einige Tage in Weimar gewesen war. Im folgenden
Jahr war Zelter wiederum in Weimar, diesmal für 14 Tage im
Frühsommer. Daß im Januar 1803 nun auch Ernst Florens
Friedrich Chladni, der Physiker und Akustiker, zum ersten
Male zu Besuch bei Goethe war, zeigt deutlich, wie jetzt mehr
und mehr andere seine Aufmerksamkeit und sein Interesse
beanspruchten und dabei auch jene Themen besetzen, über
die Goethe einstmals mit Reichardt sich verständigt hatte.

Doch blieb ein durchaus zugetanes Verhältnis, das sich auch
darin zeigt, daß Goethe »Johann Friedrich Reichardt's Vertraute Briefe aus Paris geschrieben in den Jahren 1802 und
1803«, deren erste beiden Bände noch 1803 erschienen waren, sogleich für die »Jenaische Allgemeine Literatur-Zeitung«
besprach.[67] Insgesamt sehr wohlwollend, nahm Goethe jedoch keinen Anstand, auch kritisches zu bemerken, wie Reichardt als Rezensent ja auch keinerlei Rücksichten übte. So
heißt es einerseits: »Gegen Musik und Oper verhält sich der
Reisende als denkender Künstler, gegen das Theater überhaupt
als einsichtsvoller Kenner, und übrigens gegen Künste und
Wissenschaften als theilnehmender Liebhaber.« Bei der Darstellung der politischen Verhältnisse ahnt man jedoch gewis-

---

66 Im April hatte er Reichardt, der auf der Rückreise von Paris gerade
   durch Weimar kam, verpaßt, weil er selbst noch in Jena war.
67 Nr. 18, 21. Jan. 1804.

se Vorbehalte: »Seine Kenntnisse vieler Verhältnisse in frühern Epochen giebt ihm zu bedeutenden Vergleichungen Anlass, und da er Gelegenheit findet, von der Präsentation beym ersten Consul [Napoleon] an, die Zustände des höheren, mittleren und niederen Lebens zu beobachten; da er seine Bemerkungen mit Kühnheit auszusprechen wagt: so haben seine Mittheilungen meistens einen hohen Grad von Interesse.« Doch dann ist zu bemängeln: »Die rasch hinfliessende Schreibart entspringt aus einer unmittelbaren, mit einer gewissen Leidenschaft angeschauten Gegenwart. Sie würde noch mehr Vergnügen gewähren, wenn man nicht öfters durch Nachlässigkeiten gestört würde.« Die vielen Druckfehler (»Welch eine Zumuthung!«) freilich kreidet er nicht Reichardt sondern dem Verleger an. Eine Rezension des später erschienenen 3. Bandes kündigte Goethe zwar dem Redakteur Eichstädt an, sie ist aber nicht erschienen.[68]

Reichardt selbst wurde, offenbar auf eine Anregung Goethes hin, Mitarbeiter der »Jenaischen Allgemeinen Literatur-Zeitung«. Und keineswegs allein im Fachgebiet der Musik. In der Rezensentenliste wurde er unter der Nummer 79 geführt und in der Rubrik »Wissenschaft« (also den von ihm bearbeiteten Gebieten) »Musik, fr. ital. franz. belletrist. Schriften« vermerkt.[69] Man könnte denken, daß Goethe damit das Risiko neuer Konflikte mit Reichardt einging, weil leicht die ausgeprägt verschiedenen politischen Anschauungen ins Gefecht geraten konnten. Aber diese Zeitschrift war ein reines Rezensionsorgan und Goethes federführende Mitarbeit beschränkte sich initiativ auf den ersten Jahrgang. Immerhin

---

68 »Eine kurze Anzeige von dem dritten Bande der Reichardtischen Briefe erhalten Sie nächstens von mir« – 3. Okt. 1804 an Eichstädt, WA 4972.

69 Reichardt ist im Jahrgang 1804 mit 16 von ihm besprochenen Büchern vertreten, 1805 mit 8, 1806 mit 35 Titeln. Siehe dazu: Karl Bulling: Die Rezensenten der Jenaischen Allgemeinen Literaturzeitung im ersten Jahrzehnt ihres Bestehens, Weimar 1962 = Claves Jenenses 11. Reichardts Rezensionen in der JALZ sind bisher noch nicht ausgewertet worden, bei Pröpper werden sie nicht einmal verzeichnet.

erwähnt Goethe eine »kurze Rezension einer nagelneuen Schrift, über welche mit leichten Fußspitzen hinzuschreiten für das Beste hielt.«[70] Ob er von Reichardts Mitwirkung an dieser Schrift etwas wußte? Immerhin war dies ein so radikal anti-napoleonisches Buch, daß es sofort in allen deutschen Staaten verboten wurde. Bahnte sich da vielleicht von neuem der politische Konflikt zwischen Goethe und Reichardt um die Beurteilung der französischen Politik an? Goethe gab im wesentlichen nur eine Inhaltsangabe und schritt in der Tat »mit leichten Fußspitzen« darüber hinweg.

Goethe hatte in diesen Jahren ein chronisches Nierenleiden, das immer wieder zu Krämpfen und üblen Zuständen führte. Ende Dezember 1805 waren wieder schlechte Nachrichten über Goethes Zustand bekannt geworden und auch Reichardt hatte Goethe Genesungswünsche zukommen lassen (nicht erhalten), vermutlich unter Beifügung einiger neuer Lieder. Goethes Antwort ist der letzte erhaltene Brief an Reichardt, nun schon deutlich verhaltener, von dem alten vertrauten und gelegentlich auch herzlichen Ton ist nichts mehr zu spüren. Es war nur noch eine sehr formelle Antwort: »Meine abwesenden Freunde kann ich über meine Zustände wohl beruhigen. Ich habe zwar vor vierzehn Tagen wieder einen Anfall meines Uebels gehabt. Da man aber nun ohngefähr weiß, wie es damit steht und wie man sich zu benehmen hat, so kommt man geschwinder darüber hinaus. Ich finde mich schon sehr gut wieder hergestellt, welches ich nach Ihrem Wunsch sogleich vermelde, mit vielem Dank für das Uebersendete und mit viel Empfehlungen an Herrn von Arnim, dessen Aufenthalt bey uns noch immer in gutem und erfreulichem Andenken ist. Das Wunderhorn ist wirklich eine recht verdienstliche Arbeit. Das beste Lebewohl« (G 19, 7. Jan. 1806). Man spürt, daß Goethe mit Reichardt nicht mehr viel verbindet. Politisch ging man sich aus dem Weg, musika-

---

70 An Eichstädt, WA 4863. Gemeint war Gustav von Schlabrendorffs »Napoleon Bonaparte unter seinem Konsulate«, eine Schrift, die Goethe dann selbst besprach (JALZ Nr. 74, 27. März 1804, Sp. 590 f.).

lisch wurde alles mit Zelter abgehandelt, der immer deutlicher zu einem wirklich vertrauten Freunde wurde. Und Arnim hatte Goethe einige Wochen zuvor ohne Reichardt kennen gelernt, da bedurfte es keiner Vermittlung.[71] Schon im vorigen Jahr, als Goethe Mitte Juli den Gallschen Vorlesungen über die Schädellehre in Halle zuhörte, hatte er Reichardt wiedergesehen. Er saß in den Vorlesungen zwischen Reichardt und Wolf. An einen neuen Besuch in Giebichenstein war aber nicht zu denken, von den Vorlesungen mußte sich Goethe wegen einer Nierenkolik vorzeitig zurückziehen. Jedes Jahr sahen sich Goethe und Reichardt, jetzt aber nur noch sehr kurz und gelegenheitsweise. Im Juni 1807 kam Reichardt nach Weimar, um ihm seine »Troubadour«-Lieder vorzustellen. Im November 1807 gab es ein Familientreffen von Arnim, den Schwestern Brentanos und Savigny in Weimar, auch Reichardt war dabei. Reichardt, nun völlig verarmt durch die ständige Flucht vor Napoleon, hatte erst im Oktober sein von den französischen Truppen völlig verwüstetes Landgut Giebichenstein wieder aufsuchen können. Goethe hatte dort wenige Jahre zuvor (1802) noch anmutige Tage verbracht. Goethes Tagebuch vermeldet über den geselligen Abend nur: »Komische Geschichten aus der Unglücksepoche des preußischen Staates.«[72] Reichardt wird es kaum zum Lachen gewesen sein. Er mußte froh sein, eine Kapellmeisterstelle am Hof von König Jérôme in Kassel angeboten zu bekommen, – ausgerechnet beim Bruder des von ihm gehaßten Napoleon. Auf der Durchreise nach Kassel besuchte er Goethe im Dezember noch einmal. Ebenso ein Jahr später, im November 1808 auf der Reise nach Wien.

Zu sagen hatten sie sich wohl nichts mehr, zumindest Goethe hatte sich ihm längst völlig entfremdet. Im Dezember

---

71 Der 1. Teil von »Des Knaben Wunderhorn« von Arnim und Brentano war 1805 mit einer Widmung an Goethe erschienen, der bereits im Januar 1806 mit einer sehr positiven Besprechung in der JALZ Nr. 18/19, Sp. 137–148 antwortete, – auch sie eine Nachwirkung von Arnims Besuch in Jena und Weimar im Dez. 1805.

72 Tagebuch 9. Nov. 1807, WA III, Bd. 3, S. 293.

1809 beklagte Reichardt, daß er auf die Übersendung der neuen Ausgabe seiner Goethe-Lieder in drei Heften[73] nicht reagiert habe und vermutete noch gutherzig, er habe sie wohl nicht erhalten (R 40). Den ersten Band der »Vertrauten Briefe geschrieben auf einer Reise nach Wien und den österreichischen Staaten zu Ende des Jahres 1808 und zu Anfang 1809«, der gerade erschienen war, legte er bei in der Hoffnung, Goethe werde wenigstens darauf reagieren. Aber nichts geschah. Im März 1810 ein neuerlicher Besuch in Weimar, diesmal ließ sich Goethe einfach verleugnen. Auch ein Versuch über Christiane von Goethe (in Lauchstädt im Juli 1810, während Goethe in Karlsbad weilte), den unerklärten Zorn aufzuklären, wurde nur mit Ausflüchten beantwortet. Reichardt schloß daraufhin seinen letzten Brief an Goethe mit den Worten: »Ein Wort freundlicher Erwiderung würde mir zwar sehr wohl tun, aber auch ohne das werd' ich nie aufhören, Sie im dankbaren Herzen innig zu verehren« (R 44, 28. Juli 1810). Dabei blieb es.

---

73 »Goethes Lieder, Oden, Balladen und Romanzen mit Musik von J. F. Reichardt, Leipzig, bey Breitkopf und Härtel« 1809; im Jahr 1811 erschien noch ein viertes Heft.

Briefwechsel

G 1

W[eimar]. d.15. Juni 1789.

Für Ihren Besuch wie für Ihre Briefe, dancke ich Ihnen später, aber nicht minder aus gutem Herzen und wünsche zur bevorstehenden Aufführung Claudinens das beste Glück. Daß Sie meine Jamben vor der prosaischen Fäulniß verwahrt haben, ist mir sehr angenehm. Ich möchte wissen wie sich diese Art Kunstverständige die Kunst vorstellen. Empfehlen Sie den Dialog desto mehr den Ackteurs, besonders den Actricen. Sie sollen so artig seyn und besonders in der ersten Scene und in der Scene mit Rugantino recht sich angreifen. Wenn Sie es am Platz finden; so geben Sie Claudinen in meinem Nahmen einen recht schönen Kranz von künstlichen Blumen, den Sie in der ersten Scene aufsetzt und Lucinden ein recht Juncker mäsiges Porteepee von breitem Band, wie es zu ihrer Kleidung im letzten Ackte paßt; so eine Kleinigkeit thut manchmal wohl und vermehrt den guten Willen. Ich will Ihnen gern die Auslage ersetzen, oder sonst wieder dienstlich seyn.

Rath Krause führt die Gerüste nach meinen Entwürfen aus, ich hoffe sie noch diese Woche abzuschicken. Wenn nur der Dekorateur sie schicklich zu placiren weiß. Sonst habe ich abwesend nichts zu erinnern. Besonders da Sie auf die Kleidungen schon aufmercksam sind. Nur aber und abermal empfehle ich Ihnen die Jamben.

Tasso ist nun in der letzten Revision und geht sogleich in den Druck über. Ich freue mich daß er Ihnen und Ihrer Gattinn ein paar gute Stunden machen wird.

Zu Schulzens Athalie hab ich Worte untergelegt, das heißt zu den ausgezeichneten Chören. Nach und nach thu ich wohl zum Ganzen. Cramers Unverstand geht über alle Begriffe.

Es ist sonderbar daß die Deutschen mit mancherley Kräften und Talenten so wenig Gefühl vom <u>Gehörigen</u> in den Künsten haben.

Leben Sie recht wohl und fleißig, biß wir uns wieder sehen.

G.

G 2

Hier folgt das Carneval, über dessen Druck ich höchst mißvergnügt bin. Ich habe diese kleine Schrift mit der größten Sorgfalt gearbeitet und ein sehr schön geschriebnes Exemplar zum Druck gesandt, nun sind die abscheulichsten Druckfehler in den paar Bogen, die ich gar nicht mehr ansehn mag. Herr Unger sollte den Eulenspiegel auf Löschpapier drucken und sich nicht anmasen schöne Lettern und schön Papier zu mißbrauchen.

Glück zu Claudinen. Die Arie ist zu dem Entzweck recht gut, ich getraue mir nicht da die Worte sehr bedeutend sind andre unterzulegen. Das ist der Vortheil des metrischen Dialogs daß der Componist leicht eine harmonische Stelle herausheben und sich zueignen kann. Arbeiten Sie die Claudine recht zusammen daß es ein braves Ganze werde. Leben Sie wohl und lassen bald wieder von Sich hören.

W[eimar]. d. 29. Jun. 89.   G.

Sie haben Ihr Patrocinium nicht allein dem gebohrnen Vagabunden, sondern auch, wie ich höre, einem jungen Menschen, dem Bruder meines Dieners hoffen lassen. Dieser plagt mich Ihnen ein Wort zu sagen und zu fragen. Da Sie so nah an der Quelle königlicher Gnaden stehen; so denckt jeder es müsse auch auf ihn etwas abfließen. Der Vagabund will nach Franckfurt am Mayn gehn, wenn er von Ihnen nichts näheres hört. Was den jungen Menschen betrift, kann ich nur sagen daß er ein guter, ordentlicher Junge ist, sein Talent kann ich nicht beurtheilen.

G.

G3

Es ist nicht erlaubt daß ich Ihnen seitdem ich Claudinen
erhalten nicht geschrieben habe, noch unerlaubter ist es aber
daß ich von der übersendeten Claudine noch keine Note
gehört habe.

Der Vagabund ist weg und mein Leben was bißher sehr
zerstreut, nun da ich zur Ruhe komme hoffe ich durch Frl
Oertel etwas zu vernehmen.

Der Druck des Tasso ist durch einen Calender verspätet
worden, ich bin nun an Faust; sobald ich diesem Fragment
eine Gestalt gegeben habe, soll *Conte die Rostro* an die Reihe
kommen. Claudine kann auf unserm Theater nicht gegeben
werden, disponiren Sie daher über die Partitur die ich in
Händen habe. Dieses Vierteljahr wird unruhig, ich verändre
mein Quartier. Leben Sie wohl und lassen mich manchmal
von Sich hören.

W. d. 18 O. 89.   Goethe.

G 4

Sie werden im Wechsel von mir ein Blat erhalten haben. Ich
sage Ihnen aber doch gleich einige Worte auf Ihren letzten
reichhaltigen Brief.

Zuerst wünsche ich viel Glück zu Brenno, ich hoffe der
Barbar wird auf dem Wege der musikalischen und italiänischen Metempsychose sich sehr humanisirt haben. Ferner
zur Acquisition von Fischern und zu allem Künftigen. In
den Künsten wer nicht das Beste hat, hat nichts.

Zu einem deutschen Texte zu einer ernsthaft genannten
Oper kann Rath werden, nur müßte ich vor allen Dingen
näher von dem Bedürfniß Ihres Theaters, vom herrschenden
Geschmack, vom Möglichen auf Ihrer Bühne pp. unterrichtet seyn. Man kann, wie Sie wohl wissen, ein solches Werck
auf mehr als eine Weise anlegen und ausführen. Der beste
Effeckt ist wenn es den Schauspielern recht auf den Leib ge-

paßt und wenn dem Lieblings Geschmack des Publicums geschmeichelt wird, ohne daß man ihnen das schon Gewohnte bringt. Also erwarte ich darüber mehr. Auch kann ich unter einem Jahre solch ein *Opus* nicht liefern.

Der *Conte* wird nun bald an die Reihe kommen; hinter Fausten ist ein Strich gemacht. Für dießmal mag er so hingehn.

Viel Glück auf die Italiänische Reise, Sie können immer im Vorbeygehn ansprechen, es wird allerley abzuhandlen geben.

Herder ist Vicepräsident des *Consistorii* und läßt sich diese Geschäfte angelegen seyn. Übrigens können Sie dencken was mir seine Nähe wieder aufs neue geworden sey.

Leben Sie indessen recht wohl. Lassen Sie bald wieder von Sich hören.

Sie sollen auch einmal etwas von mir haben, das einer Zeichnung ähnlich sieht, nur müssen Sie Sich gedulden.

Was macht Prof. Moritz? ich habe lange nichts von ihm gehört.

W[eimar]. d. 2. Nov. 89.   G.

G 5

Herrn Capellmeister Reichardt fr. nach Berlin

Auch mir war es nicht angenehm daß die joviialische Stimmung unterbrochen wurde, die Sie von Ihrer glücklichen Reise in meine kleine Stube brachten. Doch dünckt mich das Wölckchen ging bald vorüber und die Tonkunst übte ihre Gewalt aus.

Ich habe der Idee nachgedacht die Helden Ossians aufs lyrische Theater zu bringen, es möchte gehn, wenn man die übrige nordische Mythologie und Zaubersagen mit braucht, sonst möchten die Nebel auf Morven schwerlich zu einer transparenten Dekoration Gelegenheit geben. Ich habe schon einen Plan ausgedacht, den Sie hören sollen wenn Sie mich besuchen.

Schicken Sie mir indeß die Büchelchen der Opern welche
seit dem Regierungsantritt des Königs gegeben worden und
notiren mit wenigem was Effeckt gethan. Ich muß wissen
was schon da gewesen ist, damit ich suchen kann etwas Neu-
5 es zu geben und den Herrn Collegen Moisé wo möglich zu
übertreffen.

Jetzt bin ich ganz in der Naturgeschichte, weil ich auf Ostern
einen kleinen botanischen Versuch herausgeben will, dieser
muß noch vor Neujahr fertig, auch der achte Band meiner
10 Schriften ins reine seyn, dann soll mich nichts abhalten den
famosen *Conte* auszustatten, daß er mit Ihnen die Reise ins
gelobte Land antreten kann.

Vom Brennus verlangt mich auch zu hören wenn ich Sie
wieder sehe.
15 Richten Sie Sich auf einige Tage, Sie sollen ein freundliches Zimmer in meinem Hause bereitet finden.

Indeß leben Sie wohl und gedencken mein.
W[eimar]. d. 10. Dez. 89.   G.

20

G 6

Wundern Sie Sich nicht, wenn ich den Schröderischen Brief
25 nicht gar so toll finde wie Sie ihn finden. Ich wußte voraus
daß er so antworten würde, da ich seine Verhältniße kenne.
Ein <u>deutscher</u> Schauspiel Direktor wäre thörigt anders zu
dencken. Von Kunst hat unser Publikum keinen Begriff und
so lang solche Stücke allgemeinen Beyfall finden, welche von
30 mittelmäßigen Menschen ganz artig und leidlich gegeben
werden können, warum soll ein Direktor nicht auch eine
sittliche Truppe wünschen, da er bey seinen Leuten nicht auf
vorzügliches Talent zu sehen braucht, welches sonst allein
den Mangel aller übrigen Eigenschaften entschuldigt.
35 Die Deutschen sind im Durchschnitt rechtliche, biedere Menschen aber von Originalität, Erfindung, Charackter, Einheit,
und Ausführung eines Kunstwercks haben sie nicht den mindesten Begriff. Das heißt mit Einem Worte sie haben keinen

Geschmack. Versteht sich auch im Durchschnitt. Den rohren Theil hat man durch Abwechslung und Übertreiben, den gebildetern durch eine Art Honettetät zum Besten. Ritter, Räuber, Wohlthätige, Danckbare, ein redlicher biederer Tiers Etat, ein infamer Adel pp. und durchaus eine wohlsoutenirte Mittelmäßigkeit, aus der man nur allenfalls abwärts ins Platte, aufwärts in den Unsinn einige Schritte wagt, das sind nun schon zehen Jahre die Ingredienzien und der Charackter unsrer Romane und Schauspiele. Was ich unter diesen Aspeckten von Ihrem Theater hoffe, es mag dirigiren wer will, können Sie dencken.

Machen Sie es indeß immer zum besten. Ihre Bearbeitung von Elmiren freut mich sehr und wünschte Sie hier bey mir schon am Claviere zu sehen. Nur verziehen Sie noch. Ich gehe wahrscheinlich der Herzoginn Mutter entgegen, ist diese zurück, dann wird es in mehr als Einem Sinne das rechte Tempo seyn hierher zu kommen.

Tasso haben Sie vielleicht schon. Faust kommt Ostern und wird auch Ihnen manches zu thun geben.

Auch trete ich Ostern, mit einem botanischen Werckchen, meine naturhistorische Laufbahn an, in welcher ich wohl eine Zeitlang fortwandern werde.

Leben Sie recht wohl. und schreiben bald wieder und grüßen Moriz.

W[eimar]. d. 28. Febr. 90.   G.

G 7

Ihr Brief, mein lieber Reichard, trifft mich in einer sehr unpoetischen Lage. Ich arbeite an meinem anatomischen Werkchen und möchte es gern noch auf Ostern zu Stande bringen. Ich danke Ihnen daß Sie Sich meiner emancipirten Kinder annehmen, ich denke nicht mehr an sie. Machen Sie damit was Ihnen gut däucht, es wird mir lieb und recht seyn.

Eine große Oper zu unternehmen würde mich jetzt viel Resignation kosten, ich habe kein Gemüth zu allem diesen Wesen, wenn es aber der König befehlen sollte, so will ich mit Vergnügen gehorchen, mich zusammen nehmen und nach bestem Vermögen arbeiten.

Auf Jery und Bätely verlange ich sehr, wie auch auf die andern Sachen.

An den *Conte* hab ich nicht wieder gedacht. Es können die Geschöpfe sich nur in ihren Elementen gehörig organisiren. Es ist jetzt kein Sang und Klang um mich her. Wenn es nicht noch die Fideley zum Tanze ist. Und da können Sie mir gleich einen Gefallen thun, wenn Sie mir auf das schnellste ein halbdutzend oder halbhundert Tänze schicken aus Ihrem rhythmischen Reichthume, zu Englischen und Quadrillen. Nur recht charakteristische, die Figuren erfinden wir schon.

Verzeihen Sie daß ich mit solcher Frechheit mich an einen Künstler wende. Doch auch selbst das geringste Kunstwerk muß der Meister machen, wenn es recht und ächt werden soll.

Geht mirs dann im Tanze und Leben leidlich, so klingt ja wohl auch eine Arie wieder einmal an.

Kants Buch hat mich sehr gefreut und mich zu seinen früheren Sachen gelockt. Der teleologische Theil hat mich fast noch mehr als der ästethische interessirt.

Für Moritz hoffe ich noch immer, er ist noch jung und hilft sich wohl durch. Grüssen Sie ihn herzlich.

Ihr Freund Schuckmann ist mir sehr lieb geworden. Sagen Sie mir: sitzt er in Schlesien so fest daß er gar nicht zu verpflanzen wäre?

Leben Sie recht wohl. Diesen Winter komme ich schwerlich nach Berlin. Grüßen Sie die Ihrigen und lieben mich.
W[eimar]. d. 25. O[kt]. 90.   G.

G 8

Sie haben mir durch die überschickten Tänze viel Vergnügen gemacht und weil die Freude alles in Bewegung bringt was im Menschen ist, so soll sie hoffentlich auch das tiefere, ernstere regen.

Schicken Sie mir nur bald Ihre Gedancken über die Oden. Hier sind einige Epigramme; Gedichte die sich am weitesten vom Gesang entfernen; unter meinen Elegien finden Sie eher etwas singbares. Zur Oper bereite ich mich. Schon habe ich in Gedancken Fingaln, Ossianen, Schwawen und einigen nordischen Heldinnen und Zauberinnen die Opern Stelzen untergebunden und lasse sie vor mir auf und abspaziren. Um so etwas zu machen muß man alles poetische Gewissen, alle poetische Scham nach dem edlen Beyspiel der Italiäner ablegen. Leben Sie recht wohl und grüßen die Ihrige

W[eimar]. d. 8. Nov. 90.   Goethe.

G 9

Die mir überschickte *Species facti* ist nicht tröstlicher als der Aufsatz eines Arztes wodurch er beweißt daß nach allen Regeln der Natur und Kunst der Kranke habe sterben müssen, ich sehe den Gang der Sache recht gut ein und kann mich doch nicht enthalten zu wünschen, daß es anders seyn möge und da dieser Wunsch nicht erfüllt werden kann so tritt unmittelbar ein anderer ein: daß auch diese Veränderung zu Ihrem Wohl gereichen möge. Schreiben Sie mir von Zeit zu Zeit wie es Ihnen ergeht und was Sie für Plane haben.

Um die Partitur des *Te Deum*, ingl. Claudine und Erwin und Jery wenn das letzte Stück komponirt ist, ersuche ich Sie und zugleich um Nachricht was ich Ihnen für die Abschriften schuldig werde. Schicken Sie mir so bald als möglich die vier Stücke. Leben Sie wohl.

W[eimar]. d. 10. März 1791.   G.

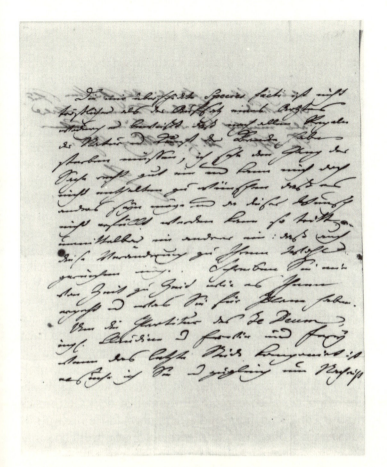

Abb. 4: Eigenhändiger Brief Goethes an Reichardt vom 10.3.1791 (G 9)

Sie haben sich also endlich nach einem gefährlichen Sturm
auf ein ruhiges Plätzchen in Sicherheit gesetzt, wozu ich Ihnen von Herzen Glück wünsche. Ich dachte wirklich nicht, 5
daß es noch so gut abgehen würde. Mögen Sie recht lange
diese Ruhe genießen. Die Partitur von Erwin u[nd] Elmire ist
[in] meinen Händen. Das Geld dafür, wie auch für das *Te Deum*,
werde ich Ihnen nächstens überschicken. Die Aufführung jenes Stücks; so wie der Claudine, wird wohl bis auf künftigen 10
Winter anstehen müssen. Wir haben an *Gatto* einen trefflichen Bassisten und lebhaften Akteur. Übrigens, muß unsere
Oper sich noch verbessern. Wissen Sie nicht irgendwo eine
Sängerin mit der man Ehre einlegen könnte? Die arme Lebrun ist ihrem Manne bald nachgefolgt. Die beiden Leute habe 15
ich sehr bedauert. Im Ganzen, macht mir unser Theater Vergnügen, es ist schon um Vieles besser, als das vorige, u[nd] es
kommt nur darauf an, daß sie sich zusammen spielen, auf
gewisse mechanische Vortheile aufmerksam werden und nach
u[nd] nach aus dem abscheulichen Schlendrian, in dem die 20
mehrsten deutschen Schauspieler bequem hinleiern, nach
u[nd] nach herausgebracht werden. Ich werde selbst einige Stücke schreiben, mich darinne einigermaßen dem Geschmack
des Augenblicks nähern und sehen, ob man sie nach u[nd]
nach an ein gebundenes, kunstreicheres Spiel gewöhnen kann. 25
Moriz hat mir einige sehr vergnügte Tage gemacht. So krank
er war, so munter und lebhaft, war sein Geist. Er hat sich in
den wenigen Jahren da ich ihn nicht gesehen habe, unglaublich ausgebildet und ist in allen denen Sachen die er unternommen hat, wo nicht am Ziel, doch wenigstens immer auf 30
dem rechten Wege. Ich habe fast alles, was ich sowohl in der
Kunst als Naturlehre und Naturbeschreibung vorhabe, mit ihm
durchgesprochen und von seinen Bemerkungen manchen
Vortheil gezogen. Seine Krankheit und die Kürze der Zeit hat
ihn gehindert zu Ihnen zu kommen. Lassen Sie mich bald 35
hören, wie Sie sich in Ihrer neuen Lage befinden. Unter den
Arbeiten die mich jetzt am meisten interessiren, ist eine neue
Theorie des Lichts, des Schattens u[nd] der Farben. Ich habe

schon angefangen sie zu schreiben, ich hoffe sie zu Michaeli
fertig zu haben. Wenn ich mich nicht betrüge, so muß sie
mancherlei Revolutionen sowohl in der Naturlehre als in der
Kunst hervorbringen. Beiliegendes Blättchen macht Sie auf
einen Namen aufmerksam der Ihnen künftig gewiß sehr ehrwürdig seyn wird. Leben Sie wohl. Lips wird etwa in 14. Tagen
mit meinem Bildniß fertig seyn. Da er aber nach Kassel gehen
muß um es abdrucken zu lassen, so wird sich die Ausgabe
desselben verziehen.

Weimar den 30 Mai 1791.   Goethe.

G 11

Meine bekannte Schreibescheue hat diese Zeit her so mancherley Entschuldigungen gefunden daß meine Freunde wenig von mir gehört haben, ich ermanne mich heute um auf
Ihren Brief zu antworten. Ich freue mich Sie hier zu sehen,
und wenn ich Ihnen gleich kein Quartier anbieten kann (der
Schweizer Meyer, dessen Sie Sich aus Venedig erinnern, bewohnt meinen obern Stock) so sollen Sie doch übrigens auf
das freundlichste empfangen seyn; ich hoffe Zeit genug zu
finden die wichtigen Angelegenheiten der fünf Sinne mit
Ihnen abzuhandeln.

Mein Optisches Wesen und Treiben empfehle ich Ihrer
fortdauernden Aufmerksamkeit es freut mich wenn Sie die
Art der Behandlung mehr als die Sache ergötzt hat. Sie werden in der Folge noch wunderbare Dinge zu sehen kriegen,
und wenn ich mich nicht sehr irre so wird die Neutonische
Hypothese von diverser Refrangibilität der Lichtstrahlen, von
ihrer Spaltung in sieben, oder Gott weiß wie viel, bunte ein-
fache Strahlen wie eine alte Mauer zusammen fallen, wenn
ich nur erst ihr Fundament werde untergraben haben. Denn
einer so wohlvertheidigten Vestung ist blos durch miniren
anzukommen. Ich werde Versuch an Versuch stellen und die
Theorie nicht eher vortragen biß sie jeder aus den Versuchen
selbst nehmen kann und muß.

Lassen Sie uns die Akustik gemeinsam angreifen! Diese großen Gegenstände müssen von mehreren aber zu gleicher Zeit bearbeitet werden wenn die Wissenschaft fortrücken soll. Ich kann mich nicht genug auf die Chymie und auf den chymischen Theil de Naturlehre berufen. Eine Wissenschaft kann nie das Besitzthum eines einzigen werden und wenn sie es eine Zeitlang wird so schadet auch ein solcher außerordentlicher Mensch indem er nutzt, oft beydes in gleichem Maaße. Ich muß nur langsam gehn aber ich freue mich schon sehr über die Theilnahme, die thätige nämlich, die ich von allen Seiten bemerke. Besonders hat das Alter unter vielen Nachtheilen den Vortheil daß es nun Jugend hinter sich sieht, die zum neuen Lust hat. Gewiß es war mit eine Absicht als ich die <u>Kärtchen</u> zum Vortrag wählte diese sinnlichen Eindrücke unter die Kinder zu verbreiten, ich hoffe in einigen Jahren soll das alles anders aussehen. Lassen Sie uns conferiren und jeden von seiner Seite arbeiten, ich habe mich schon mit einem Mahler und Mathematiker innig associirt und hoffe bald für die übrigen Fächer auch nahe und reine Verbindungen. Leben Sie wohl und grüßen die Ihrigen. Schreiben Sie mir wenn Sie kommen.

W[eimar]. d. 17 Nov. 1791.   G.

G 12

Es war nicht ganz recht, daß Sie nach Ihrer Rückkunft mir nicht einige Nachricht von Ihrer Reise gaben und daß ich, da ich Sie noch tief in Frankreich glaubte, von andern Leuten erfahren mußte Sie seyen schon lange wieder zu Hause angekommen.

Vor meiner Abreise nach den kriegerischen Gegenden war meine Absicht Ihnen nochmals zu schreiben, und Sie beschleunigen diesen Entschluß durch Ihren Brief für den ich Ihnen danke.

Es freut mich, daß Sie Ihre alte Neigung zum Cophta noch nicht verlohren haben, und daß Ihnen die Vorstellung in Lauchstädt nicht ganz mißfallen hat, ich werde es wenigstens alle Jahre einmal als ein Wahrzeichen aufführen lassen. Die übrigen deutschen Theater werden sich aus mehr als einer Ursache davor hüthen. Wie leicht würde es nun seyn eine Oper daraus zu machen, da man nur auslassen und reimen dürfte, man brauchte, weil die Geschichte bekannt ist, wenig Exposition, und weil das Lustspiel schon Commentar genug ist, wenig Ausführlichkeit. Allein da man das deutsche Theater und Publikum von innen und von außen kennt, wo soll man den Muth hernehmen auch nur zu einer solchen Arbeit und sollten Sie Ihre Bemühungen abermals verlieren, wie es bey Erwin und Elmire und bey Claudinen gegangen ist, die man auf keinem Theater sieht; die politischen und Autor-Verhältnisse, welche der Aufführung des Großcophta entgegen stehen, würden eben so gut gegen die Oper gelten und wir würden einmal wieder einen Stein in den Brunnen geworfen haben. Ich schreibe jetzt wieder ein paar Stücke die sie nicht aufführen werden, es hat aber nichts zu sagen, ich erreiche doch meinen Zweck durch den Druck indem ich gewiß bin mich auf diesem Wege mit dem denkenden Theil meiner Nation zu unterhalten, der doch auch nicht klein ist.

Genießen Sie der Ruhe die Ihnen gegeben ist und erfreuen sich des Lebens mit den Ihrigen. Ginge nicht meine Reise in wenigen Tagen südwärts, so besuchte ich Sie gewiß, in der Zeit wenn Schuckmann zu Ihnen kommt, den ich von Herzen liebe und ehre. Grüßen Sie ihn ja aufs beste von mir.

Ich dachte Ihnen aus meinen neuren kleinern Gedichten vor meiner Abreise etwas auszusuchen; es ist aber doch ganz und gar nichts Singbares darin. Es scheint nach und nach diese Ader bey mir ganz auszutrocknen. Sie würden sich aber auch darüber nicht wundern, wenn Sie meine neue *Camera obscura* und alle die Maschinen sähen, welche von Zeit zu Zeit bey mir entstehen. Es ist im Grunde ein tolles und nicht ganz wünschenswerthes Schicksal, so spät in ein Fach zu gerathen, welches recht zu bearbeiten mehr als Ein Menschenleben nöthig wäre. Wir wollen sehen was wir noch darinnen thun können. Leben Sie recht wohl und grüßen Sie die Ihrigen.

Weimar den 29. July 1792. Goethe.

R 1

Giebichenstein den 29ten Sept[ember 17]93

Im Begriff diese Gegend zu verlassen um mit meiner ganzen
Familie nach einem Landgute im Holsteinischen zu ziehen,
ergreife ich die Feder Ihnen ein Lebewohl zuzurufen, das ich
lieber Ihnen persöhnlich gesagt hätte, wär' ich sicher gewesen Sie in Weimar zu treffen. Die Mehrheit der Stimmen
sagte aber Nein. So muß ich mir denn auch für diesmal die
Freude versagen Ihnen Erwin u[nd] Elmire beim Claviere zu
überreichen. Nehmen Sie es auch so freundlich an, und erkennen Sie in der offentlichen Zuschrift nur die Begier meines Herzens Ihnen auf jede mir mögliche Weise die innige
Verehrung und Dankbarkeit zu bezeigen die mich erfüllt und
ewig für Sie fortleben wird. Wie mich verlangt von Ihnen
selbst wieder etwas über Ihr Leben und edles Treiben zu erfahren, vermag ich Ihnen nicht auszudrücken. Wollten Sie
mich mit einigen Zeilen erfreuen, so bitt' ich solche nach
Hamburg an die Pastorinn Alberti zu richten.

In oder vielmehr bei Coppenhagen in Schimelmanns Bern-
storfs und Reventlows Familien und Landhäuser lebte ich
den August über so glücklich wie noch nie außer meinem
Hause. Mit Schimelman[n], der ein genievoller herrlicher
Mann ist ward ich herzlich eins. Wie wir Ihren Tasso, Ihre
Iphigenia, den ganzen achten Band Ihrer Werke genossen
haben, das sagt sich nicht; ich wollte aber, Sie hättens erfahren! Und wie ich Ihrer in den romantischen schwedischen
Cullafelsen gedacht! –

Die Postpferde sind wirklich da. Ungern verlass' ich diese
Gegend ohne Sie gesehen zu haben. Behalten Sie mich ja in
freundlichem Andenken

Reichardt

G 13

So sind Sie denn, für mich wenigstens, unvermuthet aus unsern Gegenden geschieden, ohne daß ich Sie noch einmal gesehen und gesprochen hätte. Mögen Sie wohl und glücklich leben überall wo Sie sich befinden. Von Ihrer Lebhaftigkeit hoffe ich daß Sie uns doch einmal wieder erscheinen, Sie werden mich in dem alten Raume, immer mit unveränderten Gesinnungen antreffen. Meyer ist noch immer bey mir und die ästethischen Freuden halten uns aufrecht, indem fast alle Welt dem politischen Leiden erliegt. Es wird viel in mancherley Fächern gearbeitet. Haben Sie dank für Erwin und Elmire, für die Zeichen Ihres Andenkens und Ihrer Neigung. Leben Sie recht wohl und lassen mich bald wieder von Sich hören. Ich möchte auch wohl in einer ruhigen Stunde ausführlicher seyn über das was ich treibe. Leben Sie wohl.

W[eimar]. d. 18. Nov. 93.   G.

R 2

Hamburg, den 23ten Nov[ember 17]93.

O daß die ruhige Stunde doch bald käme in der Sie mir über das was Sie treiben ausführlicher seyn möchten! Wüßten Sie wie innig ich mich unter all meinem bisherigen politisch oeconomischen Treiben nach einer Nachricht von Ihrer Hand gesehnt habe, Sie würden es mir izt um so ehr nachfühlen welche Begierde Sie durch jen[es] hoffnungsvolle Wort in mir rege gemacht haben, würden Mitleiden mit mir haben und mir recht bald das halbverheißne ausführlichere Blatt zu Theil werden lassen.

Darf ich Sie auch noch an ein altes schönes Versprechen erinnern? Eine Zeichnung von Ihrer Hand sollt' ich haben. Nun bezieh' ich mit dem frühesten Frühjahr ein liebes Landhaus im Holsteinischen, das soll dann geschmückt werden, wie man seine Wohnung fürs Leben schmückt. Erhielt ich dazu Ihr Blatt! –

Daß Meier noch bei Ihnen ist freut mich um so mehr, da der liebe treue Mann Ihnen bei einer Arbeit behülflich ist, die von der practischen Seite nur zu leicht Ihre Geduld ermüden könte! – Doch Nein – Sie sind es ja. Sie, der alles besitzt was sonst mehrere große geistvolle Männer zusammen thun müssen, um etwas Ganzes zu vollenden. Um alles wollt' ich die Aussicht nicht aufgeben Sie wieder zu besuchen, und gewiß hätt' ich es noch vor meiner Abreise von Giebichen[stein] gethan, wäre nicht alles so schnell zur Vollführung eines Entwurfs gegangen, als lange und wohlüberlegt ich ihn bereitet und bis zur Ausführung von allen Seiten gesichert hatte. Kämen Sie doch einst zu uns nach Holstein! ich werde zwischen Kiel Eutin und Plön in Rethwisch wohnen. Das Land ist höchst anmuthig, und der dortige Gutsbesitzer gewiß der freieste Mann der izt in Europa existirt. Den Winter über bleib ich hier und in der Nähe. Ich kan nur enden wie ich anfing, O daß das liebe verheißne Blatt mir bald käme!

Reichardt

R 3

Giebichenstein, den 8ten Febr[uar 17]94.

ich mag nicht länger Ihnen so nahe seyn ohne Ihnen von der Veränderung, oder vielmehr der neuen Befestigung meiner Lage mit Einem Wort Nachricht zu geben. Da ich mit Schreiben aus der Ferne nichts ausrichtete, so ging ich im Januar selbst nach Berlin um auf eine gute Art dort ganz loszukommen; ich bin aber dagegen auf die beste Art wieder festgemacht worden. Man hat mir dies kleine Gut, das ich sehr liebe zum Eigenthum gegeben und dazu die Freiheit es vom Frühjahr bis zum Herbst ungestört zu bewohnen. Den Winter werd' ich künftig für meine Kunst beschäftigt in Berlin zubringen.

Die Hofnung daß Sie mit dieser Veränderung zufriedner seyn werden als mit jeder andern die ich seit drei Jahren unternahm treibt mich an es Ihnen sogleich zu melden. Das Verlangen, einige freundliche Zeilen von Ihnen hierher zu erhalten, gesellt sich dazu. Nicht wahr, Sie lassen es nicht lange unbefriedigt?

Reichardt

R 4

Gibichenstein, d[en] 16ten Juni [17]94.

Mit wachsendem Vertrauen geb' ich diesen zweiten Band meiner Musik zu Ihren herrlichen Werken in Ihre Hände. Der dritte wird Claudine von Villa-Bella enthalten. Können Sie dies liebe Stück immer noch nicht dort aufführen lassen?

Haben Sie meinen herzlichen Dank für Ihren treflichen Reineke. Wie es mich freut daß ich nun auch meinem kleinsten Jungen ein Buch von Ihnen geben kan!

Ich rechne sehr darauf diesen Sommer einige glückliche Tage in Ihrer Nähe zu verleben. Bleiben Sie den Sommer über in Weimar, und kom' ich Ihnen in jedem Monath gleich recht? Ich müßte zu Ihnen, sollt' es auch nur geschehen um mir die längst verheißne Zeichnung von Ihrer Meisterhand zu hohlen für die der bestbeleuchteste Platz in meinem besten Zimmer frei gelaßen worden. Könte dies Zimmer Sie selbst einmal und bald beherbergen, wie glücklich würde das mich und mein liebes Weib machen, die außer Sie und Herders keinen Wunsch nach neuer Bekantschaft hat. Mich dünkt es sollte Ihnen in unsrer recht lieblichen Wohnung in unserm fröhlichen Hauskreise wohl werden.

Wollen Sie wohl der lieben Herder das beiligende zweite Exemplar von den beiden Bänden meiner Musik, mit meinem herzlichen Gruße geben.

Vergessen Sie mich ja nicht.

Reichardt

R 5

Herrn Geheimenrath
von Göthe
in
Weimar.

Gibichenstein, den 14ten Sept[ember 17]94.

Herr Schede ein junger Studierender aus Halle, Sohn des
Criminalrath Schede in Berlin, verehrt Sie mit so inniger
ächter Liebe und wünscht sichs so sehnlich Sie zu sehen,
und wenn auch nur einige Minuten in Ihrer Nähe zu seyn,
daß ich ihm dieses Eingangsblatt unmöglich versagen kan,
so sehr ich auch bis izt jedes dergleichen Ansuchen gerade
von mir gewiesen habe. Ich bitte, erfüllen Sie den Wunsch
des lieben feinen jungen Mannes.

Es war also doch nicht möglich uns auf Ihrem Rückwege
zu besuchen? Ich eilte gerades Weges von Dresden her um
Sie nicht zu verfehlen. Lassen Sie uns künftigen Sommer
doch glücklicher seyn.

Ich hoffe Meier kömt auf seinem Wege nach Weimar zu
uns: dem geb' ich dann etwas für Sie mit. Behalten Sie mich
bis dahin in freundlichem Andenken.

Reichardt

R 6

Hamburg den 7ten April [17]95

Hundert Mahl ergriff ich seit den 3 Monathen, die ich hier
lebe die Feder, Ihnen zu schreiben, aber immer ward es mir
unmöglicher von der elenden Sache, die mir eine Freiheit
aufdrang, welche ich seit 4 Jahren vergeblich suchte und die
mir im vorigen Jahre mit den ansehnlichsten Zusagen auf
immer verweigert wurde, ein Wort weiter zu schreiben. Freun-

de in Berlin und Dessau versprachen mir noch bei meinem dortigen Auffenthalte Ihnen die bedeutensten Briefe und kleine Schriften die durch jenen Vorfall veranlaßt wurden zuzuschicken, und ich hoffe sie haben es gethan. Sie gestatten mir izt, daß ich Ihnen ohne weiteren Rückblick sage, wie ich mich wieder auf demselben Wege befinde, den ich im vorigen Jahre gegen mein Herz verließ, daß ich im Holsteinschen in der Nähe von Hamburg und viel in Hamburg selbst künftig wohnen werde.

Ein bestimtes Geschäft mußt ich mir aber machen, und so hab' ich mich nun fürs Erste ganz in die französische Sache geworfen, die mich von Anfang an übermächtig an sich gezogen hat und für die ich hier einen Reichthum von Materialien und Verbindungen finde, als säß' ich mitten in Paris. Ich benutze die Local- und Zeitumstände und fange ein Journal an zu welchem mich alles einladet. Nehmen Sie das erste Stück davon freundlich auf und verfehl' ich Ihren Beifall damit nicht ganz, so erfreuen Sie mich bald mit Einem Worte darüber.

Darf ich Ihnen auch wohl ein Exempl[ar] für Ihren Herzog beilegen? und dabei eine Idee die sich mir aufdringt zur Beurtheilung und wenn Sie sie nicht ganz verwerfen zur Beförderung vorlegen?

Bei der seit zwanzig Jahren gepflogenen vertrauten Bekantschaft mit den angesehensten Häusern Hamburgs stehn mir die ausgebreitesten Correspondencen nach allen Ländern Europa's offen; posttäglich erfahr' ich von allen Seiten her was irgend wichtiges in den Hauptstädten Europa's sich ereignet – wollte mich nun Ihr Herzog zu seinem hiesigen Correspondenten oder Commissionar bestellen, so könt' ich die wichtigsten Nachrichten die hier einlaufen, und von den Zeitungen oft nicht aufgenommen werden dürfen posttäglich berichten, auch merkwürdige Schriften und Kunstsachen auf dem geraden Wege aus der ersten Hand, um den eigentlichen Preiß, den deutsche Kunsthändler so unmäßig zu erhöhen pflegen, besorgen? Wenigstens treue und frühe Nachricht davon geben.

Verzeihen Sie! Wenn anders das herzlichste Vertrauen, welches die reinste Verehrung einflösset Verzeihung bedarf.

Jacobi hatte uns die Hofnung gegeben Sie vieleicht bald hier zu sehen, er hat sie uns auch kürzlich wieder genommen. Vor dem Junius müßten Sie ja nicht gekommen seyn. Die ganz ofne Schiffahrt und die Elbufer mit lustigen Landhäusern voll mannichfach gemischter Gesellschaft ist das Einzige was Hamburg Ihnen bieten kann, und das ist im Junius erst alles in gehörigem Gange. Jene Hofnung des schönen Wiedersehens hemmte auch oft meine Feder, sonst hätt' ich Ihnen auch schon längst für Ihren herrlichen <u>Meister</u> danken müssen. Aber wie danken für den köstlichen Genuß! Unger hat mich kürzlich mit dem dritten Buche hoch beglückt, mit brennendem Verlangen seh' ich den Bogen des 4ten Buchs entgegen, die er mir heute verheißt. Könten Ihnen die Liedermelodien die ich so froh entwarf doch einige angenehme Minuten gewähren! Sahen Sie schon: <u>Kennst du das Land</u>? Das müßt' ich Ihnen selbst vorsingen.

Ist es gegründet, daß Sie ganz nach Jena ziehen? Der brave glückliche Meier zieht wohl mit Ihnen? Seit dem October, da ich aus meiner friedlichen Wohnung in G[iebichenstein] nach Berlin gesprengt wurde, liegt sein Apoll, nach dem michs herzlich verlangt, für mich dort. Ich kam nicht wieder nach G[iebichenstein] und das Blatt komt erst mit anderen Sachen zu Waßer hieher. Sobald ichs in Händen habe, schreibe ich ihm selbst und mache die Sache mit ihm ab. Wollen Sie ihm das wohl sagen? Es wird ihn auch freuen zu hören, daß meine Schwägerinn Alberti in Dresden, seinem treflichen Rathe eingedenk, sehr fleißig ist.

Ich bitte, verzeihen Sie all dies zudringliche Geschmiere!

Reichardt.

R 7

Giebichenstein den 5ten Dec[ember 17]95

Bei meiner Heimkunft fand ich einen Brief von dem braven Meier worinn er mich an die Rücksendung oder Bezahlung (mit 16 Dukaten) seines Apollos erinnert. ich gestehe, daß es mir bisher eben so schwer geworden ist mich von der schönen Zeichnung zu trennen als sie baar zu bezahlen – Bei meinem Aufenthalt in Berlin, woher ich eben zurückkehre, kam bei Uebergabe einer mir zugehörigen Berl[iner Musikhandl[ung], die bis dahin der jüngere Moritz verwaltet hat, eine Rechnung vor, die dieser mir längst und mehrmalen übermacht hat, von der ich aber keine Notiz nehmen mochte. Das Verlangen, jene Zeichnung zu behalten, treibt mich aber an Sie zu befragen, ob es für Ihre dortige Theatercasse wohl thunlich wäre eine Sache durch die andre abzumachen?

Ich höre Sie haben Claudine aufgeführt; und sind so grausam gegen mich gewesen mir kein Wort darüber zu sagen! Mehrere Reisende und mit Ihnen correspondirende Männer haben mir versichert, daß Sie damit und mit meinen Compositionen zum Meister zufrieden waren: das hat aber mein Verlangen von Ihnen selbst etwas darüber zu hören nur vermehrt. Ich weiß wohl wie ungern ein Mann wie Sie über so etwas schreibt und wünschte freilich auch unendlich mehr noch, mit Ihnen selbst darüber zu sprechen. Wären Sie um die Weihnachts und Neujahrszeit wohl etwas frei zu treffen? – Ich könt' Ihnen Jery und Bätely mitbringen. Mit herzlichem Verlangen erwart' ich hierüber ein freundlich Wort von Ihrer Hand.

Reichardt.

Ich wohne:
In der Kärntnerstrasse Nro: 1042. 3ter Stock.
Baron W. Braun
Director des K. K. Hof Theaters.

G 14

Ob ich gleich der Musikhandlung keinen Dank weiß daß sie mich nicht wieder gemahnt hat, so ist es mir doch sehr angenehm daß ich jetzt Gelegenheit finde Ihre trefflichen Kunstwerke mit einer so guten Arbeit zu erwiedern, und wie ich hiermit den Werth der 16 Ducaten erhalten zu haben bescheinige, so erbitte ich mir gelegentlich über meine bisherige Schuld eine Quittung.

Claudine ist aufgeführt und ich habe mit Vergnügen Ihre Arbeit bey den Proben und der Aufführung wieder genossen, leider trafen soviele Umstände zusammen daß das Publikum über diese Production zweifelhaft blieb und ich eine günstigere Constellation abwarten muß um das Stück wiedergeben zu können.

Die Lieder zum Roman sind voll Anmuth und Bedeutung, bey einem vollkommenen Vortrag verfehlen sie gewiß ihre Wirkung nicht.

Auf Weynachten erwarten wir den Darmstädtischen Hof der bisher sich in Eisenach aufhielt, es möchte also wohl schwerlich zu einem privat Kongreß die rechte Zeit seyn.

Ich wünsche zu hören daß Sie Sich wohl befinden und daß Ihre Angelegenheiten an denen ich vielen Theil genommen, sich wieder ins alte Gleis begeben mögen.

W[eimar]. d. 21. Dec. 1795.   Goethe.

R 8

Berlin den 25ten Jan[uar 180]1.

Alle meine bisherigen Bedenklichkeiten mich Ihnen wieder eigenwillig zu nähern verschwinden; ich denke, ich fühle nur das Glück Sie wieder ausser Gefahr zu wissen, und mein Herz treibt mich unwiderstehlich an es Ihnen zu sagen, daß ich erst seit dieser Nachricht wieder ganz glücklich bin. Ich war eben die lezte Zeit so froh mit Ihnen beschäftigt gewesen, hatte Jery und Bätely für das hiesige Nat[ional]theater vollendet, hatte zu Ihrem Egmont, der nächstens gegeben werden soll, Orchestermusik und einige Lieder, für die Königinn und die Prinzessin von Oranien viel herrliche einzelne Sachen aus Euphrosine, aus Alexis und Dora aus Proserpina p. glücklicher als je komponirt, täglich sangen wir die Sachen, Sie lebten in unserm schönsten Kunstgenus mitten unter uns, als der harte Schlag uns traf, Ihr Leben sei in Gefahr! – Hätten Sie unsre Angst gesehen! – Bestätigen Sie es uns mit irgend einem kleinen Lebenszeichen, daß jede nahe Gefahr entfernt ist; Sie werden viele edle tiefbekümmerte Seelen dadurch beruhigen. Thun Sie es, ich bitte thun Sies bald.

Gerne will ich Ihnen alles was ich in den lezten glücklichen Monaten in Potsdam und hier für Ihre herrlichen Verse entwarf schicken, wenn ich Ihnen die mindeste Freude damit machen kann. Ich drücke mich inniger als je an Ihr Herz.

Reichardt.

G 15

Nicht Jedermann zieht von seinen Reisen solchen Vortheil als ich von meiner kleinen Abwesenheit.

Da ich von der nahfernen Grenze des Todtenreichs zurückkehrte begegneten mir gleich so viele Theilnehmende, welche mir die schmeichelhafte Überzeugung gaben, daß ich sonst nicht allein für mich, sondern auch für Andere gelebt hatte. Freunde und Bekannte nicht allein, sondern auch Fremde und Entfremdete, bezeigten mir ihr Wohlwollen und, wie Kinder ohne Haß geboren werden, wie das Glück der ersten Jahre darin besteht, daß in ihnen mehr die Neigung als die Abneigung herrscht; so sollte ich auch bey meinem Wiedereintritt ins Leben dieses Glücks theilhaft werden, mit aufgehobenem Widerwillen eine neue Bahn anzutreten.

Wie angenehm Ihr Brief mir, in diesem Sinne, war, sagen Sie sich selbst, mit der Herzlichkeit, mit der er geschrieben ist. Ein altes gegründetes Verhältniß wie das unsrige konnte nur, wie Blutsfreundschaften, durch unnatürliche Ereignisse gestört werden, um so erfreulicher ist es wenn Natur und Überzeugung es wieder herstellt.

Von dem was ich gelitten habe weiß ich wenig zu sagen. Nicht ganz ohne vorhergehende Warnung überfiel mich, kurz nach dem neuen Jahre, die Krankheit und bekämpfte meine Natur, unter so vielerley seltsamen Formen, daß meine Genesung, selbst den erfahrensten Ärzten, auf einige Zeit, zweifelhaft werden mußte. Neun Tage und neun Nächte dauerte dieser Zustand, aus dem ich mich wenig erinnere. Das glücklichste war daß in dem Augenblicke, als die Besinnung eintrat, ich mich selbst ganz wieder fand.

Man erzählt von Hallern daß, als er einmal eine Treppe herunter und auf den Kopf gefallen war, er sogleich, nachdem er aufgestanden, sich die Nahmen der chinesischen Kaiser nach der Reihe hergesagt, um zu versuchen ob sein Gedächtniß gelitten habe.

Mir ist nicht zu verdenken wenn ich ähnliche Proben anstellte. Auch hatte ich Zeit und Gelegenheit in den vergangnen vierzehn Tagen mir manche von den Fäden zu vergegenwärtigen, die mich ans Leben, an Geschäfte, an Wissenschaft und Kunst knüpfen. Keiner ist abgerissen wie es scheint, die Combination geht wie vor Alters fort und die Production scheint auch in einem Winkel zu lauren, um mich vielleicht bald durch ihre Wirkungen zu erfreuen.

Doch wollen wir uns indeß als Genesende behanden und, zufrieden mit einer so baldigen Wiederherstellung, nach einem so großen Übel, in geschäftigem Müßiggang dem Frühjahr entgegen schlendern.

Das erste höhere Bedürfniß, was ich nach meiner Krankheit empfand, war nach Musik, das man denn auch, so gut es die Umstände erlaubten, zu befriedigen suchte. Senden Sie mir doch ja Ihre neusten Compositionen, ich will mir und einigen Freunden damit einen Festabend machen.

Empfehlen Sie mich dankbar bekannten und unbekannten Wohlwollenden und Theilnehmenden in Berlin.

Ich wünsche nichts mehr als so vielen Freunden, die auf

meine Existenz einen Werth setzen, auch künftig zur Freude und zum Nutzen zu leben.

Nehmen Sie wiederholten Dank für Ihre Annäherung in diesem Zeitpunct und genießen einer dauerhaften Gesundheit.

Weimar am 5 Februar. 1801.

R 9

Berlin, den 27ten Februar [180]1.

Ich habe in dieser Zeit viel Glück erlebt, mit grossen und kleinen Arbeiten viel Freude gemacht und Belohnungen jeder Art sehr freudig geerndtet; aber nichts von alle dem gleicht der innigen Freude die mir Ihr lieber edler Brief gab. Ich fühle mich seit der Zeit erst wieder ganz glücklich. Gewis hätt' ich Ihnen gleich darauf alles geschickt was ich, beseelt von Ihrem himmlischen Genius zeither hervorgebracht habe, wenn nicht Ihr Herzog sich erboten hätte, es mitzunehmen. Ohnerachtet er erst früher abreisen wollte, komt mir seine Abreise jezt doch so unerwartet schnell, daß ich ihm nur mitgeben kann, was ich eben im Gewühle des verlängerten Carnevals selbst habe abschreiben können. Die Copisten sind weder mit Jery und Bätely noch mit Egmont fertig. Es soll aber gewis alles bald in vollstimmiger Musik nachfolgen. Auch einiges aus meiner Rosmonda, die hier eine bei Hof und Stadt unerhörte Sensation gemacht und die wir noch immer, schon einige Wochen über den Carneval hinaus, wiederholen.

Schwer wird es mir Ihnen die Lieder zu schicken statt sie selbst zu bringen, sie Ihnen selbst vorzusingen; doch hoff' ich Sie werden auch so sich darinnen wiederfinden, und dann ist mein schönster Wunsch erfüllt. Komt Ihnen die Herzoginn von Hildburghausen nahe, so lassen Sie sich doch ja das <u>Freudvoll p</u> von ihr singen; ich glaubt' es nur von unsrer Königinn hören zu können, sie singt es aber ganz unglaublich schön. Auch die Proserpina muß sie Ihnen singen. Zu der Begleitung dieses Gesangs – die den süssen Taumel des Moments ausdrückt – nehmen Sie doch ja einen recht zarten fertigen Clavierspieler. Ich bin recht unruhig zu wißen, welches von diesen kleinen Sachen Ihnen die meiste Freude gewährt hat. Daß ich sie Ihnen doch zum ersten Mahl hätte hören lassen können! Ich bin im Herzen gewis daß dieser Ihrer Erholung gewidmete Frühling nicht vergehn soll, ohne persöhnlich etwas zu diesem schönen Zwecke mitzuwirken. Könt' ich Ihnen in meinem frohen glücklichen Landhause zu Gibichenstein einige frohe Tage bereiten, dann sollten Sie vieles von Ihren Gesängen zu Ihrer Freude hören. Eine meiner Töchter singt recht brav und alle machen ein angenehmes Chor. Wie gerne sendete ich Ihnen meine Pferde entgegen, käme selbst Sie abzuholen, um auf dem Hin= und Herwege für Ihre Bequemlichkeit zu sorgen! So bald der Hof – Ende März – Berlin verläßt, kehr' ich dorthin zurück. Könt' ich meinem sehr lieben Weibe, die sich Ihres neuen Lebens, mit allen edlen gefühlvollen Seelen so innigst erfreut, die Hofnung mitbringen, Sie unter unserm wirthlichen Dache einige frohe Tage zu bewirthen! Nur das Eine fehlt uns noch zur Vollendung unsers lieblichen Lebens. Gewähren Sie's uns! und bald!

Reichardt.

R 10

Giebichenstein den 9ten Nov[ember 180]1.

Empfangen Sie einige Kleinigkeiten, wie ich sie hier eben vorfinde! Das meiste von meinen neuesten Sachen ist in Berlin. Einige größere Sachen halt' ich absichtlich zurück, weil ich noch immer die Hofnung hege sie selbst Ihnen das erstemahl hören zu lassen, oder auch von einer meiner Töchter Ihnen vorsingen zu lassen. Dies wünsch' ich besonders von Petrarchischen Sachen. Bei all meiner Vorliebe für Petrarch, den ich von jeher unter allen großen Dichtern, nach

Ihnen am herzlichsten liebte, wollt' es mir immer nicht mit seinen Versen gelingen. Diesen Sommer ging mir über deren Behandlung mit Eins ein Licht auf und von dem Augenblick an empfangen sie willig den gefälligen italiänischen Gesang neben der strengsten Wahrheit der Declamation. Eine Menge seiner Sonetten und Canzonetten hab' ich mit seltnen Glück bearbeitet.

Ob ich nun aber noch vor meiner Reise nach Berlin die in den lezten Tagen dieses Monats nothwendig wird, das Glück haben soll einige Tage in Ihrer Nähe zu leben, wird allein von Ihrem Wink abhangen. Finden Sie es für die Zeit zwischen dem 15ten und 25ten Nov[ember] gerathen so komm' ich gerne. Wie sehr mich darnach verlangt Sie wiederzusehn und Ihnen so mancherlei Neues vorzulegen, vermag ich nicht Ihnen auszudrücken, weit weniger noch wie herzlich ich Sie verehre.

Reichardt.

G 16

Ihren werthen Brief habe ich in Jena erhalten und, wegen der einzustudirenden Oper, sogleich Nachricht eingezogen, welche denn auch, bey meiner Rückkunft, so eben bey mir eingeht.

Ich lege das Blättchen bey, woraus Sie die Lage der Sachen sehen werden und ich muß Ihnen gänzlich überlassen: ob Sie uns mit Ihrem Besuch, da dieser Zweck nicht erreicht wird, dennoch erfreuen wollen.

Da dieser Brief erst den 16ten h.m. abgeht, so kommt er freylich fast zu spät bey Ihnen an, als daß Sie sich vielleicht zu einer Reise hierher auf so kurze Zeit entschließen könnten.

Leben Sie indessen recht wohl und lassen mir die Hoffnung, früher oder später eines reichen und tiefen musikalischen Genusses, der mir lange nicht geworden ist.
Weimar am 16 Nov. 1801.

Giebichenstein bei Halle den 23ten Nov[ember 180]1.

So äusserst schwer es mir auch wird dem Vergnügen Sie wiederzusehn für jezt zu entsagen, so muß ich der Nothwendig-
keit doch nachgeben. Ihr sehr lieber Brief vom 16ten komt
erst in diesem Augenblick in meine Hände, und in den nächsten Tagen muß ich nach Berlin, um den Proben vom Zauberschloß und vom Brenno beizuwohnen. Ich bringe auch
noch ein neues Stück für das Berl[iner] Nat[ional]theater
dorthin, und daß ich dies nun aufs Theater geben muß ohne
Ihr Urtheil vorher darüber zu kennen, ist mir höchst empfindlich. Es ist Des Herkules Tod, Ein Melodram mit Chören. Durch diese hab' ich gesucht dem Ganzen so viel mir
möglich einen antiken tragischen Charakter zu geben. Mir
scheint die Conception glücklich, aber um desto mehr war
mir auch daran gelegen Ihr Urtheil über die Ausführung zu
wissen. Schriftlich kann ich dies unmöglich von Ihnen erwarten; Sie haben wichtigere und interessantere Beschäfti-
gungen. Beim Fortepiano, das bei diesem Genre die Declamation leidlich gut unterstützen kann, durft' ich wohl hoffen, daß Sie sich etwas genauer darauf einliessen. Auf dieses
Glück kann ich nun aber nicht ehe als nach dem berlinischen Carnaval rechnen. Doch kann ich auch wohl, da mein
Brennus die erste Oper im Carneval ist und mein Sinn ge-
waltig nach Paris hinsteht, gegen Ende des Januars von Berlin fort, und dann geht mein erster Weg sicher nach Weimar.
Möchte doch auch bis dahin die Aufführung meiner Geisterinsel ganz ausgesetzt werden, damit ich die letzten Proben
selbst halten könte! Meine Theatersachen erfordern das fast.
Könte man zu der Zeit nicht auch Ihr Jery und Bätely einstu-
dieren? ich wollte gerne die Partitur davon voraus schicken.
Heute send' ich Ihnen den Clavierauszug davon: könt' er
Ihnen doch am Clavier einen kleinen Theil des Vergnügens
gewähren, das das Berliner Publikum bei der Aufführung des
allerliebsten Stücks allgemein zu haben schien! Ich legte Ihnen gerne noch einige kleine Sachen bei, ich bin aber unge-

wis was ich Ihnen das erste Mahl von Berlin aus geschickt
habe, und ob das auch gerade Ihren Wunsch einigermaßen
erfüllt hat. Geben Sie mir nur nach Berlin hin, einen Wink
darüber was Sie zu haben wünschen, und ich eile mit Freuden, jeden Ihrer Wünsche zu erfüllen.

Reichardt.

G 17

Abermals Dank auch für die letzte Sendung!

Mögen Sie die Partitur von Jery und Bätely schicken, so
werden Sie unsere Schuld, die wir dankbar abzutragen gedenken, vermehren und ich werde wenigstens dieses Stück
in Bewegung bringen können.

Nun eine Anfrage: Hätten Sie wohl Zeit und Lust beykom-
menden Hymnus zu componiren? Er gehört zu einem Stücke Ion, das ehestens auf unserer Bühne gegeben werden wird
und das ich auch wahrscheinlich bald nach Berlin sende.

Ich sollte glauben wenn dieser Gesang blos für Stimme und
Piano forte behandelt würde, so sollte es ganz zweckmäßig
seyn. Können Sie mir die Composition innerhalb der drey
nächsten Wochen schicken so geschieht mir eine Gefällig-
keit. Dem: Jagemann wird ihn singen, deren Talent Sie kennen.

Der ich recht wohl […]

R 12

Potsdam den 19ten Dec[ember 180]1.

Die Verbindlichkeit, die Tage und Stunden, die mir meine
deutschen und italiänischen Proben in Berlin frei lassen, für
die Königinn hier in Potsdam zu seyn, hat mir die frühere
Erfüllung Ihres Verlangens unmöglich gemacht, und selbst

131

jezt, da ich in einer stillen Abendstunde die Feder für Sie ergreife bin ich nicht sicher ob sie hinreichen wird meine Composition Ihrer herrlichen Hymne ganz in Ordnung zu bringen. Entworfen hab' ich sie gleich, denn wie könnt' ich etwas Sangbares Ihrer Muse freudig geniessen, ohne es auch gleich zu singen! Die musikalische Conception eines solchen Gedichts will aber auch hinterdrein äußerst sorgfältig ausgearbeitet seyn, und dazu muß man mehr wie einmal kalt und warm werden. Entspricht meine Arbeit nur einigermaßen dem hohen Genuss, den mir das herrliche Gedicht gewährt, so werden Sie hoffentlich damit zufrieden seyn. Aber die Sängerinn? – Nun, Mlle Jagemann ist keine gewöhnliche Sängerinn, und hat Sinn und Gefühl für hohe Declamation. Erhalten Sie die Hymne, der ich nach Ihrer Idee nur die etwas reiche Fortepiano Begleitung beifüge, nicht noch mit diesem Briefe, so doch ganz gewis mit der folgenden Post. Lassen Sie mich nun aber auch bald das Ganze geniessen, nach dem ich wahren Heißhunger habe. Wenn Sie unsre liebe schöne Königinn recht sehr erfreuen wollen, so geben Sie uns einige kleine Gefühlvolle Gedichte für den Gesang. Alles was ich ihr von Ihren schönen Liedern komponirt habe, wird vor allem andern täglich gesungen, und sie singt sie mit einer Innigkeit und Lieblichkeit, die Ihnen manches Lied entlocken würde, hörten Sie sie singen.

Heute send' ich Ihnen auf jeden Fall die Partitur von Jery und Bätely. Sie werden finden daß die Kampfscene ohne Musik geblieben ist. Ein Neuling mit einer schönen Tenorstimme machte diese Aenderung nothwendig. Tieck hat damals die Verse der Scene mit geringen Aenderungen in Dialog verwandelt. Sie selbst thun das nun besser, wenn Sie nicht anders wollen, daß ich die Scene noch für Ihr Theater komponiren soll; wozu ich auch bereit bin sobald meine Opern im Gange sind, welches mit dem Anfange Januars erreicht wird. Wie ich dann nach vollendeten Aufführungen des Brenno zu Ihnen eilen werde, dessen erfreue ich mich jezt schon mit ganzer Seele.

Reichardt.

R 13

Potsdam, den 22ten Dec[ember 180]1.

Sie empfangen hiebei im Verfolg meines vorigen Briefs die
Hymne, die ich in dem wirrigen Leben zwischen hier und
Berlin nicht im Stande war am vorigen Posttage beizulegen.
Ich habe bei der strengsten Beobachtung des für Musik schweren Sylbenmasses möglichst angenehm für die Stimme zu
seyn gesucht; aber so wie die Melodie da nun steht muß sie
auch ohn' alle Verrückungen der Längen und Kürzen und
ohne melodische Zusätze gesungen oder vielmehr stark declamirt werden; was die Sängerinn zum Vorteil der Stimme
anbringen kann hab' ich angedeutet. Könt' ich sie Ihnen doch
zum ersten Mahl vordeclamiren! Doch auch später freu' ich
mich herzlich dazu.

Reichardt. In Eil

R 14

Gibichenstein bei Halle den 22ten Apr[il 180]2.

Zurückgekehrt in meine ländliche Heimath, eil' ich mich zu
erkundigen, wann ich Ihnen am gelegensten komme und zu
welcher Zeit ich wohl am ersten hoffen dürfte etwas von den
Vorstellungen zu sehen, mit deren Veranstaltungen Sie in der
lezten Zeit das Weimarer Theater und die Kunst bereichert
haben. Ich bin für die nächste Zeit ganz frei und habe keinen
heisseren Wunsch als Ihnen recht bald meine herzliche Verehrung persöhnlich bezeugen zu können.

Reichardt.

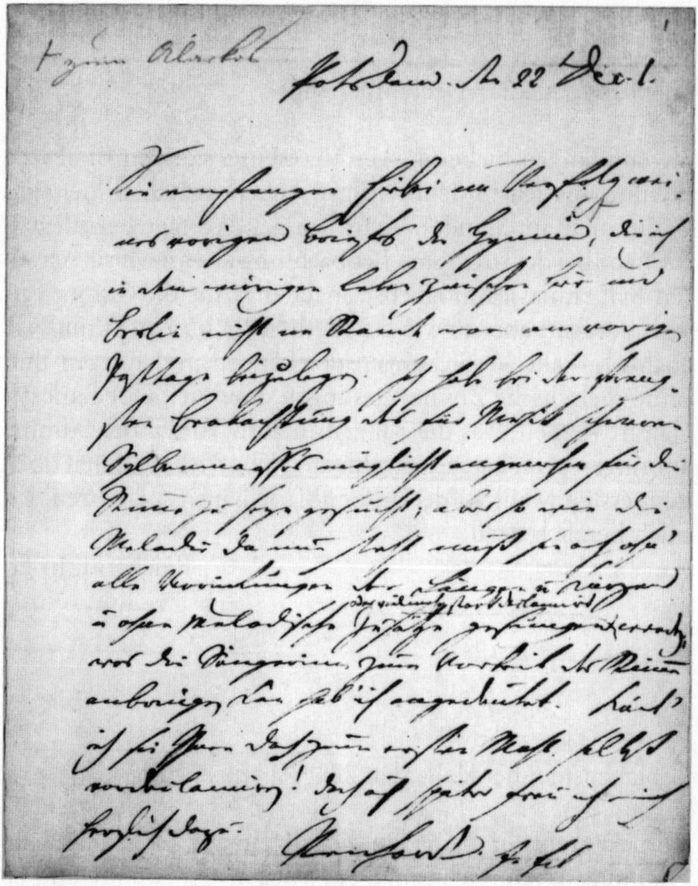

Abb. 5: Eigenhändiger Brief Reichardts an Goethe » den 22. Dec[ember 180]1 (R 13)

R 15

Des Herzoglich weimarschen
Herrn Geheimenraths von Göthe gegenw[ärtig]
in Lauchstädt

Gibichenstein den 14ten May [180]2.

Ihre erfreuliche Anmeldung hat mich und mein ganzes Haus
mit Jubel erfüllt. Mit der ungeduldigsten Erwartung sehen wir
dem Tage Ihrer Ankunft entgegen. Bleiben Sie indes vorher
mehrere Tage in Lauchstädt, so kan ich Sie unmöglich mir so
nahe wissen, ohne Ihnen entgegen zu eilen. Geben Sie mir
doch hierüber einen freundlichen Wink! Ich habe den Herrn
Amtmann Rothe ersucht mir Ihre Ankunft in Lauchstädt sogleich wissen zu lassen, und wünsche sehnlich daß mir der
Bote zugleich einige Zeilen Nachricht von Ihrem dortigen
Aufenthalte und Ihrer erwünschten Herüberkunft bringe.
So schwer es mir ward Ihnen meine Freude bis heute zu ver-
schweigen, so schwer wird es mir nun auch wieder weiter
etwas hinzuzufügen, da die Erfüllung der schönen Hofnung
Sie selbst zu sehen, mir so nahe ist.

Reichardt.

R 16

Des Hern GeheimenRath von Göthe
in Lauchstädt

Gibichenstein den 20. May [180]2.

Tausendmahl willkommen in unsrer Nähe! So schwer es mir
auch wird Sie so nahe zu wissen, ohne Sie zu sehen, gehorche ich dennoch und erwarte Sie Sonabend in meinem Hause. Alle die Meinigen freuen sich mit mir unaussprechlich zu
Ihrem Empfange.

Ja wohl könen Sie Halle umfahren. Von dem lezten Dorfe, Passendorf, geht der Weg über die Wiesen und unsre Fähre. Helles und ruhiges Wetter geleite Sie in unsre angenehme Gegend der bisher nur Ihre Gegenwart gefehlt hat um für uns die angenehmste zu seyn. Wohl uns daß wir Sie so bald hier haben werden.

Reichardt.

R 17

Herrn Geheimenrath
von Göthe

Durchlaucht der Herzog, den ich bei Mlle Jageman sah, hat mir aufgetragen Ihnen wissen zu lassen, daß er zu Ihrem morgenden Concert einen Casselschen Violinisten durch Mlle Jagemann habe einladen lassen. Diese protegirt ihn und eilte die Einladung nach Jena ergehen zu lassen.

Diesen Nachmittag werd' ich zu Hause Ihren Ruf erwarten. Meinen besten Dank für die angenehme Spazierfahrt.
den 29ten M[ay]   Reichardt

R 18

Herrn Geheimenrath
von Göthe

Dienstag früh

So oft ich zu Ihnen gehe geschieht es immer mit der Idee Sie um irgend einige sangbare Verse zu bitten, die ich hier noch komponiren könte, um doch einige angenehme Töne zurückzulassen. Vor dem Reichthum Ihres Gesprächs verschwindet immer jede mitgebrachte Idee. Ich bitte, lassen Sie mich

diese lezten Morgenstunden in Ihrer Nähe noch froh dazu
anwenden. Und Ihr <u>Gaudeamus</u> und Ihr <u>mihi est</u> propositum und den <u>Ratten</u>fänger – die prächtigen Sachen bekomm'
ich doch mit? Es wird sicher nicht[s] davon gemisbraucht
werden. Seit länger als Zwanzig Jahren besitz' ich einige solcher köstlichen Sachen von Ihnen, die nie aus meinen Händen kamen.

Reichardt.

R 19

Gibichenstein den 2ten Jun[i 180] 2.
Abends 6. uhr.

Ich kan das weimarische Fuhrwerk das mich in vierzehn Stunden sehr gut hergebracht hat, unmöglich zurück gehen lassen, ohne ihm ein Wort des herzlichsten Danks für all Ihre
Liebe und Güte, mit der Sie mich so viele schöne Tage be-
glückten, mitzugeben. Auch hier find' ich alles im frohesten
Zustande: mein liebes Weib viel wohler und die Grosmutter
mit dem kleinen feinen Schatz glücklich angelangt, wenige
Stunden vor mir. Meine Kinder jubeln im Hause herum über
die Gewisheit daß wir Sie in Vierzehn Tagen sicher wieder
hier sehen werden, und ich selbst tröste mich darüber, daß
Sie nicht heute gleich in dem herrlichen Abendlicht die angewachsene Schönheit meines Gartens sehen, damit, daß er
dann gerade seine ganze Schönheit erreicht haben wird. Unsre
lieben Hamburger haben sich eben auch gegen die Mitte dieses Monats von Dresden her angemeldet, und es würde uns
und auch die lieben edlen Menschen doppelt glücklich machen, wenn Sie hier den Verlust Ihrer Bekantschaft, den sie
nicht genug bejammern können, einigermaßen ersetzen könten. Ich finde hier auch ein Blatt meines Schwager-Schwie-
gersohns, des Kriegsrath Alberti in Berlin über den Jon, und
trage um so weniger Bedenken es Ihnen beizulegen, da er
selbst den Ton und Inhalt gehörig würdigt. Von H[er]rn von

Retheln, einem recht feinsinnigen Kunstfreund, sollen Sie ein Blatt hier finden über denselben Gegenstand.

Meine zwei Worte des Danks werden zum weitläuftigen Geschmiere; ich breche ab mich im Geiste noch einmal dankbar an Ihre Brust drückend.

Reichardt.

D[en] 3ten Abends. Der Weimarer hat dies Blatt nicht bekommen weil er gegen die Abrede, ohne sich etwas aufzuhalten zurückgekehrt war. So wenig es auch Ihrer würdig ist, will ichs doch mit der Post abgehen lassen, um Ihnen sogleich einen Brief Ifland betreffend, mitzusenden. Der Jubel des heutigen frohen Tages hat mich zu keinem besonnenern Blatte kommen lassen. Sie fühlen jezt gewis mehr als je wieviel Bedeutung für uns in den Worten liegt wenn ich Ihnen wiederhole, daß diesem unserm Leben bisher nur allein Ihre Nähe und Gegenwart fehlte, um ganz vollkommen glücklich zu seyn! Sie fühlen es uns sicher nun ganz nach wie unendlich viel uns die Hofnung ist Sie nun so bald wieder hier zu sehen. Wäre der Vierzehnte doch erst da! Kämen Sie doch noch früher, und zuerst zu uns! Aus der Cammer meines lieben Weibes, aus den Zimmern der Mädchen, in welchem Ihr liebes Frühlingslied schon zur Chitarre erschallt, wird mir ein ganzes Concert von Grüßen für Sie zugerufen.

R.

[Erste Beilage]

Berlin, vom 22ten Mai [1802].

Ueber die Aufführung des Jon wird Carl Dir nächstens mehr sagen. Heute nur so viel, daß es uns mit vielen sehr gefallen hat. Allgemein gefällt es indes nicht. Man findet es zu lang und zu ausgedehnt, manches darinnen auch sehr indezent. Rethel[n] der wie Schlegels ganzer Anhang ganz entzückt von dem Stück ist und heute nicht aufhören konte zu loben, meint es wäre zu gut als daß es dem großen Publikum gefallen könnte. Die Unzelmann spielte den Jon ganz vortreflich; nie hab' ich sie so spielen sehn, auch die Musik machte sich sehr hübsch. Die andern spielten alle nicht gut. Die Meier zu kalt; und Ifland, meinte Carl, hätte ganz falsch declamirt.

[Alberti.]

[Zweite Beilage]

Wohlgeborner Herr,
Mein Onkel der Director Ifland, der im Begriff steht von hier abzureisen, vorher aber noch dreymal spielt, ist so sehr beschäftigt, daß er dadurch verhindert ist Euer Wohlgeboren selbst zu schreiben. Er hat mir daher aufgetragen Sie zu benachrichtigen, daß er erst nach Stettin geht um dort zu spielen; am 15ten geht er dort ab, bleibt hier nur 24 Stunden um sodann sogleich seine Reise nach Studtgard, wo ihn der Herzog erwartet, ununterbrochen Tag und Nacht fortzusetzen. Von dort wird er ungefähr bis zum 2ten August wieder hier eintreffen.

Vor der Reise nach Studtgard ist es ihm daher nicht möglich sich in Weimar aufhalten zu können, wenn es aber auf der Zurückreise geschehen kann, so wird er sich mit Euer Wohlgeboren deshalb näher vereinigen und die Zeit wenn er dort eintreffen kann von Studtgard aus wissen lassen.

Ich verharre mit vorzüglicher Hochachtung

Euer Wohlgeboren
ergebener Diener
Eisendecker.

Berlin den 29ten May 1802

139

R 20

Herrn Geheimenrath
von Göthe
in Lauchstädt

Tausend Mahl willkommen in unsrer Nähe! Seit acht Tagen sahen wir stündlich und augenblicklich Ihrer Ankunft ungeduldig entgegen. Alles trauert hier daß Ihr Brief noch nichts von Ihrer Herüberkunft sagt. Ich komme morgen Vormittag zu Ihnen und bringe den dreistimmigen Gesang mit. Könten Sie denn doch morgen gegen Abend mit mir herfahren! Gerne würde ich Sie Donnerstag oder Freitag wieder dorthin führen. Bitte, Bitte! thun Sie an meinem Hause was irgend möglich ist. Alle die Meinigen bitten mit mir und empfehlen sich aufs angelegentlichste.

Reichardt.
Gibichenstein den 22ten Jun[i 180]2.

R 21

Gibichenstein den 23ten Jun[i 180]2.

Mein armes Weib hat die Nacht in Geburtsschmerzen zugebracht und der Kutscher hält sich bereit den Geburtshelfer heraus zu holen. Das raubt mir für heute die Freude Sie zu sehen. Ich will indeß den kleinen dreistimmigen Gesang voraus senden, damit Sie ihn zum üben hingeben können. Schade daß Sie ihn nicht zuerst von meinem Hauschor hören können. Sie sollten darnach urteilen, ob Sie ihn lieber mit oder ohne Begleitung von Instrumenten singen lassen wollten. Die Instrumentalparthieen kommen indes auch anbei. Ich dachte auch noch erst Ihre Meinung zu vernehmen, ob es Ihnen recht sei, daß ich das liebe zarte Wesen so liedermässig behandelt habe. Nun ich hoffe auf morgen. Dürft' ich doch auch noch darauf hoffen Sie dann selbst herführen zu können! Und wollten Sie auch blos einen Mittag mit uns seyn, so könte mein Kutscher Sie denselben Tag recht bequem zurück fahren. Meine Kinder wünschen es mit mir gar sehnlich; sie bestehen auch darauf daß ich Ihnen ein Gericht Spargel, das in den lezten Tagen für Sie aufgespart worden, mitschicken, und für Ihren lieben kleinen Reisegefährten, der hier auch sehnlich erwartet wird, die Blumen beilegen soll. Alles empfielt sich Ihnen aufs herzlichste.

Reichardt.

R 22

Herrn Geheimenrath
von Goethe
bei Herrn Professor Wolff in .
Halle

Gib[ichenstein] den 16ten Juli [180]2.

Prof. Wolf hat uns gestern Hofnung gemacht, Sie morgen bei uns zu sehen. Mögen Sie dem Boten wohl sagen zu welcher Stunde ich Ihnen morgen den Wagen in die Stadt schicken soll? Oder ist es Ihnen gemüthlicher dies erst morgen zu bestimmen; so will ich den Boten morgen früh noch einmal hineinschicken. Wir freuen uns alle mit ganzer Seele auf den morgenden Tag.

Reichardt

R 23

Gibichenstein den 22ten Jul[i 180]2.

Mit herzlichem Dank von meinem lieben Weibe und von
allen meinen Lieben send' ich das liebe reichhaltige Vorspiel
zurück. Auch mir hat das wiederholte Lesen neuen schönen
Genus gegeben.

Zu Abbüssung einer Nachlässigkeit seh' ich mich gezwun-
gen ein anderes sehr ungleiches Manuscript mitzusenden.
Aus dem beiliegenden Briefe des Autors werden Sie ersehen,
daß ich es Ihnen hier vorlegen sollte, und daß ich mich an-
heischig gemacht die Chöre zu dem Stück zu komponiren,
wenn Sie es für Ihr Theater annehmen. Ein Wink von Ihnen
wird mich belehren was ich ferner dabei zu thun und zu lassen habe.

Empfangen Sie noch einmal unsern herzlichsten Dank für
die Freude, die Sie uns durch Ihre Nähe gewährten und behalten Sie uns alle in freundlichem Andenken.

Reichardt.

R 24

Giebichenstein den 29ten Jul[i 180]2

Es hat mich recht erschreckt zu erfahren, daß Sie noch so
lange in Lauchstädt waren. Wär' ich meinem Weibe doch
gefolgt! Sonabend war alles zur Fahrt in den Mahomed bereit, und dann liessen wir uns von Weg und Wetter zurück-
halten.

Herr Hartman brachte mir gestern Ihre Bestellung leider
nicht am gelegensten Tage. Wir hatten eben das Haus voll
Officieren, die nach Erfuhrt zur Besiznahme gehen. Da der
General Graf Wartensleben selbst mein Jugendbekanter ist,
so war für ihn und seine Gesellschaft eben Haus und Hof
Frau und Kind in Bewegung. Indes schien Herr H[artmann]

sich doch auch in diesem Gewühle hier zu gefallen, und seine guten Zöglinge haben sichs wenigstens im Garten auf dem Augustischen Wege alles Fleisches wohl seyn lassen.

Für die angenehme Einlage dank' ich recht sehr. Auf die lustige, die Ihnen selbst Spaß gemacht, bin ich recht begierig. Noch kam ich nicht dazu hinein zu sehen. Dafür daß ich auf die erste allgemeine Anfrage, in der Ihr Nahme mit einer gewissen Sicherheit genant wurde, zu bereitwillig antwortete, denk' ich nun die Sendung selbst ganz unbeantwortet zu lassen. Der Dichter wird ja solch Schweigen wohl verstehen.

Ich bin eben in einem schlimmen Zustande, ganz unbeschäftigt. Die Vorarbeitungen zu der verschobenen Reise haben alles Interesse für mich verloren, und noch kann ich mich für kein neues Geschäft bestimmen. Sie erzeigten mir eine rechte Wohlthat, wenn Sie mich auf irgend eine Weise beschäftigten, Wärs für[s] erste auch nur durch einzelne kleine Gedichte die Sie meiner Muse anvertrauten. Wozu ich eben noch den nächsten Trieb hätte, wäre eine neue Samlung Compositionen zu Ihren lyrischen Gedichten als 4ter Theil Musik zu Ihren Werken herauszugeben, da Jery und Bätely, das den 3ten Theil ausmacht, schnell abgeht. Einige neue Gedichte Ihrer edlen Muse würden der Samlung größeren Reiz und Werth geben.

Herr Ehlers, der hier viel Freude gemacht, glaubt Jery und Bätely recht ausführbar für Ihre Schauspielergesellschaft. Sollte die Partitur davon dort wirklich verloren gegangen seyn, so bin ich bereit sie Ihnen noch einmal zu schicken. Es würde darinnen ohnehin manches für Mlle Jagemann anders werden.

Ifland läßt noch nichts von sich hören. Dem Gerüchte nach scheint sich meine Ahndung für Manheim zu bestätigen. Sollt' er sich Ihnen für die Rückkehr anmelden, so geben Sie mir wohl einen Wink. Alle die Meinigen empfehlen sich Ihrem fernern freundlichen Andenken mit mir aufs angelegentlichste.

Reichardt.

N. S. Eben fällt mir ein, daß es Ihnen vieleicht interessant seyn kann zu erfahren, daß der Oestreichische Hof, eben da unsre Truppen sich in Bewegung sezten, die neuen Länder in Besitz zu nehmen, den unsrigen durch ein[en] Courier ersuchte, die wirkliche Besitznahme zu verschieben, bis der Entschädigungsvergleich in Regensburg reichsgesezliche Form erhalten. Man hat indes die Expedition nach der ersten Ordre vor sich gehen lassen, nach welcher der Generallieutenant Gr[af] v. Wartensleben aber erst den 22.–23. August in Erfurth einrückt wohin der Gr[af] v. Schulenburg selbst nicht zu kommen denkt. Vorher nehmen die Truppen, die heute von hier weiter gingen, die kleinen Reichstädte p. auf dem Eichsfelde in Besitz. Die Vorkundschafter bringen das Gerücht her daß man es in Hildesheim und Erfuhrt darauf ankommen lassen wolle wenigstens pro forma, mit Gewalt genommen worden zu seyn.

R 25

Giebichenstein den 5ten Au[gust 180]2.

Die vorige Post hat mir von Berlin eine Nachricht gebracht die Sie vielleicht interessirt und die ich Ihnen um so lieber mittheile, da Sie mir heute durch einen preußischen Staabsofficier, der in dem preußischen Marschgeschäfte eben von Dresden komt, fast als ganz sicher bestätigt wird. Man schreibt mir nämlich: daß wir Ehrfurth nicht in Besiz nehmen, oder wenigstens nicht behalten würden, sondern mit Sachsen gegen Barby, gegen den Fürstenberger Zoll (zwischen Frankf[urt] an der Oder und Crossen) und noch andre Vortheile austauschen würden, und daß dieser Tausch, über den man noch unterhandelt, wohl auch Mühlhausen und Nordhausen betreffen könnte. Am Dresdener Hofe wird diese Tauschung schon als ausgemacht angesehen.

Verzeihen Sie die Eile dieses Blatts in der Stunde des Postabgangs geschrieben, und erlauben Sie mir nur noch die

Wiederholung meiner lezten Bitte, um baldige angenehme Beschäftigung durch Ihre Muse.

Die Meinigen alle empfehlen sich Ihrem freundlichen Andenken mit mir aufs angelegentlichste.

Reichardt.

R 26

Giebichenstein den 30ten Sept[ember 180] 2.

Ich kan nicht unterlassen Ihnen bei Zeiten zu melden, daß ich mit sechsmonathlichem Königl[ichen] Urlaub nach Paris gehe, um dort den Winter über zuzubringen und daß ich, sobald ich meine Pässe erhalten und einige Buchhändler in Leipzig gesprochen haben werde, meinen Weg über Weimar zu nehmen gedenke. Wär' es thunlich Jery und Bätely bis zur Mitte des Octobers auf Ihr Theater zu bringen, so könt' ich die Freude haben es Ihnen dortselbst in Gang bringen zu helfen. Der Mad. Jagemann würd' ich gerne alles was sie in der Rolle der Bät[ely] nicht bequem für ihre Stimme findet ändern oder neumachen; und wenn Sie die Güte haben wollen mir mit umgehender Post einen Wink darüber zu geben, so will ich ihr auch gerne darüber vorher schreiben.

Ich freue mich innigst dazu vor meiner weitern Reise ein paar Tage in Ihrer Nähe zu leben und empfehle mich bis dahin, mit allen Meinigen Ihrem freundlichen Andenken.

Reichardt

R 27

Herrn Geheimenrath
von Göthe.

Weimar Freitag Abend

So sehr das Herz auch nach Hause treibt kont' ich doch nicht
Weimar um eine Meile vorbeifahren. ich fuhr bei Ihnen vor
um Eine Stunde in Ihrer Nähe froh zu seyn und fürs Erste 10
summarischen Rapport abzustatten. Leider ward mirs nicht
so gut. Dürft' ich doch hoffen nun bald alle meine pariser
Schätze in meinem Hause vor Ihren Augen und Ohren aus-
legen zu können! Wird mir das Glück nicht bald so eil' ich
nach erster gepflegter Ruhe wieder her um mich Ihrer einige 15
Tage zu erfreuen. Behalten Sie mich bis dahin ja in freundlichem Andenken. Da ich niemanden hier sehen will so mocht'
ich auch in Ihrer Abwesenheit nicht in Ihrem Hause abstei-
gen.

Reichardt 20

R 28

Herrn GeheimenRath
von Göthe in
Lauchstädt

Giebichenstein, den 4ten May [180]3. 30

Durch einen glücklichen Zufall erfahr' ich daß Sie gestern
Abend in Lauchstädt erwartet worden sind und eil' Ihnen
mit meiner Bitte entgegen uns ja nicht zu vergessen. Ich würd'
Ihnen gleich persöhnlich entgegen geeilt seyn, wenn ich nicht 3
diesen Mittag einige hallische Gäste zu erwarten hätte. Könt'
ich doch Ihnen meinen frisch geschnittenen Spargel vorset-
zen! Das kan aber auch morgen und jeden andern Tag ge-

schehen. Sollte Ihr Plan seyn nach Leipzig zu gehen, würd'
ich Sie auch gerne hinbegleiten. Ich dachte ohnehin Freitag
hinzufahren, dies kan aber auch später geschehen. Disponiren Sie ganz nach Gefallen über [mich] und mein Haus. Lassen Sie uns nur nicht umsonst gehoft haben. Alle die Meinigen sind voll Verlangen Ihnen ihre herzliche Ergebenheit zu
bezeigen. Ihr
Reichardt.

R 29

Gibichenstein den 30ten May [180]3.

Ein fataler Zufall mit einem jungen Menschen aus dem Weimarischen, der ehedem auch im Chor auf dem dortigen Theater gesungen hat und den Ihr Geist persönlich kennt, zwingt
mich an diesen zu schreiben. Erlauben Sie, daß es unter Ihrem Einschlusse geschehe. Zugleich will ich doch an die Notiz
erinnern die Sie mir für Paris schicken wollten und an die
Uebersetzung meines Notturnos.

Cotta hat mir in Leipzig von Ihrem Lieder-Allmanach gesprochen und mich an die Durchsicht der Chitarrenmusik
erinnert, die dazu kommen soll, und von der Sie mich einst
unterrichteten. Sie oder Ehlers bringen solche wohl mit nach
Lauchst[ädt] und disponiren dann nach Gefallen über mich.

Wir alle wünschen sehnlichst Sie recht bald in unsrer Nähe
zu wissen und freuen uns der Hofnung Sie dann auch recht
bald hier bei uns zu sehen. Machen Sie es ja so bald als möglich wahr. Ist der glückliche Zelter noch bei Ihnen, so grüßen
Sie ihn doch von uns allen.

Mit ganzer Seele

Ihr
Reichardt.

R 30

Gibichenstein den 23ten Junius [180]3.

Alle Nachrichten liessen uns schon früher hoffen Sie hier zu sehen und so glaubt' ich Ihnen Sömmerings Antwort an mich persöhnlich mittheilen zu können. Vor wenig Tagen erfuhr ich aber in Lauchstädt, wo wir Maria Stuart sahen, daß Sie erst in Vierzehn Tagen dorthin kommen und so eil ich Ihnen das Wichtigste aus Sömmerings Briefe, wovon Sie dort vielleicht Gebrauch machen können, mitzutheilen.

Für sich selbst zeigt S[ömm]ering wenig Neigung zu der hallischen Stelle, die nun wie ich höre Loder wirklich angenommen hat. Er schließt seine Einwendungen damit daß er sagt: Unter 2000 fl. Gehalt, einem anständigen Reisegelde, und einem bequemen Gebäude zu den anatomischen Arbeiten und Demonstrationen, kann ich in meiner Lage gar nicht daran denken dieses schwere Amt zu übernehmen. Selbst im hessischen Dienste würde ich anjezt dieses Gehalt haben, welches Baldinger zu Marburg seit 1783 bezieht. – Mit diesem Briefe zugleich erhielt ich aus Erfurth die Nachricht daß Loder die Stelle mit wenigerem angenomen hatte.

Nun schreibt mir aber S[ömmering] von einem Dr. Ebell folgendes, worauf Sie vieleicht reflectiren möchten. »Ich könte Ihnen für diese Stelle Herrn Dr. Ebell bestens empfehlen. Er ist der Einzige von dem ich mit Wahrheit behaupten kann, daß er vollkomen den Geist der Wissenschaft besizt, er hat einen großen Theil der Mayerschen Tafeln angeordnet und gezeichnet, so großen Gräuel er auch an dessen Beschreibungen hatte. Seine Dissertatio Observationes neurologicae ex anatome comparata ist ein großes Meisterstück und enthällt auf den wenigen Bogen mehr ächte Bereicherung der Wissenschaft als mancher Professor anatomiae sein ganzes Leben hindurch zu leisten im Stande war. Er hat einen schönen, angenehmen, deutlichen Vortrag, eine unvergleichl[iche] Lehrgabe, als Schriftsteller (durch seine Anweisung die Schweiz zu bereisen und durch seine Schilderung der Gebirgsvölker in der Schweiz) berühmt

und überall wo er nur war, besonders in der Schweiz persöhnlich hochgeschätzt. Ueberdies ist er ein Mann von den
edelsten Grundsätzen und männlichem Charakter, dessen
Aeußeres schon die größte Hochachtung einflößt. Dabei
ist er ein Landeskind und jünger als ich. Halle könnte sich
glücklich schätzen wenn es diesen Mann unter seine Lehrer
zählte.«

Ich selbst kenne diesen Landsmann nicht, wünsche aber
recht sehr daß dies gute Söm[mering]-Zeugnis bei Ihnen noch
zu seinem Vorteil rechtzeitig eintreffen mag. Ein solcher Mann
verdient sicher in Ihrer Nähe zu leben.

Uns allen verlangt herzlich nach Ihrem baldigen Wiedersehen. Lassen Sie uns ja Ihre Ankunft in Lauchstaedt bald wissen. Können Sie uns dann nicht gleich mit Ihrem Besuche
erfreuen, so eilen wir nach Lauchst[ädt] hin um Ihnen unsre
herzliche Liebe und Verehrung zu bezeigen.

Reichardt.

R 31

Herrn Geheimenrath
von Göthe
in Weimar

Gibichenstein den 27ten Junius [180]4.

Ich war eben im Begriff mit Froriep nach Weimar zu fahren, um Sie wieder einmal zu begrüssen, und zu erkunden
was wir hier für dieses Jahr von Ihnen zu hoffen haben. Ein
Königliches Geschäft beim Salzamt hält mich aber zurück.
Nun will ich mich lieber vorher erkundigen, wann ich Sie
im kommenden Monath wohl ganz sicher in Weimar finde, und wann Sie überall dafür halten daß mein Besuch
dort gut angebracht seyn möchte. Mich verlangt recht herz-
innig darnach wieder einige Tage in Ihrer Nähe zu verleben, und so manches mündlich mit Ihnen zu verhandeln.

Geläng' es mir dann, Sie mit mir herführen zu können, wo Sie ganz nach Ihrem Willen mit und ohne Halle seyn könten, so wäre mein und der Meinigen und der guten Loder, die bei uns draussen wohnt, schönster Wunsch erfüllt. Sie empfielt sich mit uns allen Ihrem freundlichen Andenken auf das allerangelegentlichste.

Reichardt.

R 32

Gibichenstein bei Halle den 25ten Sept[ember 180]4.

Ich erhalte eben den dritten Band meiner Briefe und eile Ihnen solchen zuzusenden, auf den Fall daß Vieweg ihn nicht schnell genug an die Exped[ition] der jen = allg.-Litt. Zeitung schicken sollte, um davon, nach dem Wunsche des braven Verlegers, noch während der Messe eine Anzeige zu veranstalten. Sie verbinden ihn und mich recht sehr wenn Sie dazu ein antreibendes Wort sagen. Die Anzeige von Kozebues und des meckl[enburgischen] Edelmanns Reise nach Paris, die Sie hier sahen hab' ich damals gleich eingeschickt, sie aber noch nicht abgedruckt gefunden. Es thut mir noch sehr leid damals in der täglichen Erwartung Steffens, den ich Ihnen noch nach Lauchstädt zu bringen wünschte, meine eigne Farth dahin so verschoben zu haben, bis es zu spät war. Seit Zehn Tage sind die lieben Leute sehr wohl und heiter mitten unter uns und Steffens trägt mir auf Ihnen zu sagen, daß er in wenigen Wochen die sorgfältig ausgearbeitete Recension einschicken würde, für die er sich vier bis fünf Blätter der allg. Litt. Zeit[ung] erbitten wird. Er würde sie schon jezt einschicken können, wenn er nicht die Unvorsichtigkeit begangen hätte, seine Papiere – als er noch über Berlin herging – mit seinen übrigen Sachen in Hamburg aufs Wasser gegeben zu haben. Erlauben es ihm seine Besorgungen und Geschäfte in Halle – wo er gegen Ende Octob[er] zu lesen anfängt –, so komt er noch selbst mit mir auf ein

150

paar Tage zu Ihnen. Er und seine Frau und alle die Meinigen empfehlen sich mit Ihrem freundlichen Andenken aufs angelegentlichste.

Reichardt.

R 33

Berlin den 17ten Nov[ember 180]4.

Ich habe das Vergnügen Ihnen, mein hochverehrter Freund, das Biestersche Exemplar von Winkelmans Briefen hiemit zu übersenden. Da er sich bei deren Uebersendung schriftlich darüber zu mir erklärt hat, so leg' ich auch sein Blatt bei. Sie werden nun nach Ihrem Gutdünken davon Gebrauch machen und mir hernach das Exemplar hieher zurücksenden. Ich muß diesmahl einen langen Winter hier bleiben; die Besetzung meiner Oper Rosmonda hatte durch den Abgang eines Sängers, welcher das erste Mahl eine Hauptrolle darinnen sang, ihre Schwierigkeit, und der Tod unsers braven Ministers Struensee machte mir die frühe Reise hieher doppelt nothwendig. Dieses allein hat mich abgehalten Ihren dortigen Festen mit beizuwohnen. Ich muß es jetzt um so mehr bedauern, da ich von dem Herzoge von Oels, der die Großfürstinn in Frankfurth sah, unaufhörlich und mit großem Enthusiasm von der Vortreflichkeit Ihrer Erbprinzessinn sprechen höre. Wie ehedem Friedrich II. und Voltaire und Maupertuis der Gegenstand seiner langen Tafelgespräche waren, so ist es jetzt die Großfürstinn. Er preißt Deutschland glücklich in ihrer Persohn ein so hohes Muster vollendeter Erziehung bekomen zu haben. Ich hoffe daß diese erfreuliche Erscheinung auch Ihrem dortigen Leben einen neuen Zuwachs von Annehmlichkeit gewähren wird und werde mich dann erst ihrer ganz und rein erfreuen.

Jezt wünsche ich doppelt daß Sie den Gedanken zu neuer Belebung unsrer Claudine nicht fahren lassen mögen und fänden Sie es vielleicht schicklich das liebe Stück zum Ge-

burtstag der Erbprinzessinn (am 15. Februar) anzuwenden,
so wollte ich mich gleich an die Umarbeitung machen, und
es auch wohl möglich zu machen suchen zu der Zeit selbst
bei Ihnen zu seyn.

Wir leben jezt hier in einer schlimmen Crise. Der Courier, 5
der unsers Königs sehr ernstliche Vorstellung über den Raub
des beim ganzen niedersächsischen Kreise accreditirten englischen Gesandten an Bonap[arte] nach Paris gebracht, wird
nun mit jedem Augenblick zurückerwartet. Nach Taleyrands
Erklärung über die Vogelfreiheit der Engländer ist eben kei- 1
ne sonderlich erfreuliche Nachricht zu erwarten. Unterdes
sind eben so ernstliche als geheime Befehle gegeben, sich für
jeden Fall in den formidabeln Stand zu setzen, der allein
Ruhe erhalten oder erwerben kann. Der General Rüchel ist
zu einer Mission nach Petersb[urg] bestimmt und erwartet
nach Beschaffenheit der Umstände seine Abfertigung. Wie
denn überall dem unverschämten Glücklichen selbst der
Zufall günstig ist, so hats geschehen können, daß der Oberst
v. Knobelsdorf, der durch Holland nach Paris gehen sollte,
und den so ein nachgesandter Courier, mit einer Gegenord-
re noch auf dem Wege hätte treffen müssen, den geradsten
Weg nach Paris gegangen und dort wieder den Wunsch und
Willen des Königs eingetrofen ist.

Unsre Königinn sieht diesmahl ihrer nahen Niederkunft
ängstlicher als sonst entgegen, sie wünscht und hoft ihr Wo-
chenbett hier zu halten, indeß hat eine Unpäßlichkeit, die
sie sich durch Erkältung zugezogen, die Herüberkunft, die
schon auf morgen festgestellt war, wieder bis zum 29. d. M.
heraus setzen lassen.

Ich schreibe Ihnen alle diese Dinge weil ich weiß daß man
dort gern davon unterrichtet ist, und fahre damit auf einen
freundlichen Wink von Ihnen gerne fort. Daß der H[err] v.
Stein, ein denkender, sehr unterrichteter Mann von festem
Charakter (Schuckmans und Rhedens Freund) das ganze Stru-
enseesche Departement erhalten (doch mit 4000 rh. weniger
Gehalt, er erhält nur 10 000 rh.) der sehr junge Präsident
Fincke auf Steins Vorschlag dessen Stelle als Oberpräsident
erhalten und an Schwerins Stelle, der durchaus wieder nach

Aurich zurückwollte, der Kriegsrath v. Below von hier als Cammerpräsident nach Magdeb[urg] komt, weiß man dort wohl schon.

Leben Sie recht wohl und heiter und behalten Sie mich stets in freundlichem Andenken. Mit ganzer Seele der Ihre
Reichardt.

[Beilage]

Ich schicke dir hier, lieber Reichardt, zu eigener Beurtheilung, meine zwei Theile von Winckelmanns Briefwechsel. Ich schrieb diese Zusätze vor 23 Jahren von Winckelmanns eigenhändigen Briefen ab, theils aus Verehrung für den Mann, theils als Literarnotizen, theils als historische Nachrichten über mehrere uns hier persönlich bekannte Menschen. In dieser Rücksicht haben sie auch noch wohl Interesse. Zu höherer Absicht, um Winckelmann ganz genau kennen zu lernen und seinen Charakter darzustellen, möchten sie aber wohl kaum brauchbar seyn, und gedruckt können sie auf keinen Fall werden, wegen der freien Urtheile über den itzigen Herzog von Braunschweig und andere.

Biester
16. November [1]804.

R 34

Berlin den 5ten Jan[uar 180]5.

In Erwartung Ihrer Antwort auf meinen vorigen Brief mit der Beilage von Winkelmans Briefen, eil' ich heute blos Ihnen die ersten soeben fertig gewordnen Blätter einer neuen musikalischen Zeitung zu übersenden, deren Redaction ich übernommen habe. Nehmen Sie den schwachen Anfang freundlich auf, und sind Sie damit nicht ganz unzufrieden, so beehren Sie dieses Blatt mit irgend einem erfreulichen Antheil, und wär' es auch mit einer, unter Ihren Augen aufgesetzten Nachricht von dem gegenwärtigen Zustande Ihrer dortigen Operette und Musik und von dem Antheil den Ihre neue Fürstinn daran nimmt. Keinen andern mag ich dort darum ersuchen. Mit ganzer Seele der Ihre.

Reichardt.

R 35

Giebichenstein den 8ten Apr[il 180]5.

Ihr langersehnter Brief war mir, auch als ein Beweis Ihres zunehmenden Wohlseyns ein höchst erwünschter Willkommen bei der Rückkehr in meine Heimath. Ich habe den Winter in wahrer Herzensangst über Sie gelebt und die stets wechselnden Nachrichten, die ich durch Voß, Loder, Fromman Wolf und Zelter erhielt haben mich in der ängstlichen Spannung gehalten. Desto wohlthätiger war mir Ihr Brief, den ich sogleich nach Möglichkeit zu beantworten eile. Was ich unter meinen Büchern hier finde – ein Theil davon ist in Berlin – send' ich Ihnen gleich heute mit. Es ist 1) der 3te Band von Laborde's Essais der von den Componisten handelt und mancherlei gute Nachrichten enthält. Das Urteil ist oft partheyisch für die neuern Italiäner; 2) Gerbers Lexicon, 2 Bände; 3) Musikal[isches] Wochenblatt 2 Hefte und Musik[alische] Monatsschrift, 6 Stücke (in welchen Sie Berichtigungen und Zusätze zu Gerber finden, auch manche andre Nachrichten von Componisten und dergl.); 4) mein Kunstmagazin das Sie vermuthlich nicht complet besitzen und wovon die letzten Stücke vielleicht das Brauchbarste für Sie enthalten möchten. Ich bitte nicht zu übersehen daß das Reg[ister] des ersten Theils in der Mitte des Bands sich befindet. 5) die Fortsetzung der Musikal[ischen] Zeitung, soweit sie heraus ist; Sie finden darinnen auch schöne Aufsätze von Zelter.

(Die neuesten Stücke erwarte ich von der morgenden berl[iner] Post; diese werden gerade einen Aufsatz über Glucks Armide enthalten, in welchem Ihre Frage über Lulli und Rameau kurz beantwortet ist. Mit der nächsten Post werd' ich sie Ihnen nachsenden.) 6) Suards Mélanges de Littérature, 4 und 5ter B[and] die nicht längst herausgekommen sind, und sehr hübsche Sachen über Gluck und die französische Musikrevolution von Arnaud und Suard enthalten. Dieser letzte ist der Anonyme de Vaugirard. Auf den Fall daß Sie die früheren Bände nicht schon besessen oder dort zur Hand hätten, leg' ich Ihnen auch den 2ten Band aus obiger Ursache bei. Marmontels Mémoires, die sein Leben enthalten, werden Sie haben oder dort bei Bertuch finden können. Aus dem wenigen was er darinnen von Gluck und Piccini sagt, werden Sie schon abnehmen was Sie von seiner Geschichte der Revol[ution] [der] franz[ösischen] Musik zu erwarten haben. Er war einer der allerenragirtesten Gluckisten, ohne im mindesten musikal[isches] Gehör und Gefühl zu haben. Ich habe ihn genau gekannt und mit ihm und Piccini und Morrelet gar lustige Scenen gehabt die Glucksche und Piccinische Oper betreffend. Ich besinne mich seiner Histoire de la Rev[olution] p. auch nicht deutlich; wahrscheinlich steht sie aber in seinen Oeuvres die Sie dort auch wohl haben werden; sonst kann ich sie Ihnen von B[erlin] oder Leipz[ig] kommenlassen. Ich werde heute auch nach Halle gehen und sehen, was ich da für Sie auffinden kann, und alles Mögliche dazu thun ein Unternehmen, das mich höchst intereßirt durch brauchbare Materialien fördern zu helfen. Können und mögen Sie mir wohl allenfalls für meine musikal[ische] Zeit[ung] einige Worte mehr darüber vorläufig wissen lassen? Zelter hat mir auch gesagt daß er Ihnen einen Aufsatz über Orchester geschickt, den Sie gelegentlich für das Intelligenzblatt der jen. Lit. Zeitung zu gebrauchen dächten, der sich aber wohl besser für unsre musikal[ische] Zeitung paßte, an der Z[elter] eifrigen Anteil nimt, nur eben für die Frühlingsmonathe wenig Zeit dazu abmüß[ig]en kann. Wollten Sie die Güte haben mir jenen Aufsatz abzutreten so hab' ich auf den Fall die nöthige Abrede mit Z[elter] genommen. Gedenken Sie doch auch des 3ten B[andes] meiner Briefe über Paris in der Litt. Zeitung.

Wir freuen uns alle recht innig dazu, daß Sie uns die Hofnung, Sie den Sommer hier zu sehen noch nicht ganz benommen haben. Ländliche Ruhe, bequeme Bewegung, gutgewählte Nahrung und lustige Umgebung ist doch wohl überall das Wichtigste zu Wiedererlangung der vollen Kräfte, und das finden Sie hier in meinem Hause, das mit allen seinen Bewohnern so ganz das Ihrige ist, wie nur irgendwo. Alle stimmen in meinen Wunsch und Bitte.

Reichardt.

R 36

Gibichenstein den 21ten Apr[il 180]5.

Ich fange am liebsten an, wie Sie enden und hoffe mit Zuversicht, daß Ihnen Wohlbefinden und Behagen werden wird, uns diesen Sommer besuchen zu können. Unser aller innigster Wunsch ist es, daß Sie es sich dann auch einmal bei uns recht in Ruhe wohl seyn lassen mögen und Ihren Auffenthalt so viel als möglich verlängern. Steffens und Schleiermacher, unsre Hausgenossen, werden gewis manches zur Annehmlichkeit Ihres Aufenthalts beitragen können. Hätte ich nicht den Minister Stein hier zu erwarten, dem ich auch zugesagt mit ihm und dem Min[ister] Rehden 8–10 Tage in Schönebeck zuzubringen, so wär' ich bei der letzten Nachricht von Ihrem fatalen Recidiv sicherlich gleich nach Weimar geeilt, um mich mit eigenen Augen von Ihrem Befinden zu überzeugen. Nun hoff' ich später mich Ihres wiedererlangten Wohlseyns erfreuen zu können.

Academie royale de musique heißt die pariser grosse Oper seit Lullys Zeiten, und von ihrem ehmaligen Theater au palais royal, führte einer der Ausgänge wohl nach einem cul de sac, der jezt seit dem neuern Ausbau jenes Pallastes nicht mehr da ist.

156

Was Sie auch über Oper und Musik überhaupt schreiben mögen, wir haben gewis alle grossen Gewinn davon. Ich freue mich besonders darauf Ihre Ansicht von der Oper dadurch näher kennen zu lernen. Über alles wünschte ich, daß diese Beschäftigung Sie auf die Idee einer grossen Oper selbst führte und ich noch des Glücks geniessen könte, eine grosse Oper von Ihnen zu komponiren. Ifland, der mir seit lange darum anliegt, sucht seit Jahren vergeblich nach einem Operngedicht, das er mir übergeben möchte. Die sehr glückliche, ich möchte fast sagen, vollkomne Ausführung meiner italiänischen Oper Rosmonda – von deren zweiter Aufführung Zelter recht eifrig ausrief, er habe nie etwas Besseres gehört – und die allgemeine Sensation, die die Oper, vom Könige, der mich wieder königlich dafür beschenkt hat, bis zum letzten im Orchester machte, hat jenen Wunsch wieder recht lebendig in mir werden lassen, dessen Erfüllung ich mich unter der vorigen Regierung einmal schon so nahe glaubte.

Sie haben mir nichts auf meine Anfrage wegen Zelters Aufsatz, das Orchester betreffend geantwortet. Thun Sie es doch noch und sagen Sie mir auch nach näherer Durchsicht der musikal[ischen] Zeitung ob Sie im Ganzen nicht unzufrieden damit sind. Möchten Sie mir doch irgend etwas aus Ihrem Schatze dazu reichen. Auf jeden Fall befehlen Sie indes ganz über mich und über alles was ich habe und weiß. Mit ganzer Seele der Ihrige.

Reichardt.

G 18

[…] Den Zelterischen Aufsatz über das Orchester, der wirklich excellent ist und den ich nur aus besondern Ursachen zurücklegte, trete gern ab. Er liegt nur unter Papieren in einer kalten Kammer, wo ich mich noch nicht hineinwage […]

Giebichenstein, den 31ten De[cember 180]5.

Durch Arnim, der noch bei uns ist und mit dem ich in einigen Tagen nach Berlin zu gehen gedenke, haben wir zu unsrer sehr großen Freude erfahren, daß er Sie, verehrungswürdigster Freund, in so schönem heitern Wohlseyn genoß und verlies, daß nunmehro alle ängstliche Vorsorge für Ihre Gesundheit und Ihr langes erfreuliches Leben schweigen darf. Nichts hätte unsre Hausfreude, die A[rnim] so kindlich froh mit uns theilt schöner verherrlichen können, als diese erwünschte Zusicherung.

Es freut mich auch sehr, daß Sie mit seinem so herzlich gut gemeynten Unternehmen zufrieden geschienen und ihn selbst zur Fortsetzung aufgemuntert haben. Er ist darum desto glücklicher, da er Sie über alles verehrt und liebt. Ich wünsche nun auch daß Sie mit meiner Anzeige davon in der musikalischen Zeitung zufrieden seyn mögen. Ich lege Ihnen die letzte Hälfte des geschlossenen ersten Jahrganges hier bei. Sollte Ihnen von den vorhergehenden Stücken noch etwas fehlen so bitt' ich mir die fehlenden Stücke zu nennen; sie sollen alsdann sogleich nachfolgen.

Den zweiten Jahrgang hoff' ich reichhaltiger und in jeder Rücksicht Ihrer Theilnahme würdiger zu machen. Ruht irgend etwas unter Ihren Papieren unbenutzt, womit Sie diese Blätter beehren und heben möchten; so würdigen Sie mich der freundlichen Mittheilung. Ihr Nahme allein kann der Sache, der ich so gerne dauernden Werth verschaffte, Ansehen und ausgebreitetere Theilnahme verschaffen.

Schon einmal bat ich Sie irgend jemanden in Ihrer Nähe, den Sie dazu wählen mögen, den Auftrag zu geben, mir von dem gegenwärtigen Zustande Ihres Theaters und dessen Schule einige Nachricht für die musikalische Zeitung zu geben; ich überlasse Ihnen dabei die Bestimmung der Bedingungen, unter welchen ein solcher wohl auch fortfahren möchte mir von Zeit zu Zeit von den neuern Ereignissen Ihres Theaters Nachricht zu geben, und werde solche auf Ihr Geheis ungesäumt erfüllen. Sie werden bald in den ersten Stücken des neuen Jahrganges dergleichen ganz interessante Nachrichten finden. Aus Weimar hofte ich solche mir noch in diesem Jahre selbst zu holen; die häufigen Durchmärsche und andre Folgen der Zeitumstände haben mich daran gehindert. Nun tröste ich mich mit der Hofnung Ihnen bald nach meiner Rückkehr von Berlin meine herzliche Verehrung persöhnlich bezeugen zu können.

Reichardt.

Den 3ten Januar. Das böse Wetter draussen und das gute im Hause hält uns noch hier. Wir sind alle voll Verlangen einige Nachricht von Ihrem Befinden zu erhalten, da uns Jagemann mit der Nachricht von der Rückkehr Ihres Uebels von neuem erschreckt hat. Wir bitten was wir bitten können, Arnim und ich, uns recht bald durch ein paar Zeilen nach Berlin hin zu beruhigen. In einigen Tagen gehen wir gewis dorthin, wie auch Weg und Wetter beschaffen seyn mag. Lassen Sie uns ja nicht lange in der ängstlichen Ungewisheit und seyn Sie versichert daß ein schöner Theil unsres Lebens an dem Ihrigen hängt. Mit ganzer Seele

der Ihre
R.

J[agemann] sollte dies mitnehmen, er kam aber nicht wieder heraus, wie er versprochen hatte.

G 19

Meine abwesenden Freunde kann ich über meine Zustände wohl beruhigen. Ich habe zwar vor vierzehn Tagen wieder einen Anfall meines Uebels gehabt. Da man aber nun ohngefähr weiß, wie es damit steht und wie man sich zu benehmen hat, so kommt man geschwinder darüber hinaus. Ich finde mich schon sehr gut wieder hergestellt, welches ich nach

Ihrem Wunsch sogleich vermelde, mit vielem Dank für das Uebersendete und mit viel Empfehlungen an Herrn von Arnim, dessen Aufenthalt bey uns noch immer in gutem und erfreulichem Andenken ist. Das Wunderhorn ist wirklich eine recht verdienstliche Arbeit.

Das beste Lebewohl.

W[eimar] d. 7 Jan. 1806. Goethe.

R 38

Cassel den 20ten Jan[uar 180]8.

Ihr theilnehmendes Wort des letzten Abends in Weimar ist in Erfüllung gegangen, mir ist eine neue lebenvolle Kunstlaufbahn eröfnet. Der König von Westphalen hat mich zu seinem Directeur general des theâtres et de son Orchestre mit 8000 Liv. jährlichen Gehalts, und der Zusage einer baldigen Gehaltserhöhung, ernannt. Ich werde das französische Theater (das hier leidlich, aber doch arm ist) und das deutsche (das recht schlecht ist) zu reformiren und zu dirigiren haben. Durch die Verschmelzung der beiden Orchester von Braunschweig und Cassel, ist zwar schon ein Personale von 43 Persohnen beisammen, doch werden wir uns, besonders von Berlin aus, noch zu recrutiren suchen. Vielleicht bekommen wir auch mit einigen guten Schauspielern, die Talma uns aus Paris zuführen soll, auch ein Ballet von dort her. Das Stadt-Schulchor ist gut. So könnt' es denn, durch ernstliches, anhaltendes Bemühn, nach und nach etwas ordentliches werden, das wir vielleicht einst wagen dürften, Ihnen vorzuführen. Dies wird gewis bei allen meinen Bemühungen mein höchstes Ziel und Verlangen seyn. Am sichersten werden wir es erreichen, wenn Sie uns Ihrer theilnehmenden Mitwirkung würdigen wollen. Sie sind, bei Ihrem edlen Wirken für Ihre Schaubühne, immer sichern, nothwendigen Maximen gefolgt, und haben nur dadurch den hohen Grad der Uebereinstimmung und des sichern Effects erhalten können, der mich so oft in Ihrem Schauspiel hoch erfreut hat. Ihnen liegt das Fortschreiten der Kunst überhaupt am Herzen, und jeder reine thätige Wille findet sicher auch Ihre Unterstützung. So darf ich denn auch wohl die Frage wagen, ob Ihre Bühne bisher sich nicht blos Ihrer persönlichen mächtigen Einwirkung zu erfreuen hatte, oder ob sie ihr auch schriftliche Regeln und Gesetze gegeben? Ist dieses der Fall, so erlauben Sie mir noch die kühne Bitte, mir davon so viel Sie irgend mögen, mitzutheilen, damit ich, so geleitet, gleich von Anfang an, dem rechten Ziele auf dem rechten Wege entgegen schreite. Die treuste Aufbewahrung und Befolgung verbürgt Ihnen meine hohe Verehrung und Liebe für Sie und die Kunst.

Von Ihrem Herzoge erfuhr ich, daß Sie zu dem 30ten Januar ein neues Stück gedichtet, und es ist der erste Schmerz der Art, den ich in meiner neuen Lage empfinde, daß ich zu dem Tage nicht nach Weimar eilen kann, mich unter Ihre dankbaren Bewunderer zu mischen. Ich beschäftige mich eben mit einer romantischen Oper nach Gozzi's Blauem Ungeheuer, die ich, samt dem Dichter, gerne Ihrer kritischen Beurtheilung vorlegte. Wenn der Hof gegen das Frühjahr eine Reise durchs Land macht, hoffe ich auf dem Wege nach meinen Lieben das Glück persöhnlich haben zu können. Erlauben Sie mir indessen jezt noch ein Wort der herzlichen Verwendung für einen jungen, 17 jähr[igen], sehr lieben, von der Natur in jeder Rücksicht wohlbegabten Mann, von guter aber unbemittelter Familie, Grimm mit Nahmen. Er scheint ein entschiedenes Talent für die Zeichen- und Mahlerkunst zu haben und hat Aug' und Hand auf hiesiger Zeichenakademie auch schon fleißig geübt, nun wünschen ihm die Seinen, und er sich selbst, aber das Glück, unter Ihren Augen und Meiers Anleitung, an den ich auch geschrieben, die Kunst mit Ernst und Sicherheit treiben zu sehen. Bettine Brentano kennt ihn und wird Ihnen viel Gutes von ihm und seiner braven Familie zu sagen wissen. Zwei ältere Brüder sind treffliche Literatoren.

Verzeihen Sie dieses lange zudringliche Schreiben Ihrem
innigsten Verehrer
Reichardt.

G 20

[...] Ihr junger Maler, von dem Sie mir schreiben, soll wohl empfangen seyn. Er hat wohl so viel, daß er sich hier erhalten kann: denn von Verdienst und Unterstützung ist jetzt hier die Rede nicht. Noch eins aber muß er mitbringen, was fast noch nöthiger ist, Glauben! [...]

R 39

Sr Excellenz
dem Herzoglich Weimarischen
Geheimenrath Herrn von <u>Göthe</u>
in
Weimar
hiebei ein Päckchen Musikal;

Giebichenstein bei Halle im Halberstädt[ischen]
den 1ten August [180]9.

Nach einem höchst genusreichen, fleißigen Winter in dem herrlichen einzigen Wien – ich schrieb dort Musik zu Collins Bradamante, zu großer Freude der herzigen lustliebenden Wiener – und einem angenehmen Frühjahr im schlesischen Gebürge, wohin mich die ängstige prager Regierung sandte, um mich nicht durch die Armeen gehen zu lassen, kehr' ich hier in meine liebe alte Heimath zurück, um das Schicksal von Wien abzuwarten, an welchem auch für mich eine glänzende und in jeder Rücksicht vorteilhafte Lage hängt, die man mir dort bereitet hat und für die ich die kleinliche beengte Lage in Cassel so gerne aufgab.

Ich finde hier die Ausgabe aller meiner einzelnen Compositionen zu Ihren herrlichen, lieblichen Gedichten, und eile Ihnen ein Exemp[lar] davon zu übersenden. Nehmen Sie's freundlich auf als einen geringen Tribut der Dankbarkeit, den ich Ihnen von Jugend auf so gerne darbrachte und bis ans

162

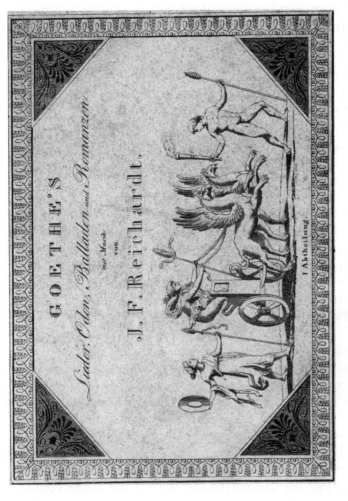

Abb. 6: »Goethe's Lieder, Oden, Balladen und Romanzen mit Musik von J. F. Reichardt. I. Abtheilung«
Dargestellt ist ein apollinisches Symbol mit einem Streitwagen, gezogen von den hyperboreischen Greifen

Ende meines Lebens darbringen zu können von Herzen
wünsche.

Die Meinigen empfehlen sich Ihrem freundl[ichen] Andenken aufs angelegenste und wünschen mit mir Ihnen die
4-stimmigen Gesänge hören lassen zu können. Giebt es für
uns kein Lauchstädt mehr?

Reichardt.

R 40

Halle, den 21ten December 1809

Die neue Ausgabe (in 3 Heften) meiner Compositionen zu
Ihren herrlichen Gedichten, die ich Ihnen im August zusand-
te, sind wahrscheinlich nicht in Ihre Hände gekommen, oder
doch zu spät, als daß Sie noch etwas hätten darauf erwidern
mögen. Wie dem auch sei, so kann doch nichts mich abhalten, Ihnen beigehenden ersten Band meiner Briefe über Wien
als einen neuen Beweis meiner dankbaren Verehrung zu übersenden. Wozu mich auch der hohe Genus, den mir Ihre
Wahlverwandtschaften gewährt von neuem auffordert. Wenn
Sie in diesen Briefen auch eben nicht viel Neues finden werden, so finden Sie doch die treue Darstellung der guten Seite
von Wien; die andere, die sich mir aber auch eben nicht gezeigt hat, ließ ich um so ehe unberührt, da ich wahrscheinlich in Zukunft mit dem guten lustigen Volke leben werde.
Der Zweite Theil, der bald nachfolgen soll, berührt indes auch
noch manchen andern näher erörterten Gegenstand.

Indem ich hier und vom ersten Aprill an in Gibichenstein
die wiederhergestellte Ordnung – besonders in Ansehung des
Courses der Bancozettel, die jezt nur die Hälfte von dem
werth sind, was sie zur Zeit meiner ersten Unterhandlung
mit der Wiener Theaterdirection galten – geruhig abzuwarten gedenke; würd' es mich sehr freuen, wenn Sie mich und
meine Muse zu irgend einer erfreulichen Festlichkeit Ihres
Hofes anwenden könten und möchten. Meine Theaterarbei-

ten, zu denen in Wien noch Collins Bradamante gekommen, sind Ihnen bekannt. Ein neues Te Deum ist der Beendigung nahe.

5 Verzeihen Sie meine Zudringlichkeit, wenn anders das vollkomne Vertrauen, das sich auf wahre Verehrung gründet, Verzeihung bedarf.

Die Meinigen, die sich bei der wiedergewonnenen nahen Aussicht auf Gibichenstein auch gern und oft der frohen Hofnung überlaßen, Sie wieder einmal da bedienen zu kön-
10 nen, empfehlen sich mit mir Ihrem freundlichen Andenken Ehrfurchtsvoll.

Reichardt.

15

R 41

Hochwohlgebohrne
Gnädige Frau Geheimeräthin

20

Ich benutze Ihre gütige Erlaubnis und übersende hiebei einen Brief für Ihren Herren Gemahl mit dem 2ten Bande meiner Briefe über Wien und meinen Compositionen zu Schillers Gedichten. Von diesen letzten bin ich auch so frei ein
25 Exemplar für die Frau von Schiller beizulegen, welches ich samt dem einliegenden Briefe mit erster guter Gelegenheit kostenfrei nach Weimar zu senden bitte. Meine Familie empfielt sich Ihnen und der lieben Nichte und hofft mit mir das Vergnügen zu haben Ihnen hier die Hochachtung persönlich
30 zu bezeugen mit der ich verharre

Ihr ganz ergebenst gehorsamster Diener
Reichardt.

Giebichenstein, den 28ten Jul[ius] 1810

165

R 42

Sr. Excellenz
dem Herrn Geheimenrath von Göthe
in
Carlsbad

hiebei den 2ten Band der Briefe über Wien
und R.s Compositionen zu
Schillers lyrischen Gedichten

Ihr Verstummen beim Empfang meiner Compositionen Ihrer herrlichen Gedichte und meiner Briefe über Wien und
mein letzter unglücklicher Aufenthalt in Ihrer Nähe, nahmen mir allen Muth auch die Fortsetzung der Briefe und
meine Compositionen zu Schillers Gedichten, die manchen
vierstimmigen Gesang für Ihr Hauschor enthalten, einzusenden. Ihre Frau Gemahlinn giebt mir aber die Versicherung,
daß bei aller jener anscheinenden Kälte durchaus keine Unzufriedenheit mit mir selbst zum Grunde liege, und so folg
ich gerne meinem Herzen, das mich immer antreibt, Ihnen
bei jeder nähern Veranlaßung meine alte ewige Verehrung
und Dankbarkeit zu bezeugen. Ein Wort freundlicher Erwiderung würde mir zwar sehr wohl thun, aber auch ohne das
werd' ich nie aufhören Sie im dankbaren Herzen innig zu
verehren.

Giebichenstein, den 28ten Julius 1810.   Reichardt.

Kommentar

G 1
15. Juni 1789 – Goethe an Reichardt (WA 2757)
– eigenhändig –
H: Hannover, Stadtarchiv. – Bestand: Kestner-Museum, Sig.: 722
Drucke: 1842 AMZ Nr. 2
      1891 WA IV. Bd. 9, S. 128–130 = WA 2757

Ihren Besuch – vom 23.April bis 5. Mai in Weimar. Reichardt hatte
seinen Besuch Ende März/Anfang April bei Goethe angekündigt
(Brief nicht überliefert; Goethe an Herzog Carl August, 6. April 1789:
»Reichart schreibt mir: er werde mich ehstens besuchen und seine
Composition der Claudine mitbringen. Wenn er mich nur das Vergnügen, das ich dabey empfinden kann, nicht allzu theuer bezahlen
läßt.« (WA 2741)). Dies war die erste persönliche Begegnung Goethes mit Reichardt. Seine Vertonungen einiger Gedichte waren ihm
spätestens seit 1781 bekannt (früheste Erwähnung Reichardts in ei-
nem Brief an Kayser, 16. Juli 1781 (WA 1278): »Reichard hat wieder
Lieder herausgegeben die ich gelegentlich schicke«). Demnach wußte
Goethe sowohl von der Sammlung »Oden und Lieder von Göthe,
Bürger, Sprickmann, Voß und Thomsen mit Melodieen beym Clavier zu singen«, Zweyter Theil, Berlin 1780. Bey Joachim Pauli (53
SS.), »Oden und Lieder von Herder, Göthe und anderen, mit Melodieen«, Dritter Theil, Berlin 1781. Bey Joachim Pauli, in denen 14
Goethe-Lieder enthalten waren, wie auch von »Frohe Lieder für deutsche Männer«, Berlin 1781, G. L. Winters Wittwe, das ein Lied Goethes, von Reichardt in Musik gesetzt, enthielt. Goethe hatte »Claudine von Villa Bella – Schauspiel mit Gesang« (1. Fassung 1774/75,
erschienen 1776) in Italien im Oktober 1787 bis Februar 1788 unter
Beratung mit Philipp Christoph Kayser zur Versfassung des Singspiels umgearbeitet, wie es in Bd. 5 der Schriften (Göschen, Berlin
1788) erschienen ist.. Reichardt hatte offenbar gleich nach Erscheinen Goethe um die Erlaubnis zur Vertonung gebeten (Brief nicht
überliefert) und Zustimmung bekommen (Brief nicht überliefert).
Als Reichardt nach Weimar kam, muß die Komposition weitgehend
fertig gewesen sein, – es ging wohl vor allem darum, sie Goethe
vorzustellen. Gleichwohl wurde an Einzelheiten noch gearbeitet. Am
29. April und am 4. Mai stellte Reichardt in Privat-Konzerten bei

Goethe Ausschnitte aus der Komposition vor. Sehr zum Befremden mancher Weimarer, z. B. Caroline Herders (vgl. Grumach III, S. 290), ließ Goethe Reichardt in seinem Haus wohnen. (In diese Zeit (24./ 25. April) fällt auch der denkwürdige Besuch G. A. Bürgers bei Goethe, während Reichardt im Nebenzimmer am Klavier saß, – Berichte darüber bei Grumach III, S. 287 ff.)

Ihre Briefe – nicht überliefert, jedenfalls mindestens zwei seit dem 5. Mai 1789 (Abreise aus Weimar).

bevorstehende Aufführung Claudinens – Berlin im Charlottenburger Schloß am 20. und 29. Juli 1789 und Berlin im Nationaltheater am 3. August 1789. (Pressenotizen in den Berlinischen Nachrichten von Staats- und gelehrten Sachen, No. 87, 21. Julius 1789, No. 91, 30. Julius 1789 und No. 93, 4. August 1789 mit dem Hinweis auf eine weitere Wiederholung). Siehe auch den Bericht in Karl Ditters von Dittersdorf: Lebensbeschreibung, seinem Sohne in die Feder diktiert, hg. von Norbert Miller, München 1967, S. 242 f. Die handschriftliche Partitur (Kopistenabschrift) in Berlin, Staatsbibl. Sig.: Mus.ms. 18 213/1 (3 Bde.). Dazu siehe: Berlinisches Archiv der Zeit und ihres Geschmacks, Januar 1799, S. 240–244.

Jamben vor der prosaischen Fäulniß verwahrt – offenbar sollten die Rezitative bei der Berliner Aufführung wieder in Prosafassung gegeben werden, was Reichardt verhindert hatte.

Kranz von künstlichen Blumen – Friedrich Justin Bertuch hatte 1782 im Haus am Baumgarten in Weimar eine Fabrik für Kunstblumen eingerichtet, in der auch Christiane Vulpius beschäftigt war, mit der Goethe nach der Rückkehr aus Italien seit Mitte Juli 1788 verbunden war. Da Bertuch seit 1788 Ehrenmitglied der Preußischen Akademie der Künste und Wissenschaften in Berlin war, stellt dieser »Kranz von künstlichen Blumen«, zumal Goethe »gern die Auslagen ersetzen will«, nicht nur eine Verbindung von Weimar nach Berlin her, sondern auch eine heimliche Referenz an Christiane Vulpius dar, denn anders ergibt dieses Detail, an dem Goethe offenbar so sehr lag, keinen Sinn.

Rath Krause – Georg Melchior Kraus (1737–1806), Maler, Zeichenlehrer, seit 1776 Direktor des Zeicheninstituts in Weimar, fertigte auch Dekorationsentwürfe für das Weimarer Liebhaber- und später das Hoftheater an. Von Goethe meist »Krause« benannt (vgl. Jörn Göres (hg.): Georg Melchior Kraus, 1983).

Tasso in der letzten Revision – Die Umarbeitung des »Ur-Tasso« für die »Schriften«-Ausgabe bei Göschen begann am 30. März 1787 im Sturm auf der Seereise von Neapel nach Palermo und zog sich bis Ende Juli 1789 in Weimar hin. Als Goethe den 4. und 5. Akt am 27. August an Göschen sandte, waren die ersten drei Bogen des Anfangs bereits gedruckt. Die Ausgabe erschien Mitte Februar 1790 als Bd. 6 der

»Schriften«. Reichardt plante auch »Tasso« in Musik zu setzen und im Rahmen der auf 7 Bände geplanten Ausgabe von »Musik zu Göthes Werken« erscheinen zu lassen (vgl. »Kunstmagazin« Bd. II, S. 124). Zu »Tasso« scheint Reichardt eine Ouvertüre und andere Incidenzmusik geschrieben zu haben, sie ist jedoch nicht erhalten. Lediglich der Monolog des Tasso »Bist Du aus einem Traum erwacht?« (komponiert 1791) ist in »Göthe's Lyrische Gedichte, Mit Musik von Johann Friedrich Reichardt«, Berlin im Verlage der Neuen Berlinischen Musikhandlung 1794, Bd. 2, Nr. 37 erschienen (auch in EdM 59, S. 56–61).

Schulzens Athalie – Johann Abraham Peter Schulz (1747–1800): »Chöre und Zwischenmusik zu Racines ›Athalie‹, Partitur mit deutscher Übersetzung des zugehörigen Textes von Karl Friedrich Cramer«, Leipzig 1786 in der Reihe »Polyhymnia«. Reichardt hatte Goethe mit der »Athalie« von Schulz bekannt gemacht (siehe auch WA 2785). Der Text von Goethes Übersetzung in WA I, Bd. 12, S. 289, ebenso bei Paul Merker, S. 395 gibt nur 8 der 48 Verse.

Cramers Unverstand – bezieht sich auf Cramers Übersetzung, die in EdM 71 (Johamm Abraham Peter Schulz: Musik zu Racine's ›Athalie‹, hg. von Heinz Gottwaldt, Mainz 1977) zugänglich ist. Zu Goethes Übersetzung vgl. Bernhard Engelke: C. F. Cramer und die Musik seiner Zeit, in: Nordelbingen 8, 1930/31, S. 334 ff. und 13, 1937, S. 434 ff.

biß wir uns wieder sehen – das nächste Treffen Goethes mit Reichardt fand Ende November statt (vgl. G 5).

G 2
29. Juni 1789 – Goethe an Reichardt (WA 2764)
– eigenhändig –
H: Leipzig, UB. – Bestand: Slg. Hirzel, Sig.: B 202
Drucke: 1842 AMZ. Nr. 2
1891 WA IV. Bd. 9, S. 136 f. = WA 2764

Carneval – »Das Römische Carneval« war mit 20 colorierten Tafeln in einer Prachtausgabe bei Unger in Berlin zur Ostermesse 1789 erschienen, allerdings durch zahlreiche Druckfehler entstellt. Vgl. dazu den Brief von Friedrich Justin Bertuch an C. G. Schütz: vom 28. Juni 1789: »Wenn die Recension vom Römischen Carneval noch nicht abgedruckt ist, so rügen Sie doch darinne noch drey häßliche Druckfehler mit, die der unsägliche Tölpel H. Unger, aller Cartons und Erraten Tafel ungeachtet, doch noch hat stehen laßen, und worüber Göthe des Teufels werden möchte, ich mich aber blos ärgere, daß aller Mühen und Kosten die wir daran gewandt haben ungeachtet, daß Werck doch noch diese Flecken bekommen hat. [...] Göthe bittet mich expreß deßhalb an Sie zu schreiben, und Sie zu ersuchen, Unger'n darüber einen Hieb zu geben; und ihm öffentlich zu sagen, daß es unverzeyhlich für eine Officin, die sich Typographischen Geschmacks und Schönheit rühme, sey, ein so kleine[s], und von allen Seiten so vollendetes Werck, noch mit so groben und häßlichen Druckfehlern zu verunstalten. Kurz hauen Sie bey dieser Gelegenheit auf die neuere Schludrigkeit der Correctoren ein, doch so, daß es unserm Wercke selbst nicht schade« (abgedruckt in: QuZ 4, S. 627).

Arie – um welche Arie es sich hierbei handelt, ist mangels handschriftlichem Material nicht nachweisbar, das Singspiel enthält 10 Arien (vgl. Pröpper II, S. 87–98 mit Incipits).

Patrocinium – Schutz, Beistand

Vagabund – unbekannt. Möglicherweise handelt es sich um den Musiker Friedrich Pfeiffer, der mit einer verworrenen Erbschaftsangelegenheit in Weimar gestrandet war. Goethe setzte sich für ihn ein und versuchte, ihm über Reichardt eine Anstellung in Berlin zu vermitteln. Herzog Carl August gab ihm ein kleines Gnadengeschenk auf die Reise (vgl. Goethes amtliche Schriften, hrsg. von Willy Flach, Weimar 1950–1984, Bd. 1, S. 155 und Bd. 3, S. 24).

Bruder meines Dieners – Johann Gottfried Götze (1766–1816) war der jüngste Bruder von Goethes Diener Johann Georg Paul Götze (1759–1835), der von 1777 bis 1794 in Goethes Diensten stand. Joh. G. Götze gehörte (wie auch die Mutter Maria Dorothea Götze) einige Jahre zum Haushalt Goethes. Durch Reichardt erhielt er tatsächlich ein Angebot nach Berlin, ging aber dann in Hannoveraner Dienste. Später wurde er – vermutlich mit Goethes Empfehlung – Stadt-Musicus in Jena (vgl. den Brief von Joh. Georg Paul Götze vom 15. Dezember 1803 an Goethe (Briefe an Goethe IV, 1192) und Walter Schleif: Goethes Diener, Berlin und Weimar 1965 (Beiträge zur Deutschen Klassik, Bd. 17) S. 97 ff. u. 250).

G 3
18. Oktober 1789 – Goethe an Reichardt
– eigenhändig –
H: Universitäts- und Landesbibliothek Münster,
Familiennachlass von Raumer, – Faksimile aus dem Jahre 1942, Verbleib des Autographs unbekannt.

Erhalt von Claudine – Reichardt hatte offenbar nach den Berliner Aufführungen die handschriftliche Partitur im Hinblick auf eine eventuelle Aufführung in Weimar an Goethe geschickt, also noch nicht bei seinem Besuch im April/Mai 1798 mitgebracht (vgl. Kommentar zu G 1).

Frl. Oertel – Die Familie v. Oertel besaß das Rittergut Döbitz bei Taucha, lebte aber vorwiegend in Weimar und nahm am dortigen gesellschaftlichen Leben teil. »Auch waren nun zwei Fräulein von Oertel herangewachsen; die jüngere [Erdmuthe Caroline Friederike, 1769–1845] war hübsch und artig, entfernte sich jedoch späterhin wegen einer Unannehmlichkeit und wurde nachher die Gemahlin des Fürsten von Karolat, die älteste [Wilhelmine Henriette, genannt Mimi, geb. 1764] war sehr unterrichtet, witzig und in allen Gesellschaften wohlgelitten« (Carl Wilhelm Heinrich Freiherr von Lyncker: Ich diente am Weimarer Hof. Aufzeichnungen aus der Goethezeit, hg. von Jürgen Lauchner, Köln, Weimar, Wien 1997, S. 82). Welche der beiden hier gemeint ist und welchen Anteil sie am Schicksal des »Vagabunden« Friedrich Pfeiffer hatten, ist unbekannt.

Druck des Tasso – im 6. Band der »Schriften« bei Göschen, 1790. Der Druck verzögerte sich bis Januar 1790.

Kalender – Göschen plante die Veröffentlichung eines »Historischen Calenders für Damen auf das Jahr 1790« (hg. von Wilhelm von Archenholz und Christoph Martin Wieland). Da von der Schulbuchhandlung in Braunschweig ein weiterer Kalender mit dem Titel: »Historischer Almanach, die gegenwärtige Revolution in Frankreich betreffend, auf das Jahr 1790« angekündigt wurde, versuchte Göschen, dieser Konkurrenz durch Schnelligkeit zuvorzukommen, und schrieb deshalb am 1.10.1789 an Goethe: »Ich musste meinen Calender aus einer saumseeligen Druckerey weg nehmen um Campen, der einen Calender ankündigt welcher meinen schaden kann zuvor zu kommen, und muste ihn der Druckerey geben welche Ihre Werke druckt. Doch soll von jetzt an mit doppelten Feuer darin gearbeitet werden. Es ist ja mein eigener Vortheil dabey« (QuZ 1, S. 178).

Conte di Rostro – »Der Gross-Cophta«, vgl. Kommentar zu G 4.

unserem Theater – die Unzufriedenheit mit der Bellomoschen Schauspielgesellschaft, die seit 1784 das Weimarer Redouten- und Kömödienhaus bespielte, führte zur Vertragsauflösung auf Ostern 1791. Vermutlich wollte Goethe verhindern, daß »Claudine von Villa Bella, ein Singspiel« mit der Musik von Reichardt unter den gegebenen schlechten Bedingungen aufgeführt werde. Ein anderer Grund, warum das Werk in Weimar nicht gegeben werden konnte, ist nicht zu erkennen.

neues Quartier – Goethe bewohnte seit 1782 als Stadtwohnung (neben seinem Gartenhaus) die westliche Hälfte des Helmerhausischen Hauses am Frauenplan. Wegen der Verbindung mit Christiane Vulpius stellte Herzog Carl August den Nordteil des Jägerhauses in der Marienstrasse ab November 1789 zur Verfügung, dessen Beletage

Goethe und das Obergeschoß Christiane Vulpius bezog. Hier wurde am 1. Weihnachtstag 1789 beider Sohn August geboren. (Das Goethehaus am Frauenplan erwarb Carl August 1792 und stellte es Goethe mietfrei zur Verfügung, der im Dezember 1792 hier einzog. 1794 bekam er dieses Haus als Geschenk des Herzogs.)

G 4

2. November 1789 – Goethe an Reichardt (WA 2786)

– eigenhändig –

H: Weimar, GSA. – Bestand: Goethe Ausgegangene Briefe (29), Sig.: 29/390, I

Drucke: 1842 AMZ Nr. 2
   1891 WA IV. Bd. 9, S. 158–160 = WA 2786

ein Blat erhalten haben – nicht überliefert, Inhalt und Datum unbekannt.

Ihren letzten reichhaltigen Brief – nicht überliefert, Datum und Inhalt unbekannt. Offenbar greift Goethe aber im folgenden dort angesprochene Gegenstände auf.

Brenno – Reichardts dreiaktiges »Dramma per musica« (entsprechend der Vorliebe Friedrich Wilhelms II. für die italienische Hof-Oper) behandelt einen Kolonisten-Einfall der Gallier (Barbaren) unter Führung ihres Königs Brenno in der Toscana und die Erstürmung und Plünderung Roms 387 v. Chr. Die Erinnerung an eine Verheißung der Götter, im germanischen Norden einen neuen Staat zu begründen (Brandenburg), bringt Brenno zur Beendigung des Kampfes und zum Rückzug nach Norden. Trotz Goethes lebhaftem Interesse kam wegen der ungewöhnlich großen Besetzung des Orchesters eine Aufführung in Weimar nicht in Frage (vgl. PEM, Bd. 5, S. 203 ff. mit Lit. u. R. Pröpper Bd. I, S. 287–324 mit zeitgenössischen Kritiken).

Metempsychose – Seelenwanderung

Acquisition von Fischern – Johann Ignaz Ludwig Fischer (1745–1825) bedeutender Bassist, der 1789 an die Berliner Oper verpflichtet worden war. Er begann seine Karriere am Mannheimer Hof, wo er bereits das höchste Gehalt bezog. 1780–83 war er in Wien, wo er den ersten Osmin in Mozarts »Entführung aus dem Serail« sang. Fischer sang die Titelpartie des Brenno in Berlin. Seine Autobiographie (ungedruckt) in StB. Berlin Musik-Sammlung (Sig. 32 692). Sein Stimmumfang reichte von D bis a', in einer Partie von Sacchini soll er nach eigenen Angaben sogar das tiefe B gesungen haben (vgl. MGG; Christoph Henzel: Die italienische Hofoper in Berlin um 1800. Vincenzo Righini als preußischer Hofkapellmeister. Stuttgart, Weimar 1994, S. 63 f.).

deutscher Text zu einer ernsthaft genannten Oper – zu einer Ausführung solcher Pläne scheint es nicht gekommen zu sein, siehe auch den folgenden Brief und Brief vom 8. November1790 (G 8).

Der Conte – Goethes Lustspiel »Der Groß-Cophta«, in der Entstehungsphase auch »Der Conte« genannt. Mit diesem Thema befaßte sich Goethe seit dem Sommer 1787: »Ich habe nichts weniger vor: als die famose Halsbands Geschichte des Card. Rohan zur Opera Buffa zu machen, zu welchem Zweck sie eigentlich geschehen zu seyn scheint« (an Philipp Christoph Kayser, 14. August 1787, WA 2601). Zunächst entstanden einige Bruchstücke dieser Opernfassung unter dem Titel »Die Mystifizierten«. Das Lustspiel »Der Groß-Cophta« wurde im Sommer 1791 beendet und erschien zur Ostermesse 1792. Bereits im November 1789 setzte Reichardt das Lied »Geh! Gehorche meinen Winken, nutze deine jungen Tage« aus dem Singspiel »Die Mystifizierten« (4. Akt) in Musik (veröffentlicht in Schillers »Musenalmanach« 1796 mit Änderungen unter dem Titel »Kophtisches Lied« mit der Bemerkung: »Für Fischers kräftige Baßstimme komponiert«, vgl. EdM 58, Nr.60). Ob noch mehr aus diesem Fragment bzw. dem Lustspiel »Der Groß-Cophta« von Reichardt vertont wurde, ist unbekannt.

hinter Fausten ein Strich gemacht – Aus Rom hatte Goethe noch geschrieben: »Ich habe Hoffnung Egmont, Taßo, Faust zu endigen...« (an Charlotte v. Stein, 20. Januar 1787, WA 2560); dann: »An Faust gehe ich ganz zuletzt, wenn ich alles andre hinter mir habe. Um das Stück zu vollenden, werd ich mich sonderbar zusammennehmen müßen. Ich muß einen magischen Kreis um mich ziehen, wozu mir das günstige Glück eine eigene Stäte bereiten möge« (8. Dezember1787 an Herzog Carl August, WA 2626). Am 5. Juli 89 schließlich: »Faust will ich als Fragment geben aus mehr als einer Ursache« (an Herzog Carl August, WA 2766).

Italiänische Reise – 8. März bis Juni 1790. Reichardt hatte den Auftrag, Sängerinnen und Sänger für die Berliner Oper anzuwerben. Im Mai traf er auf der Rückreise von Rom in Venedig mit Goethe zusammen (vgl. Salmen S. 69 f., Grumach III, S. 341).

im Vorbeygehn ansprechen – dies durfte Reichardt als eine neuerliche Einladung verstehen, Goethe auf der Durchreise zu besuchen.

Herder – Herder hatte im März einen Ruf auf eine Professur nach Göttingen bekommen. Obwohl mit seiner beruflichen und finanziellen Situation sehr unzufrieden, blieb er unter Vermittlung Goethes in Weimar, wobei der Herzog ihm großzügige finanzielle Zugeständnisse machte und ihm u. a. auch das Amt eines Vice-Consistorial-Präsidenten mit Option auf die wirkliche Präsidenten-Stelle einräumte (vgl. Briefwechsel des Herzogs Carl August mit Goethe, Bd. 1, S. 140 u. 401, des weiteren Goethes amtl. Schriften, 2. Bd. 1. Halbbd.).

Zeichnung – offenbar hatte Reichardt eine solche erbeten (vgl. auch Brief R 2 vom 23. November 1793).

Prof. Moritz – Karl Philipp Moritz (1756–1793). Goethe hatte ihn um den 20. November 1786 in Rom kennen gelernt und dort Monate des intensiven persönlichen, künstlerischen (»Iphigenie«) und ästhetischen Austausches mit ihm gehabt. Als Moritz im Dezember 1788 auf der Rückreise aus Italien zu Fuß in Weimar eintraf, nahm ihn Goethe für zwei Monate in sein Haus auf. Auch Herzog Carl August setzte sich für Moritz ein und empfahl ihn in Berlin, wo dieser im Februar 1789 per Kabinettsorder zum »Professor der Theorie der schönen Künste und dahin gehörigen Wissenschaften der Mathematik, Perspektive und Architektur« an der Akademie der Künste ernannt wurde. Reichardt kannte Moritz vermutlich bereits seit dessen Zeit als Lehrer des Berlinischen Gymnasiums zum Grauen Kloster (1778–1786).

G 5

10. Dezember 1789 – Goethe an Reichardt (WA 2790)
– eigenhändig mit Adresse –
H: Leipzig, UB, – Bestand: Slg. Hirzel, Sig.: B 207
Drucke: 1842: AMZ Nr. 2
       1891: WA IV, Bd. 9, S. 164 f. = WA 2790

Auch mir war es nicht angenehm… – Antwort auf einen nicht überlieferten Brief Reichardts. Die ersten Zeilen reflektieren die »jovialische Stimmung« und ihre Unterbrechung durch ein »Wölckchen« bei einem Besuch Reichardts, der sonst nirgendwo Erwähnung findet. Reichardt war im November 1789 kurz in München gewesen (Brief Reichardts an König Friedrich Wilhelm II. vom 2. November 89 aus München; Pröpper II, S. 33), auf der Rückreise hatte er offenbar in Weimar Halt gemacht, obwohl dies nicht direkt am Wege lag. In Weimar setzte er das Lied »Geh! Gehorche meinen Winken« in Musik (siehe Kommentar zum Brief vom 2. November 1789 (G 4) und Brief Reichardts an Schiller vom 20.7.1795 (SNA 35, Nr. 256)). Am 21. November wurde in Weimar »Macbeth« gegeben, wohl die Übersetzung von Gottfried August Bürger. Die 1787 komponierte »Musik zu den Hexenszenen nach G. A. Bürgers Übersetzung« von Reichardt kam dabei nicht zur Aufführung. Die Partiturabschrift hierzu wurde erst am 28. Januar 1793 von der Neuen Berliner Musikhandlung an Goethe geschickt (Briefe an Goethe I, 516, vgl. auch Ursula Kramer: Auf den Spuren des Häßlichen. J.F. Reichardts ›Hexenscenen aus Schakespear's Macbeth‹, in: Archiv f. Musikwiss. 57, 2000, S. 301 ff.). Daß das »Wölckchen« sich bereits auf »Meinungsverschiedenheiten in der Beurteilung der Französischen Revolution« (Goethe von Tag zu Tag III, S. 47 f.) bezieht, ist Spekulation und eher unwahrscheinlich.

meine kleine Stube – noch, bis Anfang Dezember 1789, wohnte Goethe in der Mietwohnung im Helmershausenschen Haus am Frauenplan, deren westliche Hälfte er bereits 1782 als Stadtwohnung (zusätzlich zum Gartenhaus) gemietet hatte (seit Juni 1794 gehörte ihm dann das ganze Haus als Geschenk des Herzogs).

Helden Ossians aufs lyrische Theater zu bringen – keine weitere Überlieferung oder Skizzen und Entwürfe. Daß Goethe sich länger mit nordischer Mythologie und Sagen im Zusammenhang mit einer musikalischen Darstellung beschäftigte, zeigt auch die am 30. Mai 1799 geschriebene Kantate »Die erste Walpurgisnacht«, die man sich auch als szenische Kantate vorstellen kann (Vertonung von Karl Friedrich Zelter versucht; von Felix Mendelssohn Bartholdy, der den Text im Mai 1830 von Goethe selbst bekam, auf der Italienreise 1831 als »Ballade für Chor und Orchester« komponiert).

Morven – in den altnordischen Sagen Bezeichnung für Nordschottland, eigentlich ein Berg (2713 m) im Süden der Grafschaft Caithness.

Büchelchen der Opern – Goethe erhoffte sich von den Berliner Opernlibrettos Anregungen für das Weimarer Theater. Von Zelter ließ er sich später die gesammelten Theaterzettel aus Berlin schicken.

Regierungsantritt des Königs – König Friedrich Wilhelm II. (1744–1797, Sohn von August Wilhelm, dem Bruder Friedrich II.) hatte am 17. August 1786 die Regierung übernommen.

College Moisé – Carl Bernhard Wessely (1768–1826), seit 1788 als Musikdirektor am Königl. Nationaltheater Berlin. Goethes Bezeichnung Moisé bezieht sich auf seine Herkunft aus einer gebildeten jüdischen Familie. Er dürfte der erste jüdische Musiker gewesen sein, der es zu einer solchen Stellung im Umkreis des Berliner Hofes gebracht hat. 1796 wurde er Kapellmeister des Prinzen Heinrich in Rheinsberg (vgl. MGG und Grove).

übertreffen – wahrscheinlich ist »Die Sonnenjungfrau« gemeint, die als Schauspiel mit Musik (Text von August von Kotzebue) am Berliner Nationaltheater mit der Musik von Carl Bernhard Wessely gerade vorbereitet und am 18. Februar 1790 gegeben wurde.

kleinen botanischen Versuch – Die Schrift »Versuch die Metamorphose der Pflanzen zu erklären« erschien zur Ostermesse 1790 bei Ettinger in Gotha, nachdem Göschen den Verlag des Werkes abgelehnt hatte (vgl. QuZ 1, S. 190 f.). Reichardt war nach Herzog Carl August (WA 2788) einer der ersten, denen Goethe nicht nur von seinen botanischen Forschungen überhaupt (wie auch Carl Ludwig v. Knebel brieflich von der Italienreise), sondern von dem Vorhaben eines botanischen Werkes berichtete.

achte Band meiner Schriften – Der 8. Band war bereits zur Ostermesse 1789 erschienen, die Bände 6 und 7 folgten erst zur Ostermesse 1790 (Mitte April), damit war die Ausgabe dann abgeschlossen.

Conte – siehe Kommentar zum Brief vom 2. November 1789 (G 4).

gelobte Land – Reichardt reiste im März 1790 nach Italien.

Brennus – siehe auch Kommentar zum Brief vom 2. November 1789 (G 4). Reichardt arbeitete seine Oper »Brenno« später zu einer gekürzten und am Schluß stark veränderten und um Tanzeinlagen erweiterten deutschen Konzert-Fassung unter dem Titel »Brennus« um, die zuerst am 24. Januar 1798 im Berliner Opernhaus aufgeführt wurde. Goethe meint hier jedoch die erste (italienische) Fassung unter dem Titel »Brenno«.

Richten Sie sich auf einige Tage – Goethe lädt Reichardt erneut in sein Haus ein, offenbar war an einen Aufenthalt anläßlich Reichardts Italienreise im März 1790 gedacht. (Goethe zog Anfang Dezember in die neue Wohnung im Jägerhaus vor dem Frauentor, wo er mit Christiane Vulpius zusammen lebte.) Da Goethe am 13. März selbst nach Venedig reiste, um der Herzogin Anna Amalia entgegenzufahren, änderten sich seine Pläne und er traf mit Reichardt in Venedig zusammen (die Verabredung dazu vermutlich über Angelica Kaufmann in Rom).

G 6

28. Februar 1790 – Goethe an Reichardt (WA 2803)
– eigenhändig –
H (Privatbesitz, Verbleib unbekannt (Quelle: WA IV, Bd. 9, 361/LA)
Druck: 1891: WA IV, Bd. 9, S. 180 f. = WA 2803
      1899: Zum 28. August 1899. Bl. 27
      1992: Stargardt, Aukt. 652, Nr. 126 (Auszug)

Goethe hat diesen Brief an Reichardt offen einem Brief an Herzog Carl August vom gleichen Tage nach Berlin (WA 2802) beigelegt. Carl August sollte von Goethes Ansichten in Theaterdingen voll unterrichtet sein, um in gleicher Weise gegenüber Reichardt zu antworten.

Schröderischen Brief – Reichardt hatte offenbar einen Brief von Friedrich Ludwig Schröter (1744–1816) über die Organisation des Theaters an Goethe weitergeleitet. Vielleicht war dieser Brief auch für den Herzog Carl August als ein Theatergutachten verfaßt worden. Herzog Carl August war am 18. Januar 1790 nach Berlin gereist zu Verhandlungen mit dem preußischen Hof über die politische Situa-

tion angesichts des Türkenkrieges von Rußland und dem verbünde-
ten Österreich; außerdem ging es um die (fragwürdigen) Erbansprü-
che Sachsen-Weimars bezüglich der Lausitz. Andererseits traf sich
der Herzog mit Reichardt, um mit ihm über die Verbesserung der
Theaterverhältnisse in Weimar, wo noch die Truppe von Bellomo
wirkte, zu beraten. Der Gedanke, in Weimar eine Hofbühne einzu-
richten, dürfte dabei bereits erwogen worden sein. Der »Schröderi-
sche Brief« ist vor diesem Hintergrund zu sehen. Goethes Ausführungen zum Publikumsgeschmack zeigen einerseits Skepsis, andererseits verspricht sich Goethe von einem Theater, das wie das Berliner Königl. Nationaltheater geführt wird (von Döbbelin und seiner
Truppe bespielt), wesentliche Impulse zur Verbesserung. Goethe
schrieb Schröder am 6. April 1791: »Danckbar für den Antheil, den
Sie an unserm Theater bey seiner Entstehung haben nehmen wollen
darf ich Sie wohl ersuchen es auch ferner nicht ausser Augen zu
lassen. Wollten Sie mir die Gesetze und Regeln welche bey Ihrer
Gesellschaft in Übung sind mittheilen, so würden Sie mich sehr
verbinden« (WA 2863). Goethe bereitete sich jetzt auf die Theaterdi-
rektion in Weimar vor. Schröder selbst kam vom 20. bis 25. April
1791 nach Weimar.

es mag dirigiren wer will – Anspielung auf den Berliner Musikdirektor
Carl Bernhard Wessely (siehe Kommentar zu G 5).

Honettetät – Redlichkeit, Wohlanständigkeit.

Tiers Etat – dritter Stand, umfaßte im öffentlichen Recht des Feudal-
zeitalters in Frankreich, wie überall, die Masse des Volkes mit Ein-
schluß der Neugeadelten – gegenüber den beiden privilegierten Stän-
den, dem alten Adel und der Geistlichkeit. Durch die in ganz Europa am Beginn der französischen Revolution bekanntgewordene
Schrift des Abbé Sieyès »Qu'est ce que le tiérs état?« (1788) aktuell
gewordener Begriff.

Bearbeitung von Elmiren – Reichardt hatte angekündigt, »Erwin und
Elmire. Ein Singspiel« in Musik zu setzen. Einige Lieder (insgesamt
17) aus der 1. Fassung (»Erwin und Elmire, ein Schauspiel mit Gesang«) hatte er schon früher vertont, davon wurden nur 10 (mit großen Veränderungen) übernommen. Die Komposition war 1791 abgeschlossen und erschien sofort als Klavierauszug bei Unger in Berlin (eine zweite Auflage als 1. Band der »Musik zu Göthes Werken«
in der Neuen Musikhandlung Berlin 1793 mit der emphatischen
Widmung an Goethe, vgl. den Kommentar zu R 1). Zum Charakter
der zweiten Fassung schreibt Goethe in der »Italienischen Reise«:
»Gar manches Lyrische, das sie [»Claudine von Villa Bella« und
»Erwin und Elmire«] enthalten, war mir lieb und werth; es zeugte
von vielen zwar thöricht aber doch glücklich verlebten Stunden, wie
von Schmerz und Kummer, welchen die Jugend in ihrer unberathe-

nen Lebhaftigkeit ausgesetzt bleibt. Der prosaische Dialog dagegen
erinnerte zu sehr an jene französischen Operetten, denen wir zwar
ein freundliches Andenken zu gönnen haben, indem sie zuerst ein
heiteres singbares Wesen auf unser Theater herüber brachten, die
mir aber jetzt nicht mehr genügen wollten, als einem eingebürger-
ten Italiäner, der den melodischen Gesang durch einen recitirenden
und declamatorischen wenigstens wollte verknüpft sehen. In diesem Sinne wird man nunmehr beide Opern bearbeitet finden« (WA
32, 142). Reichardts Komposition hat nur im Konzertsaal reüssiert
(vgl. Pröpper I, S. 92–97 u. II, S. 104–110 , Salmen S. 265–267).

verziehen – im Sinne von: ziehen Sie es noch etwas hin.

Herzoginn Mutter – Herzogin Anna Amalie von Sachsen-Weimar-Ei-
senach (1739–1807), die Mutter des seit 1775 regierenden Herzogs
Carl August, war am 6. August 1788 nach Italien gereist, zu ihrer
Rückkunft reiste Goethe ihr am 13. März entgegen (2. Italienreise)
und traf sie endlich am 6. Mai in Venedig. Dort kam es auch zum
Zusammentreffen mit Reichardt.

Tasso haben Sie vielleicht schon – »Tasso« (6. Band der »Schriften« bei
Göschen) war Mitte Febr. erschienen. Goethe ging davon aus, daß
Göschen sogleich ein Exemplar an Reichardt gesandt habe. (Am Ende
der Liste der Freiexemplare des 8. Bandes notierte Goethe: »Vom
sechsten Bande ebensoviel Exempl. nur 1 broschirtes mehr« (QuZ,
Nr. 444). Vielleicht ist damit ein Exemplar für Reichardt gemeint.)

Faust kommt Ostern – »Faust« war im 7., aber zuletzt veröffentlichten
Band der »Schriften« (8 Bde.) Mitte April 1790 zur Ostermesse in
Leipzig erschienen.

botanisches Werckchen – »Versuch die Metamorphose der Pflanzen zu
erklären«.

Moritz – siehe Kommentar zum Brief vom 2. November 1789 (G 4).

G 7
25. Oktober 1790 – Goethe an Reichardt (WA 2845)
H: Verbleib unbekannt
Druck: 1842 AMZ Nr. 2
       1891 WA IV. Bd. 9, S. 234 ff. (nach AMZ 1842)
       = WA 2845

unpoetischen Lage – Dies ist nicht nur in Abgrenzung zur naturwissenschaftlichen Arbeit gemeint, die in diesen Jahren in den Vordergrund
rückt, sondern weist auch auf äußere Lebensumstände: am 18. Juni
war Goethe aus Italien zurückgekommen und wurde von Herzog
Carl August sogleich ins Feldlager nach Schlesien beordert, wohin
er am 26. Juli aufbrach, Rückkehr am 6. Oktober.

anatomisches Werkchen – »Versuch die Metamorphose der Pflanzen zu erklären«.

emancipirte Kinder – die Singspiele, insbesondere »Erwin und Elmire«, »Lila« und »Jery und Bätely«, die Reichardt nach »Claudine von Villa Bella« in Musik setzte. Zu »Erwin und Elmire« vgl. den Kommentar zu G 6; »Lila« (wohl nach der Fassung im 6. Band der »Schriften« bei Göschen, 1790) ist zumindest nach einer Ankündigung im »Musikalischen Kunstmagazin« Bd. 2, S. 125 f. komponiert worden, – doch darf man hierbei auch an Reichardts gelegentlich großsprecherische Art denken, jedenfalls haben sich davon nur 2 Stücke erhalten; zu »Jery und Bätely« s.u.

große Oper – offenbar hatte Reichardt jetzt deutlicher nach einem Libretto angefragt, vielleicht nach der »Fingal«-Oper«, und dabei auch einen möglichen offiziellen Auftrag des Königs Friedrich Wilhelm II. erwähnt. Reichardt mußte gerade jetzt, wo sein Einfluß in Berlin rapide sank (vgl. Salmen 69 ff.) und statt seiner der zweite Kapellmeister Felice Alessandri (1747–1798) das Feld zu beherrschen suchte, an einer großen Oper gelegen sein, mit der gegen die italienischen Komponisten Front zu machen sei. Eine »nordische« Oper von Goethe wäre hierbei eine Sensation gewesen. Tatsächlich hatte auch Friedrich Wilhelm II. am 5. Dez. 1790 bei Goethe eine »große deutsche Oper« angefragt über »ein brillantes und leidenschaftliches Sujet aus der nordischen Geschichte«, die mit Reichardts Musik »mit aller Pracht […] im nächsten Frühjahr« aufgeführt werden solle (GSA, S 28/705, vgl. Briefe an Goethe I, 423).

Jery und Bätely – Reichardt kündigte die Komposition dieses Singspiels an, wann es in Musik gesetzt wurde, ist nicht erwiesen. Der undatierte Klavierauszug als dritter Band von »Musik zu Göthes Werken« ist jedenfalls erst nach 1793 erschienen.

Conte – Mit dem »Groß-Cophta« beschäftigte sich Goethe erst wieder im Sommer 1791, nachdem er im Mai den Cagliostro-Aufsatz konzipiert und dem Verleger Unger über Vermittlung von K. Ph. Moritz angeboten hatte. »Der Groß-Cophta. Ein Lustspiel« wurde Anfang September 1791 beendet und bereits am 17. und 26. Dezember in Weimar aufgeführt, die bei Unger in Berlin gedruckte Ausgabe erschien im April 1792.

halbdutzend oder halbhundert Tänze – Goethes Bestellung ist spezifiziert nach »charakteristischen«, damals modischen Figurentänzen wie Quadrillen oder Contredanses anglaises. Dabei denkt er sowohl an eine eigene Choreographie wie auch eine des Weimarer Tanzmeisters Johann Adam Aulhorn (1728–1808), mit dem er alle Tanzeinlagen und choreographischen Fragen der Singspiele und Redouten besprach (vgl. Gabriele Busch-Salmen, Walter Salmen, Christoph Michel: Der Weimarer Musenhof. Dichtung, Musik und Tanz, Gartenkunst, Geselligkeit, Malerei. Stuttgart, Weimar 1998, S. 113–142, insbesondere S. 122 ff.)

geringste Kunstwerk – Goethe unterscheidet hier zwischen der Tanzmusik, die etwa von Spielleuten (meist ohne Noten) dargeboten wird und einer gehobenen (schriftgebundenen) Tanzmusik, die er zu den Künsten rechnet und damit das allgemeine Vorurteil gegen Tanzmusik relativiert. Avancierte Tanzmusik kommt von geachteten Künstlern (Reichardt war immerhin Hof-Kapellmeister), – zu denken ist dabei etwa auch an Mozarts Tänze für die Wiener Redoute, die ebenso funktional für den Tanz wie artifiziell in der Satzweise und Instrumentation waren.

Kants Buch – Immanuel Kants »Critik der Urtheilskraft«, 1790 erschienen. Goethe hatte sein Exemplar mit zahlreichen Anstreichungen und Randbemerkungen versehen (vgl. Géza von Molnár: Goethes Kantstudien. Eine Zusammenstellung nach Eintragungen in seinem Handexemplar der ›Kritik der reinen Vernunft‹ und der ›Kritik der Urteilskraft‹, Weimar 1994 – Schriften der Goethe-Ges. 64), die zum Teil wohl aber erst von der Lektüre im Jahr 1817 stammen. (Vgl. Brief Körners an Schiller vom 6. Oktober 1790, SNA Bd. 34 Nr. 32.)

Moritz – Die häufige Erkundigung nach Karl Philipp Moritz bezieht sich vermutlich auf dessen anhaltende Kränklichkeit und Hypochondrie.

Schuckmann – Caspar Friedrich Schuckmann (1755–1834), preußischer Jurist und ab 1814 Innenminister. Goethe hatte Schuckmann am 11. August in Breslau kennengelernt, wobei die gemeinsame Bekanntschaft mit Reichardt eine »Empfehlung« war und immer wieder die Gespräche in den folgenden Tagen bestimmte (Briefe Schuckmanns an Reichardt dazu bei Grumach III, 353 ff. und 358). Jetzt erkundigt sich Goethe, ob Schuckmann eventuell für eine Verwaltungstätigkeit in Weimar zu haben wäre (vgl. Goethes amtl. Schriften II, 1, S. 81–84 und 187 f., 190 ff.).

schwerlich nach Berlin – offenbar hatte Reichardt Goethe nach Berlin eingeladen.

G 8
8.11. 1790 – Goethe an Reichardt (WA 2845a)
– eigenhändig –
H: Weimar, GSA. – Sig.: 29/390, I
Druck: 1895 WA IV. Bd. 18, S. 41 = WA 2845a

überschickte Tänze – Welche und wie viele Tänze Reichardt geschickt hatte, ist nicht bekannt, auch in der Bibliothek der Herzogin Anna Amalia sind keine vorhanden.

180

Gedancken über die Oden – Reichardts Aufsatz »Ueber Klopstocks komponirte Oden« im »Musikalischen Kunstmagazin« I, 1782, S. 22 f. u. 62 f.

Epigramme – Welche Epigramme Goethe schickte, ist nicht bekannt. Einige waren 1789 im 8. Band der »Schriften« erschienen, wahrscheinlicher ist, daß er ihm aus den »Venetianischen Epigrammen« mitteilte, aus denen er eine erste Zusammenstellung Anfang Juli fertiggestellt hatte.

Elegien – wohl Ausschnitte aus den »Römischen Elegien«, die er erst Ende 1790 in einer Handschrift mit der Überschrift »Erotica Romana« zusammengestellt hatte. Der Titel »Elegien, Rom 1788« ist erst später gewählt worden.

Oper – Der Plan einer »nordischen Oper«. Reichardts Hinweis auf den Wunsch des Königs hatte vorläufig gefruchtet. Die Beschäftigung mit diesem Thema wurde jedoch bald darauf gänzlich aufgegeben.

Fingaln – Sagengestalt, Vater Ossians, lebte im 3. Jhd. n. Chr. als Fürst von Morven in Nordschottland. Seinen kriegerischen Ruhm erwarb er sich vor allem durch seine Kämpfe mit den Römern. In Ossians »Fingal« und »Temora« (zuerst 1762 und 1763 von James Macpherson herausgegeben) werden seine Heldentaten besungen.

Ossianen – sagenhafter blinder irischer Sänger, dessen »Wiederentdeckung« im 18. Jhd. ebenso faszinierend wie wissenschaftlich umstritten war (vgl. G. A. König: Ossian und Goethe. Diss. Marburg 1959; H. Gaskill: German Ossianism. in: German Life and Letters. NS 42, 1989).

Schwawen – (?), vielleicht sind hier die Völker des westlichen Skanidinavien gemeint, deren Königssagen um Odin und die Asen kreisen, oder die schon bei Ptolemaios erwähnte Insel Thule mit ihrem Sagenkreis. Weder aus Goethes Bibliothek (Kat. bearb. von Hans Ruppert, Weimar 1958) noch aus seinen Entleihungen (Goethe als Benutzer der Weimarer Bibliothek, Ein Verzeichnis der von ihm entliehenen Werke, bearb. von Elise von Keudell, hg. von Werner Deetjen, Weimar 1931) lassen sich nähere Aufschlüsse finden, woher dieser Begriff stammen könnte.

Stelzen untergebunden – soviel wie Kothurn, die seit Sophokles in der Tragödie eingeführte Fußbekleidung mit hohen Absätzen und Riemen am Bein, um die Götter und Helden erhöht auftreten zu lassen.

edle Beyspiel der Italiäner – in der tragischen italienischen Oper, der »opera seria«.

G 9

10. März 1791 – Goethe an Reichardt (WA 2857)
– eigenhändig, Adresse von Schreiberhand: »An Herrn Kapellmeister
Reichardt nach Berlin fr«
H: Düsseldorf, Goethe-Museum Slg. Albrecht, Sig.: NW 2083/1991
Drucke: 1842 AMZ Nr. 3
       1891 WA IV. Bd. 9, S. 246 f. (nach 1842 AMZ) =
       WA 2857
       1991 Stargardt, Kat. 650, Nr. 42 (fast vollständig)

Species facti – Tatsachenbericht (im Gerichtswesen, auf die sich eine
rechtliche Entscheidung stützen soll). Gemeint sind hier die Vorgänge, die zu Reichardts dreijähriger Beurlaubung vom Amt des Hof-
Kapellmeisters führten. Reichardt war schon im Oktober 1790 ernsthaft erkrankt, wovon er Goethe offenbar nichts mitgeteilt hatte. Seine für den Karneval 1791 vorgesehene Oper »L'Olympiade« war
deshalb nicht rechtzeitig fertig geworden (vgl. Pröpper I, S. 325 ff.).
Schließlich waren es Intrigen von der Leitung der Oper, die ihn ver-
anlaßten, um seinen Abschied vom Amt bei voller Weiterzahlung
seiner Bezüge zu bitten. Der König bewilligte daraufhin einen dreijährigen bezahlten Urlaub, »wenn derselbe vorher zu den Hoffesti-
vitäten im September c.a. seine neue Oper ›Olympiade‹ hier dirigirt
haben wird« (zit. nach Brachvogel II, S. 273). Goethes Bemerkung
über den »Aufsatz eines Arztes wodurch er beweißt daß […] der
Kranke habe sterben müssen«, bezieht sich nicht auf Reichardt, sondern die »kranke« Berliner Oper.
Te deum – Das von Reichardt zur Thronbesteigung König Friedrich
Wilhelms II. 1786 geschriebene Werk wurde seinerzeit nicht aufgeführt, dann aber am 20. Dez. 1789 zur Genesung des Kronprinzen
nach einer schweren Krankheit in der Domkirche Berlin gegeben
(Brachvogel II, S. 196); es ist nicht gedruckt. Bei der Anschaffung
für Weimar war offenbar an eine Konzertwiedergabe gedacht.
Claudine und Erwin und Jery – Goethe bereitete sich darauf vor, die
Leitung des Weimarer Hof-Theaters zu übernehmen, und wollte die
drei Singspiele offenbar hierfür anschaffen.

G 10
30. Mai 1791 – Goethe an Reichardt (WA 2869)
H: Schreiberhand (Seidel) mit eigenhändiger Unterschrift
(Adresse: »An Herrn Kapellmeister Reichard nach Giebichenstein bey
    Halle frey«)
Budapest, Bibl. der Akad. der Wissenschaften, Slg. Elischer
Sig.: K 115/22-23.
Drucke: 1842 AMZ Nr. 3
       1891 WA IV. Bd. 9, S. 263 f. (nach 1842 AMZ)
       = WA 2869

nach gefährlichem Sturm – die Vorgänge um die Beurlaubung Reichardts
  und die Intrigen gegen ihn.
ruhiges Plätzchen – Reichardt hatte im Mai das Gut Giebichenstein bei
  Halle gepachtet und sich damit einen lang gehegten Wunsch erfüllt.
  (Schon zur England-Reise 1785 hatte sich Reichardt von Johann
  Georg Hamann Empfehlungsbriefe an englische Bankiers verschaffen lassen, »um mir Geld zu einem lieben ruhigen Landhause zu
  holen – immer noch mein höchstes Erdenziel und höchster Erden-
  wunsch«, zit. nach Stargardt, Kat. 616 Nr. 293. Giebichenstein wurde bald zu einem wichtigen Treffpunkt von Künstlern und Wissen-
  schaftlern, vor allem auch aus dem Kreis der Frühromantik.
Aufführung – von »Erwin und Elmire« in Weimar kam nicht zu Stande.
  »Claudine von Villa Bella« wurde erst am 30. Mai 1795 aufgeführt.
Gatto – Franz Anton Gatto (1754–1826), Bassist, zunächst bei der Böhm-
  schen Truppe, am Weimarer Hoftheater 1791 bis 1793.
arme Lebrun – Franziska Dorothea Lebrun geb. Danzi (1756–1791),
  eine der führenden Sängerinnen dieser Zeit mit zahlreichen Erstauf-
  führungen von Salieri, Schweizer, Holzbauer, Mozart, Vogler und
  Reichardt. Sie starb fünf Monate nach ihrem Mann, dem berühmten Oboisten Ludwig August Lebrun (1752–1790) am 14. Mai 1791
  in Berlin (vgl. MGG, Grove).
einige Stücke schreiben – von den zahlreichen Plänen dieser Jahre wurde
  vor 1800 nur das Lustspiel »Der Bürgergeneral« realisiert.
Moritz hat mir einige vergnügte Tage gemacht – Wann der Besuch von
  Moritz stattfand, ist nicht näher überliefert, jedoch frühestens Ende
  Januar, spätestens Ende April 1791.
in den wenigen Jahren – Goethe hatte Moritz zuletzt im Februar 1789 in
  Weimar gesehen, als jener nach Berlin abreiste.
was ich in der Kunst der Naturlehre und Naturbeschreibung vorhabe – Schon
  im September 1788 hatte Goethe angedeutet, daß seine Vorstellungen zu einer ganzheitlichen Betrachtung der Naturerklärung und
  der ästhetischen und kulturhistorischen Folgerungen tendiere (»Ich
  habe so vielerley, so mancherley, das doch nach meiner Vorstellungs

und Bemerckens-Art immer zusammenhängt und verbunden ist. Naturgeschichte, Kunst, Sitten pp., alles amalgamirt sich bey mir« (an Wieland, WA 2670). Jetzt konkretisierten sich diese Vorstellungen (»In der Art, auf dem Wege wie du mein botanisches Werckchen wirst gesehen haben setze ich meine Betrachtungen über alle Reiche der Natur fort, und wende alle Kunstgriffe an, die meinem Geiste verliehen sind um die allgemeinen Gesetze wornach die lebendigen Wesen sich organisiren näher zu erforschen« – an F. H. Jacobi, 20. März 1791, WA 2859). In diesem Zusammenhang steht auch der »erneuerte« Gedanke, »hier eine gelehrte Gesellschaft zu errichten [...] Wir könnten wircklich mit unsern eignen Kräften, verbunden mit Jena viel thun wenn nur manchmal ein Reunionspuncct wäre« (an Herzog Carl August, 1. Juli 1791, WA 2878). Im September 1791 entstand dann die »gelehrte Freitags-Gesellschaft«.

in Ihrer neuen Lage – als beurlaubter Kapellmeister.

neue Theorie des Lichts, der Schatten und der Farben – die optischen Arbeiten, mit denen Goethe sich seit diesem Frühjahr vor allem beschäftigte. Am 17. Mai war ihm die entscheidende Erkenntnis zu seiner »Farbenlehre« gelungen (»Noch kann ich mit lebhafter Freude melden, daß ich seit gestern die Phänomene der Farben wie sie das Prisma, der Regenbogen, die Vergrößerungsgläser pp zeigen auf das einfachste Principium reducirt habe. Vorzüglich bin ich durch einen Widerspruch Herders dazu animirt worden der diesen Funcken herausschlug« – an Herzog Carl August (WA 2867). Reichardt war also (nach dem Herzog) der erste, dem Goethe davon berichtete (vgl. auch Kommentar zum Brief vom 10. Dezember 1789 (G 5) zum »botanischen Werk«.

beiliegendes Blättchen – nicht erhalten, der Name daher unbekannt.

Lips – Johann Heinrich Lips (1758–1817), Schweizer Zeichner und Kupferstecher. Goethe hatte ihn, im Zusammenwirken mit Bertuch und Herzog Carl August, im März 1789 als Lehrer an das Zeichnungsinstitut nach Weimar berufen, wo er bis 1794 blieb, um dann aus gesundheitlichen Gründen wieder nach Zürich zu gehen (vgl. Joachim Kruse: Johann Heinrich Lips. Ein Zürcher Kupferstecher zwischen Lavater und Goethe, Kat. Kunstsammlungen der Veste Coburg, 1989).

meinem Bildniß – Lips zeichnete Goethe im Dezember 1790 en face in Kreide als Rundbild. Der Kupferstich nach dieser Zeichnung erschien im September 1791 und wurde im »Journal des Luxus und der Moden« für 1 Laubthaler angeboten (vgl. Lips-Kat. 1989, Nr. 113).

G 11
17. November 1791 – Goethe an Reichardt (WA 2898)
– eigenhändig –
H: Budapest, Akad. der Wissenschafen, Slg. Elischer, Sig.: K 115/22–23.
Druck: 1842 AMZ Nr.3
1891 WA IV, Bd. 9 S. 289 ff. (nach 1842 AMZ)
= WA 2898

mancherley Entschuldigungen – Goethe war mit dem Schloßbau in Weimar, der Theaterleitung, der »Farbenlehre«, dem Cagliostro-Aufsatz,
der Bergwerksverwaltung in Ilmenau, den »Beiträgen zur Optik« und
anderem mehr beschäftigt (vgl. Goethe Von Tag zu Tag).

Sie hier zu sehen – Reichardt hatte seinen Besuch angekündigt, der wohl
nicht zu Stande kam. Er plante bereits die Frankreich-Reise, die er
im Januar 1792 antrat.

Meyer – Johann Heinrich Meyer (1760–1832), Maler und Kunsthistoriker aus Stäfa am Zürichsee, der seit Anfang November als »Hausge-
nosse, Künstler, Kunstfreund und Mitarbeiter« (Campagne in Frankreich, MA, Bd. 14, S. 502) im oberen Stock des Jägerhauses bei Goethe wohnte.

Optisches Wesen und Treiben... – Goethe ist sich erst seit seinen Experi-
menten im Oktober darüber im Klaren, daß seine »Farbenlehre« in
einen diametralen Gegensatz zu Isaac Newton gelangen wird.

Akustik – Goethe lädt Reichardt dazu ein, nach der Optik mit ihm gemeinsam die Akustik zu bearbeiten. Er sieht in ihm offenbar einen künftigen
Mitarbeiter an der »Naturlehre«. Indes ist es zu einer solchen Zusammenarbeit nicht gekommen. Goethe überschätzte sicher auch Reichardts
Möglichkeiten und Fähigkeiten zu wissenschaftlichem Arbeiten, da dieser ein Autodidakt mit allerdings vielseitigen Interessen war.

Chymie – die modernen Unterscheidungen von Chemie und Physik
greifen noch nicht.

Kärtchen – Die »Beyträge zur Optik«, 1. Heft, erschienen im Oktober
1791 im Verlag des Industrie-Comptoir von F. J. Bertuch, waren mit
27 handkolorierten Tafeln mit optischen Figuren ausgestattet, die in
einem besonderen Etui dem Heft beigegeben waren. Die Tafeln waren auf Spielkartenkartons gedruckt, weswegen sie Goethe »die Kärtchen« nennt.

Mahler – Johann Heinrich Meyer (siehe oben)

Mathematiker – vermutlich Johann Heinrich Voigt (1751–1823), Mathematiker und Physiker, der seit 1789 Professor in Jena war. Er hatte 1791 »Grundlehren der reinen Mathematik« veröffentlicht, denen 1794 »Grundlehren der angewandten Mathematik« folgten, sowie populare Schriften über physikalische, astronomische und verwandte Gegenstände.

G 12

29. Juli 1792 – Goethe an Reichardt (WA 2927)
H: von Schreiberhand (Schumann) mit eigenhändiger Unterschrift.
Weimar, GSA. Sig.: 29/390, I
Drucke: 1842 AMZ Nr.3
    1891 WA IV, Bd,9, S. 322 ff. = WA 2927

Ihrer Rückkunft – Reichardt war im Januar 1792 nach Frankreich gereist,
    vor allem um mit eigenen Augen die Auswirkungen der französi-
    schen Revolution zu sehen. (Einen Reisebericht ließ er anonym unter
    dem Titel: »Vertraute Briefe über Frankreich. Auf einer Reise im Jahr
    1792 geschrieben«, 2 Theile, Berlin 1792/93 erscheinen.) Anfang Mai
    1792 war er wieder nach Giebichenstein gekommen.
von andern Leuten – nicht bekannt, möglicherweise aber Luise Gräfin
    Stolberg, bei deren Verwandtschaft in Holstein Reichardt zu Gast
    gewesen war. Luise Gräfin Stollberg war am 10. April (bis Anf. Juni)
    nach Weimar gekommen (vgl. Goethe: Von Tag zu Tag).
Abreise nach den kriegerischen Gegenden – am 8. August reiste Goethe
    zum Feldzug nach Frankreich (»Campagne in Frankreich«), woher
    er am 16. Dezember nach Weimar zurückkehrte.
Cophta – »Der Groß-Cophta« war am 15. Juli in Lauchstädt gegeben
    worden und Reichardt hatte von dieser Aufführung berichtet, dabei
    auch sein weiteres Interesse an der Abfassung einer Musik dazu be-
    kundet.
ein paar Stücke – Von allen Theaterplänen dieser Zeit kam nur »Der
    Bürgergeneral« zur Ausführung und wurde zum ersten Mal am 2.
    Mai 1793 im Weimarer Theater gegeben.
meine neuren kleinern Gedichte – Wie später für Zelter sah Goethe gele-
    gentlich seine Gedichte danach durch, ob etwas für die Musik Ge-
    eignetes darunter sei; noch war Reichardt sein bevorzugter Kompo-
    nist.
Camera obscura und alle die Maschinen – die Goethe für seine optischen
    Experimente zur »Farbenlehre« benutzte.

R 1

29. September 1793
GSA 28/3, Druck: Hecker, S. 197

Im Begriff diese Gegend zu verlassen – Spätestens seit 1788 hatten Mei-
    nungsverschiedenheiten über Fragen der Theaterpraxis und Eigen-
    mächtigkeiten seiner Kollegen Konflikte mit der »Italienischen Par-
    tey« am Hofe ausgelöst, Denunziationen wegen seiner Äußerungen
    als »enragirter Democrat« engten seinen Wirkungsraum als kgl. Hof-

kapellmeister zudem merklich ein (siehe die Einleitung). Am 23. Januar 1791 reichte er schließlich seinen Abschied ein, verbunden mit der Bitte, ihm und seiner Frau »1200 Thaler […] als lebenslange Pension gnädigst zu ackordiren« und diese dort »verzehren« zu dürfen, wo es seiner Gesundheit am zuträglichsten sei. Statt der Entlassung gewährte ihm der König einen dreijährigen Urlaub. R pachtete zunächst den »Kästnerschen« Gutshof in der Seebener Straße zu Giebichenstein bei Halle, übersiedelte mit einem Teil seiner Habe dorthin, reiste allerdings sogleich nach Frankreich (Januar 1792), im Hochsommer 1793 nach Hamburg, Holstein und Skandinavien. In Hamburg fühlte er sich auch verlegerisch gut betreut, denn seit 1774 hatte der Verleger Carl Ernst Bohn nicht nur seine ersten Schriften publiziert, sondern auch viele popular gewordene Almanach-Lieder in Einzeldrucken verbreitet. R konnte mithin auf Erträge hoffen. Einzelheiten bei G. Hartung: Reichardts Entlassung, in: Wiss. Zs. der M.-Luther-Univ. Halle-Wittenberg, Ges.-Sprachw. X/4 (1961), S. 971 ff.

sagte aber Nein – R beabsichtigte, G auf der Reise nach Norden in Weimar aufzusuchen, dieser war jedoch ab Mitte Mai bis zum 22. August selbst auf Reisen, um an der Belagerung von Mainz beobachtend teilzunehmen.

Erwin und Elmire – R hatte Gs zweite Fassung des Singspiels 1791 in Musik gesetzt und in Berlin bei Friedrich Unger erstmals im Klavierauszug herausgegeben. Über die Drucklegung und den angestrebten Vertrieb bei der Ostermesse hatte er von Giebichenstein aus im Februar 1793 sowohl mit der Berlinischen Musikhandlung (am 12. Februar), wie auch mit Breitkopf junior in Leipzig Briefe gewechselt (Autographe im Freien Deutschen Hochstift Frankfurt: 92468–69, sowie im Archiv Breitkopf & Härtel, Wiesbaden). Die zweite Auflage dieses ersten Bandes der »Musik zu Göthes Werken« erschien 1793 in der Neuen Musikhandlung zu Berlin. Diesen Band sendet R an G.

offentlichen Zuschrift – R hatte am 30. Juni 1793 den ersten Band einer auf sechs Bände geplanten Serie mit einer gedruckten emphatischen Widmung versehen:

»An Goethe.

Deinen unsterblichen Werken, edler, großer Mann, dank' ich den frühen Schwung, der mich auf die höhere Künstlerbahn erhob, Deinem näheren Umgange tausend Aufschlüsse und seelenerhebende Eindrücke, die mich als Mensch und Künstler hoben, festeten und auf immer beglücken werden. Im Innern überzeugt, daß solcher Gewinn dieser Arbeit einen höheren Wert gegeben, als meine bisherigen Werke hatten, geb' ich sie sicher und froh Dir in die Hände und freue mich des wonnigen Gefühls, auf diese Weise dankbar seyn zu können.

Giebichenstein, den 30. Junius 1793.
Johann Friedrich Reichardt«.
Wenn G sich auch für die Zusendung des Bandes bedankte (G 13 vom 18. November 1793), so ging er jedoch auf diese Widmung mit keinem Wort ein.

Pastorinn Alberti – die Witwe Dorothea Charlotte († 1809) des 1772 verstorbenen Pfarrers von St. Katharinen in Hamburg, Julius Gustav Alberti, war seit dem 14. Dezember 1783, dem Tag der Vermählung Rs mit Johanna Alberti, seine Schwiegermutter.

Schimelman – Ernst Heinrich Graf von Schimmelmann (1747–1824), dänischer Finanzminister. Er stammte aus dem Holsteinischen und gehörte somit zur sog. »Deutschen Partei« unter den Aristokraten in Kopenhagen. Er bewirkte u. a., daß Dänemark während der französischen Revolutionskriege neutral blieb.

Bernstorff – Andreas Peter Graf von Bernstorff (1735–1797), dänischer Minister der auswärtigen Angelegenheiten. Dessen Gemahlin Augusta Louise geb. Gräfin Stolberg (1753–1835) ließ sich im August 1793 hinreißen, R als »einen schlechten Menschen« zu bezeichnen. Das Palais Bernstorff war ein Mittelpunkt für die Künstler. Dort wurde u. a. 1787 die »Athalie« von Racine in der Vertonung von Johann Abraham Peter Schulz »vollständig vorgestellt«. Dazu: Heinrich W. Schwab: Friedrich Ludwig Aemilius Kunzen, Ausstellungskatalog der Schleswig-Holsteinischen Landesbibliothek, Heide 1995, S. 66 ff. Geehrt wurde der am 21. Juni 1797 verstorbene Graf von Bernstorff mit einer von mehr als 60 Musikern aufgeführten »Trauer-Kantate« nach einem Text von Johann Friedrich Ernst Albrecht mit der Musik »vom Kapellmeister Reichardt«. (StA Hamburg, Bibl. A 531/62, Nr. 5), siehe Zs. des Vereins für Hamburgische Geschichte 86, 2000, S. 26 f.

Reventlow – Kay Graf von Reventlow (1753–1838), Diplomat und dänischer Finanzminister. Zur Frage des deutsch-dänischen Kulturtransfers, an dem R beteiligt war, siehe ›Das Achtzehnte Jahrhundert‹ Zs. der Deutschen Gesellschaft für die Erforschung des achtzehnten Jahrhunderts, Jg. 25, Heft 2, Wolfenbüttel 2001. Dort besonders den Beitrag Jürgen Overhoff, Franklin Kopitzsch: Der deutsch-dänische Kulturaustausch im Bildungswesen (1746–1800), S. 184 ff.

Ihren Tasso, Ihre Iphigenia – diese beiden Dramen sind nicht im achten Band der Leipziger Gesamtausgabe von »Goethe's Schriften« erschienen, die G. J. Göschen besorgte, sondern der »Tasso« 1790 im 6. Band und »Iphigenie auf Tauris« 1787 im 3. Band.

Cullafelsen – der Kullen-Felsen ist ein etwa 30 km nnw. von Helsingborg in Südschweden gelegenes Vorgebirge am Kattegatt.

G 13

18. November 1793 – Goethe an Reichardt (WA 3026)
H: Verbleib unbekannt
Druck: 1842 AMZ Nr. 3
1892 WA IV. Bd. 10, S. 128 (nach 1842 AMZ)
= WA 3026

aus unsern Gegenden geschieden – Reichardt hatte den Sommer in Holstein und Skandinavien verbracht. Im September war er kurz nach Giebichenstein zurückgekehrt, um seine Familie in außerpreußische Gebiete zu bringen, den Oktober über war sie in Rethwisch nördlich von Eutin, ab November für fast zwei Jahre in Hamburg (vgl. Kommentar zu R 3). Reichardts Stellung am preußischen Hof war zunehmend gefährdet, Fürsprecher hatte er keine mehr. Goethes Brief ist im Ton gegenüber den früheren merklich abgekühlt.

Meyer ist noch immer bey mir – offenbar ein Hinweis, daß Reichardt im Falle eines Besuches nicht bei Goethe wohnen könne.

fast alle Welt dem politischen Leiden erliegt… – indirekte Distanzierung von Reichardt, dessen Sympathien für die französische Revolution allgemein bekannt waren, zugleich entspricht der Hinweis auf die »ästhetischen Freuden« dem programmatischen »Horen«-Konzept.

dank für Erwin und Elmire – Reichardt hatte Goethe den 1. Band der »Musik zu Göthes Werken« zukommen lassen, der den Klavierauszug von »Erwin und Elmire / Ein Singspiel in zwey Acten« enthielt. Auf die darin vorangestellte emphatische Widmung an Goethe ging Goethe nur indirekt mit dem Dank für die »Zeichen Ihres Andenkens und Ihrer Neigung« ein.

R 2

23. November 1793
GSA 28/3, Druck: Hecker, S. 198

Hamburg – Antwort auf Gs Brief vom 18. November 1793 (G 13).

ruhige Stunde – R erinnert an Gs Ankündigung: »Ich möchte auch wohl in einer ruhigen Stunde ausführlicher sein über das was ich treibe.«

Zeichnung – G hatte im Brief vom 2. November 1789 eine Zeichnung aus seiner Hand versprochen, siehe den Brief Goethes vom 2. November 1789 (G 4).

Meier – Gs Freund Johann Heinrich Meyer wohnte seit 1791 in Weimar, von 1799 bis 1803 als Gs Untermieter im Haus am Frauenplan; siehe Jochen Klauß: Der »Kunschtmeyer« Johann Heinrich Meyer: Freund und Orakel Goethes, Weimar 2001 (vgl. auch G 11).

bei einer Arbeit behülflich – gemeint ist die Neueinrichtung des im Spätsommer 1792 bezogenen Hauses am Frauenplan.

Entwurfs – möglicherweise ist der Versuch gemeint, zum Schauspiel
»Der Großkophta« die Musik zu setzen.

Rethwisch – das Gut Rethwisch liegt östlich von Preetz in Schleswig-
Holstein.

R 3
8. Februar 1794
GSA 28/4, Druck: Hecker, S. 199

Veränderung – Nachdem R im September 1793 seine Familie aus Giebichenstein zur Übersiedlung in das holsteinische Gut Rethwisch nach-
geholt hatte, um mögliche politisch motivierten Nachstellungen
in Preußen auszuweichen, brachte bereits der Januar des Jahres 1794
eine Wende in deren Leben. Die Familie übersiedelte nach Neumühlen bei Altona. R wurde weiterhin politisch überwacht, wenn er
auch finanziell in die Lage versetzt war, das »kleine Gut« Giebichenstein mit 2,089 Hektar Gelände, das er bereits im Jahr 1791 gepachtet hatte, am 4. Juli für 9300 Reichsthaler zu erwerben (vgl. G. 10).
Zur Anzahlung stellte ihm die Fürstin Luise von Anhalt-Dessau 2000
Thaler zur Verfügung. Seine Entlassung aus dem Kapellmeisteramt
in Berlin erfolgte per »Cabinetsordre« am 28. Oktober mit der knappen Begründung, wegen »dessen bekanntes Betragen, besonders in
Hamburg«, dazu: Salmen, S. 76 ff.

R 4
16. Juni 1794
GSA 28/4, Druck: Hecker, S. 199

zweiten Band – der »zweite Band der Musik zu Goethes Werken« enthält auf 40 Druckseiten »Goethes lyrische Gedichte in Musik gesetzt« und erschien 1794 in der Neuen Berlinischen Musikhandlung.
Die 30 Nummern, darunter »Heidenröslein«, »Bundeslied«, »Rhap-
sodie« und »Rastlose Liebe« sind verzeichnet in: Katalog der Musikalien des GMD, 1987, S. 247.

Der dritte – Das um 1789 komponierte Singspiel in drei Akten »Claudine von Villa Bella« war als dritter Band der Musik zu Goethes Werken
projektiert aber nicht erschienen. Gedruckt wurden später einige Stücke daraus; siehe EdM Nr. 110, 135, 138, 139 sowie Pröpper, Bd. 2, S.
87 ff. Die Uraufführung fand mit großem Erfolg am 20. Juli 1789
(Wiederholung am 29. Juli) im Schloß Charlottenburg zu Berlin mit

Aloisia Lange in der Titelpartie und Darstellern des Nationaltheaters statt, die für das Jahr 1791 eingeplant gewesene Erstaufführung im Weimarer Hoftheater wurde erst am 30. Mai 1795 realisiert. Einen Bericht von den Proben gibt Karl Ditters von Dittersdorf in seiner Autobiographie. Vgl. auch den Kommentar zu G 1.

Reineke – Die Tierfabel in Form eines Versepos »Reineke Fuchs« war 1794 als zweiter Band von Gs »Neuen Schriften« bei Unger in Berlin erschienen. Der Verleger sandte diesen Band an R.

kleinsten Jungen – gemeint ist Rs 1786 geborener Sohn Hermann.

in Ihrer Nähe – der Besuch fand nicht statt, da G vom 25. Juli bis zum 14. August auf Reisen war.

Zeichnung – siehe den Brief R 2 vom 23. November 1793.

der lieben Herder – R hatte das Ehepaar Caroline und Johann Gottfried Herder im September 1780 in Weimar kennengelernt; siehe Walter Salmen: Herder und Reichardt, in: Herder-Studien, Würzburg 1960, S. 95–108.

R 5
14. September 1794
GSA 28/7, Druck: Hecker, S. 200

Meier – Johann Heinrich Meyer war im Auftrage des Herzogs Ende April 1794 nach Dresden gefahren, um dort Kunstwerke zu kopieren. Am 28. September fuhr er zurück nach Weimar, siehe: Jochen Klauß: Der »Kunschtmeyer«, 2001, S. 132 ff.

R 6
7. April 1795
GSA 28/9, Druck: Hecker, S. 201

elenden Sache – R hatte in einem Handschreiben des preußischen Königs vom 28.10.1794 »den Abschied« erhalten (siehe R 3 vom 8. Februar 1794). Damit wurde ihm eine »Freiheit« (= Stellungslosigkeit) aufgezwungen und seine Pension gestrichen. Mit Anteilnahme und »sehr traurig« äußerte sich G über die Wendung der Geschicke Rs; siehe Grumach, IV, 1980, S. 124.

kleine Schriften – es ist nicht feststellbar, welche Publikationen Rs an G abgeschickt worden sind. Es könnten dies gewesen sein: die 1795 in Berlin bei Johann Friedrich Unger anonym publizierte, 40 Seiten umfassende »kleine Schrift […] Ueber die Schändlichkeit der Angeberei«, die der Verleger am 14. 2.1795 aus Berlin absandte, sowie andere »kurze Broschuren« und Flugblätter.

im Holsteinschen in der Nähe von Hamburg – R bewohnte, wie der ange-
reiste Karl August Böttiger vermerkt: »ein kleines Gartenhaus in
Neumühlen, über Altona hinaus auf dem Wege nach Ottensen« (vgl.
K. A. Böttiger: Literarische Zustände und Zeitgenossen, hrsg. von
K.W. Böttiger. Zweites Bändchen, Leipzig 1838, S. 52 f.). Er knüpfte
dort Kontakte zum »Neumühlener Kreis«.

fange ein Journal an – wiewohl mittellos, war R ab 1795 zusammen mit
Carl Friedrich Cramer und seinem Stiefsohn Wilhelm Hensler der
Mitherausgeber der in Lübeck und Altona gedruckten Monatsschrift
»Frankreich im Jahr 1795. Aus den Briefen Deutscher Männer in
Paris«. Sie erschien bis 1805 in 23 Bänden (Reprint Amsterdam 1972,
bei Kraus). Dazu Hans-Werner Engels: Es begann in Neumühlen …
Goethes und Schillers Streitereien mit Johann Friedrich Reichardt,
in: Frieden für das Welttheater, hrsg. von Jörgen Bracker, Hans-Wer-
ner Engels u. a., Hamburg 1982, S. 99–105.

Nehmen Sie das erste Stück davon freundlich auf – mit der Übersendung
der ersten Ausgabe seines Journals, über das er am 20. Juli 1795 auch
Friedrich Schiller unterrichtete, lieferte R nachhaltige Argumente,
zu denen wenig später noch seine kritischen Besprechungen der
»Horen« kamen, um ihn zur Zielscheibe der gegen ihn gerichteten
boshaften Attacken in den »Xenien« werden zu lassen (siehe Einleitung). Während G auf die Zusendung nicht einging und fortan in
Distanz zum Komponisten rückte, reagierte Schiller in einem Brief
vom 3. August 1795 mit unmißverständlicher Deutlichkeit (SNA
Bd. 28, S. 17).

Correspondenten – um sich in seiner materiellen Not ein Einkommen
zu erschließen, versuchte sich R dem Herzog von Weimar als Berichterstatter zu empfehlen.

Jacobi – der Schriftsteller und Philosoph Friedrich Heinrich Jacobi
(1743–1819) lebte 1795 als Gast des Grafen v. Reventlow auf dessen
Gut Emkendorf in Holstein.

Meister – das dritte Buch des Romans »Wilhelm Meisters Lehrjahre«, welches den 2. Band eröffnet, erschien bei J. Fr. Unger erst im Mai 1795.

Liedermelodien – der Roman »Wilhelm Meisters Lehrjahre« enthält als
Musikbeilagen sieben Kompositionen Rs, eine weitere Komposition lieferte er für den Neudruck »Goethe's neue Schriften«, Mannheim 1801, Bd. 3–6: »So laßt mich scheinen« erschien in der Zeitschrift »Deutschland« 3, 1796, S. 347 f. Neudruck: EdM Nr. 93 bis
98 und Nr. 100. G hatte allerdings 1796 den Verleger Unger gebeten, den Abdruck dieses Liedes im 4. Band seines Romans zu unterlassen; dazu Gudrun Busch: Zur Vorgeschichte und musikalischen
Rezeption der Liedeinlagen in Goethes Roman Wilhelm Meisters
Lehrjahre, in: Schubert-Jahrbuch 1996, S. 1 ff.; Gs Mutter schätzte
Rs »Romantzen« schon 1795 sehr und berichtet, daß in Frankfurt

vor allem: »Was hör ich draußen vor dem Tor« zeitweise »den gantzen Tag gesungen« worden sei. Die Lieder gruben sich in der Tat rasch in das tägliche Singrepertoire. Sogar in London erschien bei C. Geisweiler in »The German Museum, July 1800« Reichardts »Kennst du das Land« als »Know'st thou the Land«.

Apoll – R hatte 1795 eine Zeichnung von J. H. Meyer erworben, G erhielt am 10.10.1795 zur Begleichung der ausstehenden Rechnung »von Reichardt für den Apoll an 14 Ducaten à 3 rh. 3 Gr.«, siehe Schriften der Goethe-Gesellschaft 32. Band, 1917, S. 358.

Schwägerinn Alberti – Maria Amalia, genannt Malchen, heiratete 1798 den Dichter Ludwig Tieck.

R 7
5. Dezember 1795
GSA 28/11, Druck: Hecker, S. 203

Apollos – siehe den Brief R 6 vom 7. April 1795.

Berliner Musikhandlung – R war zeitweise Teilhaber der Neuen Musikhandlung in Berlin, die bis 1795 auch im Selbstverlag hergestellte Liedersammlungen vertrieb, z. B. »Cäcilia« in vier Stücken. Siehe dazu die »Handlungsanzeige« in: Kunzen-Reichardt, Studien für Tonkünstler [...] für das Jahr 1792, S. 103.

der jüngere Moritz – Johann Christian Konrad Moritz (1764–1828) starb in Berlin als Kammergerichtskalkulator. Der ältere Karl Philipp lebte von 1757 bis 1793.

Claudine – das Singspiel »Claudine von Villa Bella« war am 30. Mai 1795 in Weimar aufgeführt worden. G muß es bewußt vermieden haben, den Komponisten von dieser Aufführung zu unterrichten. In seinem Brief wollte R offensichtlich, daß das zu zahlende Honorar für die Partitur (derzeit im Archiv des Weimarer Nationaltheaters aufbewahrt) von G an Meyer zur Begleichung der »Rechnung« für den »Apoll« verwendet werde, siehe auch G 1 vom 15. Juni 1789.

Weihnachts und Neujahrszeit – hierzu siehe Gs Antwort im Brief G 14, 21. Dezember 1795.

Jery und Bätely – Die Komposition dieses Singspiels, die G bereits am 10.März 1791 von R erbeten hatte, erschien als Klavierauszug im 3. Band der »Musik zu Göthe's Werken« im Verlag des Autors sowie in der Neuen Berlinischen Musikhandlung. Erst am 9. Juni 1804 wurde dieses Werk im Weimarer Hoftheater aufgeführt.

G 14

21. Dezember 1795 – Goethe an Reichardt (WA 3243)
– eigenhändig –
H: Japan, Privatbesitz. – Kopie im GSA
Druck: 1842 AMZ Nr. 3
        1892 WA IV, Bd. 10, S. 350 f. (nach 1842 AMZ)
        = WA 3243
        1929 Henrici, Aukt. 157, Nr. 33 (Teildruck)
        1933 Stargardt, Kat. 343, Nr. 27

Musikhandlung – Reichardt war bis 1795 Teilhaber am »Verlag der Neu-
en Berlinischen Musikhandlung«.

Ihre trefflichen Kunstwerke – »Claudine von Villa Bella« und »Erwin und
Elmire«, deren Partitur-Abschriften die Berlinische Musikhandlung
für 16 Dukaten an das Weimarer Hoftheater geliefert hatte. Eine
Mahnung des ausstehenden Betrages hatte Reichardt verhindert, bis
er jetzt durch eine Mahnung Meyers wegen einer Zeichnung eine
Möglichkeit zur Verrechnung über Goethe sah (siehe Brief R 7).

Claudine ist aufgeführt – Über die (einzige) Aufführung der »Claudine
von Villa Bella« am 30. Mai 1795 unterrichtet Goethe erst nachträg-
lich und verhindert damit auch einen Besuch Reichardts. Daß für
diese Aufführung eine neuerliche Bearbeitung durch Goethes Schwager Christian August Vulpius (1762–1827) vorgenommen wurde, bei
der aus den Dialogversen wieder Prosa wurde, verschwieg er. Gerade
auf die Beibehaltung der Verse in den Rezitativen hatte Goethe bei
der Berliner Aufführungen 1789 noch großen Wert gelegt und Reichardt gedankt, daß er seine »Jamben vor der prosaischen Fäulniß
verwahrt« habe (siehe G 1). Die Aufführung war »äußerst miserabel
gesungen und gespielt«, aber bei »äußerst gutem Orchester« (Goethe Von Tag zu Tag III, 385).

über diese Production zweifelhaft blieb – Obschon seit Mitte Mai daran
unter Goethes Leitung geprobt wurde, war die Aufführung »im einzelnen recht schlecht gegangen; denn niemand war in der Rolle«
(Goethe zu La Trope, vgl. auch die Äußerungen von Veit an Rahel
Levin, Grumach IV, 149).

Lieder zum Roman – Drei Lieder des Harfners aus »Wilhelm Meisters
Lehrjahre«: »Was hör ich draußen vor dem Thor« (II,11), »Wer nie
sein Brot mit Thränen aß« (II,13) und »Wer sich der Einsamkeit
ergibt« (II,13). Der Verleger Unger hatte sie an Reichardt zur Komposition gegeben. An Goethe schrieb Unger am 12. 11. 1794 dazu:
»Reichard hat die 3 Lieder des Harfenisten componirt, und Kenner
versichern, sie seien schön u. passend gesetzt, wie man es auch von
ihm erwarten konnte. Er verehrt nicht allein den großen Dichter auf
das Höchste, sondern hat auch diesen Roman mit Entzücken gele-

sen, und in diesem hat er die Musik verfertigt. – Erlaubten Sie es, daß diese drei Blätter Noten zu diesem Werke beigelegt werden? Und kann ich dies auf dem Titel bemerken?« Die Vermittlung Ungers war nur zum Teil erfolgreich, denn am 29. November muß der Verleger bestätigen: »Auf Ihren Befehl werde ich die Compositionen von Reichard nicht bei dem Titel erwähnen, sondern nur neben demselben eine Nachricht für den Buchbinder beifügen, wohin sie geheftet werden sollen.« Selbst auf den Musikbeilagen wurde der Name des Komponisten nicht vermerkt, Reichardts Kompositionen mußten auf Wunsch Goethes namenlos erscheinen. Zum Lied Mignons »Kennst du das Land, wo die Zitronen blühn«, mit dem das dritte Buch beginnt, hatte wiederum Unger den Text an Reichardt geschickt. Goethe schrieb dazu in den »Tag- und Jahres-Heften« (WA 35, 47 f.): »Indem nun Unger die Fortsetzung betrieb und den zweiten Band zu beschleunigen suchte, ergab sich ein widerwärtiges Verhältniß mit Capellmeister Reichardt […] Reichardt hatte auch die Lieder zum Wilhelm Meister mit Glück zu componiren angefangen, wie denn immer noch seine Melodie zu »Kennst du das Land«, als vorzüglich bewundert wird. Unger theilte ihm die Lieder der folgenden Bände mit, und so war er von der musikalischen Seite unser Freund, von der politischen unser Widersacher« (MA, Bd. 14, S. 37). Bei den Musikbeilagen von »Kennst du das Land« (III,1) und »Nur wer die Sehnsucht kennt« (IV,12), die im 2. Band im Mai 1795 erschienen waren, hatte Unger den Namen Reichardt angegeben. Zu dem Lied »So laßt mich scheinen, bis ich werde« (VIII,2), dessen Komposition von Reichardt Goethe aus den gedruckten Exemplaren wieder entfernen ließ, vgl. Einleitung 83.

Darmstädtischen Hof – Landgraf Ludwig X., ein Bruder der Herzogin Luise von Sachsen-Weimar, und seine Familie trafen erst am 23. Januar 1796 in Weimar ein.

privat Kongreß – Goethe vermied nun jede persönliche Begegnung mit Reichardt, auch der Besuch das Darmstädter Hofes war ja nur vorgeschoben.

Ihre Angelegenheiten – Reichardt war am 28. Oktober 1794 aus dem Amt als königl. Kapellmeister in Berlin fristlos und ohne Pension entlassen worden (siehe Kommentar zu R 6, vgl. auch die Einleitung zu Goethes Briefen). Hierzu hatte er (nach vielen erfolglosen Briefen an den König und den Kronprinzen, um rehabilitiert zu werden) eine (anonym erschienene) Schrift verfaßt: »Über die Schändlichkeit der Angeberei«, Berlin, bei Johann Friedrich Unger, 1795 (40 SS.), die Goethe vom Verleger am 14. Februar 1795 zugeschickt bekam.

*Abb. 7: J. F. Reichardt: Clärchens Soldatenliedchen »Die Trommel gerührt«.
Bühnenmusik zu Goethes Trauerspiel »Egmont«, 1. Akt, um 1791*

R 8
25. Januar 1801
GSA 28/32, Druck: Hecker, S. 203

wieder eigenwillig zu nähern – R versucht nach den heftigen, gegen ihn gerichteten Beschimpfungen in den Xenien, über denen der Kontakt zu G abbrach, eine neuerliche Annäherung an den erkrankten G.

Sie wieder außer Gefahr zu wissen – G litt zu Anfang des Jahres 1801 an einem schweren Katarrh, der sich erst nach dem 15.1. besserte, siehe auch Goethes Brief vom 5. Februar 1801 (G 15).

Jery und Bätely – das Singspiel »in einem Aufzuge« wurde mit Rs Musik am 30. März 1801 am Berliner Nationaltheater uraufgeführt und dort bis 1820 30mal wiederholt. Der Klavierauszug erschien als 3. Band der »Musik zu Göthe's Werken« in Berlin »Im Verlage des Autors« (Staatsbibliothek Berlin Mus 36, GMD, Kat. No. 959).

Egmont – zu diesem Trauerspiel hatte R eine Schauspielmusik geschrieben, die vom 25.4.1796 bis 1807 im Spielplan des Weimarer Hoftheaters Verwendung fand. Bekannt und in Einzelveröffentlichungen verbreitet wurden daraus Clärchens Lieder: »Die Trommel gerühret!« und »Freudvoll und leidvoll«; siehe Abbildung 7 sowie EdM Nr. 90 und 91. In der Schillerschen Bühnenbearbeitung für Berlin vom 25. Februar 1801 wurde ebenfalls Rs Musik realisiert, der mit ihr allerdings »nicht recht zufrieden« war (Zelter an G am 27. September 1804, MA 20.1, S. 85 f.).

Königinn – Luise (1776–1810), Gemahlin Friedrich Wilhelms III. von Preußen. Ihr widmete R am 1. Mai 1809 seine Sammlung »Goethes Lieder […]«, siehe EdM 58, S. 2.

Prinzessin von Oranien – Wilhelmine, Schwägerin der Königin Luise, die sich am 1. Oktober 1791 mit dem Erbprinzen Friedrich von Oranien vermählt hatte.

einzelne Sachen – gemeint sind die Gesänge EdM Nr. 79 bis 84 und 86.

G 15
5. Februar 1801 – Goethe an Reichardt (WA 4346)
H: Konzept von Schreiberhand (Geist), Adresse: »An Herrn Kapellmeister Reichardt Berlin«, Weimar, GSA, Sig.: 28/32, Bl. 71–72.
Ausfertigung von Schreiberhand (Geist) mit eigenhändiger Unterschrift, USA-Boston/Mass. Public Library. – Sig.: Ms. c. H. 3.13.
Abschrift von Schreiberhand (zS) Weimar GSA Sig.: 68/793
Drucke: 1832 Blätter für literarische Unterhaltung Nr. 43 (nach der Abschrift)
   1894 WA IV. Bd. 15, S. 175 ff. und 342/LA (nach der Abschrift) = WA 4346

seinen Reisen – Vielleicht eine Anspielung auf Reichardts anonym erschienene Schrift »Vertraute Briefe über Frankreich auf einer Reise im Jahr 1792 geschrieben« (Berlin, Unger, 2 Teile, 1792–93), in der Reichardt seine Sympathie mit der französischen Revolution, allerdings aus einer nicht immer eindeutigen politischen Haltung, deutlich machte. Ob diese Schrift zu seiner Entlassung als Kapellmeister in Berlin beitrug, ist nicht sicher.

Grenzen des Todtenreichs – Goethe hatte Mitte Dezember 1800 einen Katarrh bekommen, der sich seit dem 3. Januar 1801 verstärkte. Zum Krampfhusten war eine Gesichtsrose mit Fieber hinzugekommen, die das linke Auge betraf und seit dem 5. Januar auch den Kehlkopf. Sein Zustand mit Fieberphantasien und Bewußtlosigkeiten war besorgniserregend (ausführlich dazu Charl. v. Stein an ihren Sohn Fritz vom 12. Januar in: Grumach V, 103; Goethe Von Tag zu Tag IV, 167 ff.; Wolfgang H. Veil: Goethe als Patient, 2. Aufl., Jena 1946, S. 27 ff.), die akute Krankheitsphase dauerte bis Mitte Januar.

Entfremdete – damit ist sicher auch Reichardt gemeint, mit dem seit fünf Jahren, seit dem Erscheinen der »Xenien«, jeder Kontakt abgebrochen war.

Hallern – Albrecht von Haller (1708–1777), Schweizer Dichter, Anatom, Physiologe, Botaniker, Arzt und Politiker, zeitlebens von einer schweren Rachitis geplagt.

Bedürfniß … nach Musik – Am 22. Januar fand bei Goethe ein Konzert statt mit Kapellmeister Johann Friedrich Kranz (1752–1810) und den Sängerinnen F. M. Maticzek (auch Matiegzeck oder Matizeck, am Weimarer Hoftheater von 1794 bis 1801, ging dann nach Hamburg, näheres nicht bekannt) und Maria Carolina Benda (1742–1820), Schwägerin von Reichardt). Das Programm ist nicht bekannt.

R 9
27. Februar 1801
GSA 28/730, Druck: Hecker, S. 204

viel Glück erlebt – R spielt vermutlich darauf an, daß er sich in der Berliner Hofoper unter lebhafter Anteilnahme des Publikums in der Rivalität mit dem amtierenden Kapellmeister Friedrich Heinrich Himmel (1765–1814) kurzzeitig zu behaupten vermochte. Sein Liederspiel »Lieb' und Treue« wurde zudem im Nationaltheater seit dem 31. März 1800 mit Erfolg aufgeführt; außerdem durfte er die Königin Luise unterweisen und mit ihr musizieren. Unter diesen glücklichen Umständen konnten zahlreiche Lieder und Deklamationen entstehen.

Ihr lieber edler Brief – siehe G 15 vom 5. Februar 1801.

Ihr Herzog – Herzog Karl August war am 8. Februar nach Berlin gereist, um dort die Erbprinzessin Maria Paulowna von Mecklenburg-Schwerin (1786–1859), Tochter des Zaren Paul I., zu treffen.

Rosmonda – diese »Tragedia lirica con Cori e Balli analoghi« wurde im Karneval am 6. Februar 1801 im kgl. Opernhaus Berlin uraufgeführt. Wiederholungen folgten am 9., 13., 16., 20. und 27. Februar 1801 sowie am 25., 29. März und 1. April 1805. »Arie scelte dell'Opera Rosmonda« erschienen in Berlin bei Heinrich Fröhlich im Klavierauszug, den R beabsichtigte an G zu schicken. Es war Rs letzte italienische Oper für das kgl. Operntheater; als Ehrengabe erhielt R vom König 300 Thaler. Das Textbuch »Rosmonda« erschien in Berlin 1801 bei Haude & Spener, eine handschriftliche Partitur befindet sich unter der Signatur Mus. Ms 18211 in der SB Berlin. Aus dieser Oper erschien in »Der Freimüthige« als Musikbeilage zur Nr. 169 vom 24. Oktober 1803 ein »Duettino«. Die »Zeitung für die elegante Welt« unterrichtete am 24. März 1801 in der Nr. 36 ihre Leser über einen besonderen Aspekt des Erfolges: die »Architektonische Malerei. Ueber die Dekorationen der Oper ›Rosmonda‹«; »Der Freimüthige« berichtete in seiner Nr. 63 vom 29. März 1805 über eine der Wiederholungen. Dazu siehe Pröpper, Bd. 1, Bonn 1965, S. 333 ff.; BMZ 1805, S. 99 f., sowie Henzel: Die italienische Hofoper, 1994, S. 41 und 46.

Herzoginn von Hildburghausen – Charlotte (1769–1818), Schwester der Königin Luise, war seit dem 3. September 1785 mit Herzog Friedrich von Sachsen-Hildburghausen verheiratet.

Freudvoll p – abgedruckt in EdM Nr. 90.

Proserpina – in die erste Fassung der »dramatischen Grille: Der Triumph der Empfindsamkeit« eingelagertes Monodrama in freien Rhythmen, aus dem R die Verse: »Laß dich genießen,/ Freundliche Frucht! […]« komponierte. Publiziert in EdM Nr. 86.

hören lassen können – R hat mehrmals im Hause Gs am Clavier gespielt und dazu (in Tenorlage) gesungen und deklamiert.

Eine meiner Töchter – Louise (1780–1826) war in Giebichenstein eine geschätzte Sängerin zur Harfe und Guitarre sowie die Komponistin von zahlreichen Liedern. R hatte im Jahre 1800 in Zerbst bei C.C. Menzel »Zwölf deutsche Lieder« publiziert, darunter einige seiner Tochter Louise. Der von vielen Besuchern in Giebichenstein bewunderte »Hauschor« bestand zeitweise aus vier Töchtern, manchmal auch nur aus den drei Töchtern Louise, Johanna und Friederike.

R 10
9. November 1801
GSA 28/34, Druck: Hecker, S. 205

Kleinigkeiten – die Beilage ist nicht erhalten.
Petrarchischen Sachen – R bekundet in seinen Schriften mehrmals seine
  Vorliebe für die »Sonetten und Canzonetten« Petrarcas, die er in der
  zweibändigen Ausgabe: »Le rime di Francesco Petrarca« (Orleans
  1786) besaß. Im 2. Stück seines »Musikalischen Kunstmagazins« von
  1782 hatte er ein »Klavierstück über eine Petrarchische Ode« (S. 65 ff.)
  publiziert, in den Heften 23 ff. der Sammlung »Le Troubadour itali-
  en, francaise et allemand« (Berlin 1806) ließ er mehrere der in diesem Brief erwähnten »Sonetten und Canzonetten« folgen. G dürfte
  diese handschriftlich erhalten haben. Dazu siehe den Katalog der
  Musikalien des GMD, S. 254 ff.

G 16
16. November 1801 – Goethe an Reichardt (WA 4436)
H: Konzept von Schreiberhand (zS) mit eigenhändigen Korrekturen,
  (Adresse: »An Herrn Kapellmstr. Reichardt nach Giebigenstein«).
  Weimar, GSA, Sig.: 23/34,420
Ausfertigung: Verbleib unbekannt.
Druck: 1894 WA IV. Bd. 15, S. 275 (nach Konzept) = WA 4436

in Jena – Goethe hielt sich vom 31. Oktober bis 10. November in Jena auf.
einzustudirenden Oper – unbekannt, offenbar Antwort auf einen verlo-
  ren gegangenen Brief Reichardts vor dem 9. November.
Blättchen – nicht erhalten.
Ihrem Besuch – Ein solcher Besuch kam nicht zu Stande. Da von einem
  Besuchszweck im Zusammenhang mit einer »einzustudirenden
  Oper« die Rede ist, liegt es nahe, an die Aufführung einer Oper von
  Reichardt in Weimar zu denken.
  Vielleicht bezieht sich dieser Brief auch bereits auf das Vorhaben,
  »Jery und Bätely« in Weimar aufzuführen, – siehe G 17.

R 11
23. November 1801
GSA 28/34, Druck: Hecker, S. 206

Ihr sehr lieber Brief – siehe G 16 vom 16. November 1801.
Zauberschloß – die »natürliche Zauberoper« in drei Akten »Das Zauberschloß« (auch »Des Teufels Lustschloß«) von August von Kotzebue

und R wurde am 2. Januar 1802 mit großer Ausstattung zur Eröffnung des neuen Opernhauses in Berlin uraufgeführt. Zu dieser Aufführung erschien im Jahr 1802 das Textbuch. Eine handschriftliche Partitur bewahrt die Bibliothek des Pariser Conservatoire National de Musique unter der Signatur Fds. Gén. 9664. Die Musik zum Aufzug der Amazonen wurde als Musikbeilage 5 zur Nr. 59 in der »Zeitung für die elegante Welt« vom 18. Mai 1802 mit dem Hinweis veröffentlicht: »Gespielt von Flöten, Querpfeifen, Triangeln, Tambourin, Chitarre und Harfe«. Siehe Neue Schauspiele von August von Kotzebue, Bd. 8, Leipzig 1801, sowie Pröpper, Bd. 1, S. 117 f. und Bd. 2, S. 150.

Brenno – das musikalische Drama mit Chören und Tänzen wurde ab 11. Januar 1802 in der überarbeiteten Fassung (mit hinzugefügtem Ballett) mit großem szenischen Aufwand fünfmal gegeben. Die Uraufführung fand im kgl. Opernhaus Berlin am 16. Oktober 1789 statt. Zum Inhalt der ersten Fassung siehe auch: »Chronic von Berlin, oder Berlinsche Merkwürdigkeiten. Volksblatt«. 93/94. Stück (Berlin 21. November 1789), S. 1441 ff. Schon im Jahr der Uraufführung kam das Libretto in Berlin bei Haude & Spener in italienischer und deutscher Sprache in den Handel. 1798 wurde für eine Konzertaufführung in Berlin das Libretto »nach italiänischer Poesie« abermals in der deutschen Fassung unter dem Titel »Brennus« bei Unger publiziert. Für die Aufführung in der Hofoper während des Karnevals kam am 11.1., 15.1., 18.1., 22.1. und 25.1.1802 nur die italienische Fassung, allerdings »abgekürzt« in Betracht. Siehe Henzel: Die italienische Hofoper, 1994, S. 56. R benutzt in diesem Brief beide Titelversionen.

Des Herkules Tod – Monodrama mit Chören nach Sophokles, am 10. April 1802 im kgl. Nationaltheater Berlin mit Iffland uraufgeführt. Vergleiche dazu den Bericht Zelters an G vom 13. April 1802, in: MA 20.1, S. 21. Das Textbuch erschien in Berlin 1802 sowie in den Nrr. 41 und 42 der BMZ 1805, siehe dort auch die Musikbeilage IV. Eine handschriftliche Partitur ist unter der Signatur Mus. Ms. 18221 in der Berliner SB erhalten. Außerdem befinden sich 24 Stimmen aus der Bibliothek des Opernhauses unter der Signatur Mus. Ms. 29185 in der Berliner SB.

mein erster Weg – R reiste erst im September 1802 nach Paris und verbrachte auf dem Weg dorthin mit seiner Tochter Louise einige Tage in Weimar.

Geisterinsel – das Singspiel (Dialog-Oper) »Die Geisterinsel« von Friedrich Wilhelm Gotter nach Shakespeares »Sturm« war am 6. Juli 1798 im kgl. Nationaltheater Berlin uraufgeführt worden und wurde dort bis 1825 55mal gegeben, u. a. am 7. März 1803 in einer Neuinszenierung. Eine Aufführung in Weimar kam nicht zustande, obwohl sich

Herzog Carl August in einem Brief aus Berlin an G dafür einsetzte, weil »wirckl. schöne Musick darinnen ist« (Briefe an G III, Nr. 1150).
Jery und Bätely – den »Clavierauszug« dieses Singspiels publizierte R als dritten Band seiner »Musik zu Göthe's Werken« im Selbstverlag (siehe auch den Kommentar zu R 8). G erbittet die Übersendung dieses Bandes (siehe Brief G 17).

G 17

1. Dezember 1801 – Goethe an Reichardt (WA 4451)
H: Konzept von Schreiberhand (sZ), Weimar, GSA, Sig.: 28/34,427.
Ausfertigung: Verbleib unbekannt
Druck: 1894 WA IV. Bd. 15, S. 293 f. (nach Konzept)
    = WA 4451

letzte Sendung – Reichardt hatte den Klavierauszug von »Jery und Bätely« geschickt, sowie möglicherweise einige Lieder.
Partitur von Jery und Bätely – Das »Singspiel in einem Akt« war schon früher (möglicherweise um 1791) von Reichardt in Musik gesetzt worden, fand aber erst am 30. März 1801 seine erste Aufführung im Berliner Nationaltheater. Goethe bat nun um eine Partiturabschrift für eine Aufführung in Weimar, die erst am 9. Juni 1804 zu Stande kam, dann aber in den folgenden Jahren häufig wiederholt wurde.
Hymnus – Hymne des Apoll aus August Wilhelm Schlegels Schauspiel »Ion«, einer freien Nachbildung der Tragödie des Euripides.
Ion – A. W. Schlegel hatte das Schauspiel »Ion« Mitte Oktober beendet und Goethe am 20. Oktober in Jena vorgelesen. Eine Aufführung in Weimar wurde sofort vorgesehen, allerdings die Autorschaft vorläufig geheim gehalten. Schlegel bat deshalb Goethe, den Text der Hymne an Reichardt zu schicken (10. November, in: A.W. u. F. Schlegel im Briefwechsel mit Goethe und Schiller, Leipzig 1926, Nr. 111). Die erste Aufführung fand bereits am 2. Januar 1802 in Weimar statt (Goethe an Schelling, 30. Dezember 1801 (WA 4458): »Auf den Sonnabend wird Ion gegeben, den man bis jetzt nicht weniger als vier Verfassern zuschreibt«). Reichardt ging von einer Verfasserschaft Goethes aus. Das Stück war bei den Zeitgenossen, insbesondere Herder, Wieland und Schiller, sehr umstritten und veranlaßte Goethe zu seinem Aufsatz »Weimarisches Hoftheater« (Jan./Febr. 1802).
Dem: Jagemann – Karoline Jagemann (1777–1848), berühmte und wegen ihrer Eskapaden berüchtigte Schauspielerin am Weimarer Hoftheater, 1809 als »offizielle« Geliebte des Herzogs Carl August mit dem Titel einer Frau von Heygendorf geadelt.

R 12
19. Dezember 1801
GSA 28/730, Druck: Hecker, S. 207

Ihrer herrlichen Hymne – G hatte in seinem Brief vom 1. Dezember 1801
bei R angefragt, ob dieser für das Weimarer Hoftheater zu dem Stück
»Ion« (Hamburg 1803) einen Hymnus komponieren möchte, den
der gleichnamige Hauptdarsteller zur Leier zu singen hat. Er hatte
das Schauspiel in fünf Aufzügen am 20.Oktober 1801 gelesen und
für das Hoftheater als »höchst willkommen« eingeschätzt. Der Hymnus »Jon singt zur Leier« (= gemeint ist Apoll im Tempel zu Delphi)
wurde als Musikbeilage Nr. 78 in der »Zeitung für die elegante Welt«
vom 30. Juni 1803 veröffentlicht; dazu siehe A.W. Schlegel, Gesam-
melte Werke, Bd. 2, Leipzig 1886; G. Reichardt, August Wilhelm
Schlegels Jon. Das Schauspiel und die Aufführungen unter der Leitung von Goethe und Iffland, Bonn 1987; A. Emmersleben, Die
Antike in der romantischen Theorie. Die Gebrüder Schlegel und die
Antike, Berlin 1937, S. 146 ff. – Die Weimarer Erstaufführung am 2.
Januar 1802 wurde zu einem Mißerfolg.

Jagemann – Henriette K(C)aroline Jagemann (1777–1848), seit ihrem
Debüt auf der Weimarer Bühne am 18. Februar 1797 überaus erfolgreiche Sängerin und Schauspielerin. Zu Karoline Jagemann siehe
auch R 17 vom 29. Mai und R 26 vom 30. September 1802.

mit der folgenden Post – siehe Brief R 13 vom 22. Dezember 1801.

Partitur von Jery und Bätely – eine Abschrift der Berliner Partitur (SB
Berlin, Mus. ms. 18203) wird im Archiv des Nationaltheaters in
Weimar aufbewahrt.

Kampfscene – in dieser Szene ringen Jery und Thomas um die Gunst
der Bätely. R hat die Szene weder um 1791 noch um 1801 komponiert. Sie fehlt auch zwischen dem Terzett Nr. 11 und der Nr.12 in
dem im Selbstverlag herausgegebenen Klavierauszug. Ob sie R für
Aufführungen in Weimar nachkomponiert und G diese mit einem
neuen Dialog umgestaltet hat, ist unbekannt.

Ein Neuling – im Jahr 1801 sang die Rolle des Jery in Berlin der Tenor
Hr. Weitzmann.

Brenno – diese Opera seria wurde in Berlin fünfmal zwischen dem 11.
und 25. Januar 1802 aufgeführt (vgl. R 11 vom 23. November 1801).

R 13
22. Dezember 1801
GSA 28/35, Druck: Hecker, S. 208

Hymne – siehe den Brief R 12. Die Aufführung des »Ion« fand am 2. Januar1802 in Weimar unter Gs Leitung statt, dazu auch der Bericht von Caroline Schlegel-Schelling in Nr. 7 der »Zeitung für die elegante Welt« vom 16. Januar 1802 sowie Briefe an Goethe III, Nr. 1425 und IV Nr. 25, 176, 200, 236, 264. Die Hymne des Apoll wurde publiziert in: R, Lieder der Liebe und der Einsamkeit, 2. Sammlung, Leipzig 1804, S. 47 ff.
Faksimiliert findet sich dieser Brief in: Salmen, nach S. 176.

R 14
22. April 1802
GSA 28/36, Druck: Hecker, S. 209

am gelegensten komme – G antwortete von Jena aus am 3. Mai, dieser Brief ist nicht erhalten. Er notierte in sein Tagebuch: »Hrn. Kapellmeister Reichardt, wegen seines Kommens nach Weimar« [geschrieben].

R 15
14. Mai 1802
GSA 28/36, Druck: Hecker, S. 209

Anmeldung – diese begeisterte Antwort Rs bezieht sich auf den nicht erhaltenen Brief Gs vom 3. Mai 1802. Er muß darin angekündigt haben, daß er wegen des zu erneuernden Theatergebäudes nach Bad Lauchstädt fahren würde. Halle und Giebichenstein wolle er bei der Gelegenheit auch besuchen.
Rothe – Karl Gottlob Rothe war Justizamtmann in Bad Lauchstädt, bei dessen Bruder, einem Advokaten, hatte G Quartier genommen.

R 16
20. Mai 1802
GSA 28/36, Druck: Hecker, S. 210

in unsrer Nähe – G traf am 19. Mai 1802 in Bad Lauchstädt ein, um sich um den »Bau vom Comödienhaus« zu kümmern; am Sonnabend, den 22. Mai fuhr er früh zu R nach Giebichenstein, wo er bis zum 24.

Mai blieb. G muß gern in Giebichenstein gewohnt haben, auch weil ihn Rs Töchter mit ihrem Gesang zum Pianoforte, zur Gitarre oder Harfe anzogen. Von Lauchstädt aus fuhr er, begleitet von R, am 27. Mai nach Weimar zurück; dazu siehe Grumach, Bd. V, S. 268.

Passendorf – heute gibt es in Halle entlang der Saale noch den Passendorferweg.

R 17
29. Mai 1802
GSA 28/36), Druck: Hecker, S. 210

Jageman – Karoline Jagemann (siehe G 17).
Concert – gemeint ist ein Sonntagskonzert in Gs Haus, in dem der aus Kassel angereiste Violinist J. C. Schmiedecke musizierte. Zu diesen »musikalischen Unterhaltungen« hatte G im Winter in sein Haus eingeladen. Carl Eberwein berichtet darüber in seinen Erinnerungen. Siehe Wilhelm Bode: Goethes Schauspieler und Musiker, Erinnerungen von Eberwein und Lobe, Berlin 1912, S. 79 f. Auch Gabriele Busch-Salmen, Walter Salmen und Christoph Michel: Der Weimarer Musenhof, Kap. V, Singen in Schule, Kirche und Haus, S. 75 ff.
Spazierfahrt – am 27. Mai von Giebichenstein mit G nach Weimar, dazu siehe Briefe an G, IV, Nr. 244. Dieser Brief wurde aus Weimar am 29. Mai 1802 an G abgesandt.

R 18
2. Juni 1802 (erster Brief)
GSA 28/36, Druck: Hecker, S. 210

lezten Morgenstunden – am 2.Juni früh um 3 Uhr reiste R von Weimar ab.
Gaudeamus – gemeint ist das im Versmaß des Archipoeta Walther gedichtete Tischlied: »Mich ergreift ich weiß nicht wie«, abgedruckt in: EdM 58, Nr. 30.
Rattenfänger – von R nicht in Musik gesetzt.

R 19
2. Juni 1802 (zweiter Brief)
GSA 28/36, Druck: Hecker, S. 211

das weimarsche Fuhrwerk – am 2. Juni 1802 um 3 Uhr früh war R aus Weimar abgefahren, noch am selben Abend meldet er G seine Ankunft in Giebichenstein, siehe R 18.

Grosmutter – Frau Alberti aus Hamburg mit einer der Stieftöchter Rs.

lieben Hamburger – vermutlich der Maler Christian Friedrich Heinrich Waagen, der die Schwägerin Rs Johanna Luise Alberti geheiratet hatte, mit Frau und Sohn.

Kriegsrath Alberti – Karl Friedrich Alberti, zuletzt Geheimer Oberfinanzrat in Berlin, war Rs Schwager. Da dieser Rs Nichte Minna Hensler, die älteste Tochter seiner Schwester (= Rs Stieftochter), geheiratet hatte, war er zugleich Schwager und Schwiegersohn.

Herrn von Retheln – Carl Friedrich von Redtel (1779–1846), Sohn eines geadelten Breslauer Regierungsrates. Von 1797 bis 1800 war er als stud. jur. an der Universität Halle immatrikuliert. Im Juli 1801 war er Rs Gast in Giebichenstein. An Achim von Arnim schrieb er am 26. Juli: »[…] dem alten R. haben wir seine Liederspiele corrigiren helfen […]« (in: Ludwig Achim von Arnim: Werke und Briefwechsel, Bd. 30, Tübingen 2000, S. 172). Im Jahr 1802 amtierte Redtel als Referendar an der Großkurmärkischen Kriegs- und Domänenkammer in Berlin. Sein an R gerichteter Brief vom 8. Juni 1802, den G bei seinem nächsten Aufenthalt in Bad Lauchstädt erhalten soll, wird im GSA 28/36 aufbewahrt und hat folgenden Wortlaut:

»Berlin, den 8ten Juni [180]2.

Heute früh habe ich schon einige Zeilen geschrieben, die ein Doctor Kohlrausch Ihnen überbringen wird. Da indeß die Post die Briefe schneller zu befördern pflegt als solche Reisende, so wähle ich itzt lieber die Post. Sie wünschen Nachricht über die Aufführung des Jon zu haben, und es freut mich in dieser Hinsicht doppelt, daß ich die beiden Male, daß er hier nun gegeben worden, nicht versäumt habe. – Die Vorstellung des Jon auf der hiesigen Bühne war unstreitig die beste, die seit Anfang des letzten Winters gegeben worden ist. Die Decoration war eben die, welche man in Weimar gewählt hatte und war hier von dem Architekt Genelli gemahlt worden. Die Costums waren von den im Modenjournale abgebildeten im Ganzen nicht verschieden, nur daß man der Meyer [Johanna Henriette Rosine Schüler – Eunicke – Meyer – Hendel – Schütz (1770–1848), Sängerin und Deklamatorin] als Creusa ein sehr dunkles Obergewand nicht hatte ausreden können, in welchem sie gewöhnlich die Merope spielt, welches aber hier, wo sie alle Größe und Fülle ihrer Figur ausbreiten sollte, und wo alles festlich geschmückt war, von nachteiliger Wirkung sein mußte. Iffland gab als Xuthus vielleicht ein noch schöneres Bild ab als im Hercules [= Des Hercules Tod, ein Monodrama mit Chören von R, Berlin 1802], weil, so sehr ihm dieser auch gelungen sein mag, jene Rolle, indem sie ganz eigentlich in der Mitte seiner Kunstsphäre liegt, ihm gesicherter ist und der Ausdruck der ruhenden, sich in sich selbst spiegelnden Kraft, wie ihn dieser hohe festliche König gewährt, immer der seyn wird, auf welchen wirIfflands Kunst am liebsten verwandt sehen, die überdem, mehr plastisch wie pittoresk besser die Gestalt als die Farbe der Leidenschaft giebt. Von den beyden prächtigen Erzählungen, die er spricht, im 1ten und 3ten Akt (von dem Oracel, was er sich in der Höhle des Trophonius [= Antonio Salieri: »La Grotta di Trophonio«] geholt, und von dem Feste, welches durch Creusas Anschlag auf Jons Leben gestört wird), kann man ohne Übertreibung sagen, daß sie aus seinem Munde mit ihrer Fülle berauschen. Iffland hat immer große Kunst im Erzählen beseßen; aber da fast alle moderne Erzählungen blos Spannungen der Erwartung sind, so bestand die Kunst des Erzählens auch nur in den Andeutungen der Auflösung, in den Übergängen; der Triumpf desselben war erst in dem letzten Augenblick erreicht, und seine eigentliche darstellende Kunst fand theils in der Erzählung keinen Raum, theils auch keinen in dem Gemüthe des Hörers, welches durch des Erzählers Kunst zusammengepreßt sich in Verlangen nach der Auflösung ausdehnte; die Empfindung der Erweiterung unsers Innern aber diese herrlich ausgebreitete Gegenwart in jenen Erzählungen im antiken Geist, ist über alles wohlthätig. – Die Unzelmann erschien verklärt in Gestalt und Wesen; sie hat bis itzt vielleicht keine klarere, reinere Rolle gehabt, und sie ist wohl nie klarer, lieblicher und zierlicher erschienen. Wer etwa noch bedauern mochte, daß der Jon in Schl[egels] Schauspiel nicht der wackere derbe Jon des Euripides ist, vergißt alle ähnliche Forderungen über der herrlichen Erscheinung, die aus des Dichters und der Künstlerin vereintem Bemühn hervorgegangen ist und die keiner Zeit und keiner Nation angehörend nur um so magischer wirkt. Diese süße Verschmelzung des Geschlechts und des Alters in diesen rein antiken Formen, von denen sie die herrlichste Folge während der Unterredung der Creusa mit der Pythia im 1ten Akte dem Auge darbietet, gibt eine Vereinigung von Wirklichkeit und Schein der nicht reitzender seyn kann. Man begreift, was uns Modernen so schwer geworden ist zu begreifen, wie jede Leidenschaft den Alten göttlich erschien, wenn man den Zorn gesehn, der den Jon (im 3ten Akt) zur Verfolgung seiner Mutter treibt, wenn man die Trochäen gehört, in denen sich die Rachsucht des zum erstenmale von der Feindlichkeit der Welt berührten Gemüths aushaucht. Daß solche Gebete wie das des Jon zum Apollo die Götter herabziehe ist kein Wunder. – Die Meyer genügte in der ersten Vorstellung wenig; sie gab gute Bilder und gab in Ruhe den Charakter bestimmt und besonnen, aber der Monolog am Altar (im 4ten Akt) wurde durch große Heiserkeit und ungelenke Behandlung der Verse sehr zerrißen; sie war in der 2ten Vorstellung ihres Organs mehr Meister und überhaupt viel sicherer. Die Pythia hätte vor erst den Dreifuß verlassen

sollen, denn die Bewegungen und Gebehrden mißlangen ihr mehr
wie das Sprechen; doch war sie durchaus nicht störend. Böheim der
den Phorbas übernommen, war der große Flecken, der die Vorstellung verunstaltete; er war schlecht wie man keinen Begriff davon
hat; er war, was er von je an nur gewesen: ein Ifflandscher Hofrath.
Mattausch machte als Apollo eine imponierende Erscheinung, aber,
ob er gleich die Verse so gut sprach, wie er nie welche gesprochen, so
verunreinigte doch sein Organ die herrlichen Worte gar sehr. Die
Gruppe der Betenden am Schluß war studiert und recht wacker aus-
geführt. Es läßt sich nichts mehr bedauern, als daß diese Vorstellung
uns auf lange, vielleicht auf immer entzogen ist. Sie wissen wahrscheinlich schon, daß H[err] Meyer Bedenken trägt, so indecente
Reden, wie im Jon enthalten sein sollen, ferner aus dem Munde
seiner Frau hervorgehn zu laßen; ein großer Theil des Publicums
stimmt ihm bey, und da das Stück für langweilig gilt, so ist es ein
gefundner Handel, es obenein als unsittlich der Vergessenheit über-
liefern zu können. Iffland ist itzt verreiset, alle Bemühungen sind
also für itzt fruchtlos; ich bitte Sie recht dringend bey allem Einfluß, den Sie auf Iffland haben, ihn zu bewegen, daß er der Meyer
den Eigensinn bricht, denn es droht überhaupt dem Theater bei
solcher Widerspenstigkeit, wie itzt mehrere Aktrizen bezeigt haben,
Gefahr, oder möglichst gut auf andre Weise die Rolle besetzt (nur
nicht durch die Eigensatz, höchstens durch die Fleck oder Schick)
und uns das Beste, was er uns geben kann, nicht entzieht. – Die
Anzeige in den Zeitungen werde ich besorgen; ich wünschte sie selbst
benutzen zu können.   Ihr Redteln.«

Frühlingslied – gemeint ist »Frühzeitiger Frühling«: »Tage der Wonne,/
Kommt ihr so bald [...]« (WA I,1, S. 81), siehe EdM Nr. 24. In der
bevorzugten Fassung zum Singen im Freien mit Gitarrenbegleitung
wurde es erstmals in der von G angeregten und unterstützten Ausgabe von Wilhelm Ehlers: »Gesänge mit Begleitung der Chittarra«
gedruckt, die als Ergänzung zum »Taschenbuch auf das Jahr 1804«
bei J. G. Cotta in Tübingen erschien.

R 20
22. Juni 1802
GSA 28/36, Druck: Hecker, S. 213

willkommen in unsrer Nähe – G war begleitet von Christiane Vulpius,
Sohn August und Johann Heinrich Meyer am 21. Juni 1806 nach
Bad Lauchstädt abgereist, um am 26. Juni an der feierlichen Eröff-
nung des neuen Theaters teilzunehmen.

dreistimmigen Gesang – Zur Eröffnung schrieb G das Vorspiel: »Der Anfang ist in allen Sachen schwer«. Im 10. Auftritt singen drei »symbolische Damen« (Nymphe, Phone und Pathos) das Lied: »Warum doch erschallen/ Himmelwärts die Lieder«. R komponierte es zunächst für zwei Stimmen, dann »Für drei weibliche Stimmen« und publizierte es erstmals als Musikblatt Nr. 8 in der »Zeitung für die elegante Welt« 102 vom 26. August 1802, auch Sp. 820 (in: EdM Nr. 89). Nach der Vorstellung trafen sich G und R »im Salon in Gesellschaft«.
Donnerstag oder Freitag – 24. oder 25. Juni. Begegnungen Gs mit R gab es laut Tagebuch des Dichters in Lauchstädt zudem am 1.und 2. Juli 1802.

R 21
23. Juni 1802
GSA 28/36), Druck: Hecker, S. 213

Geburtsschmerzen – Johanna R gebar am 27. Juni 1802 ihren Sohn Friedrich.
dreistimmigen Gesang – gemeint ist der im Brief R 20 vom 22. Juni 1802 genannte Prolog, (in: EdM 58, Nr. 89) in der Fassung mit Fortepiano oder Harfe; andere Instrumentalpartien sind nicht erhalten. Bekannt ist jedoch, daß bei der Eröffnung des Theaters auch »einige Blasinstrumente« eingesetzt wurden.
Ihren lieben kleinen Reisegefährten – gemeint ist Gs 1789 geborener, erst im Jahr 1802 legitimierter Sohn August.

R 22
16. Juli 1802
GSA 28/37, Druck: Hecker, S. 214

Wolf – G fuhr am 9. Juli nach Halle, am 1. und 2. Juli hatte man sich in Bad Lauchstädt getroffen und Gs Übersetzung des Trauerspiels von Voltaire »Tancred« gemeinsam gesehen (WA III 3, 59). Dort traf er den Professor der Philologie Friedrich August Wolf (1759–1824). Am 17.Juli fuhr G mit Sohn August im Wagen nach Giebichenstein, wo er mit Abstechern nach Langenbogen sowie in den Amtsgarten bis zum 20. Juli 14^{00} h blieb; dazu siehe Grumach, V, 1985, S. 275 und 288. Für R war der Besuch Gs, wie wir aus einem Brief an Elisabeth v. Stägemann vom 22. August wissen: »reich, wunderhaltig«. Zur Situation in Lauchstädt siehe »Journal des Luxus und der Moden« 1797, S. 248 ff.

R 23
22. Juli 1802
GSA 28/37, Druck: Hecker, S. 214

Vorspiel – siehe den Brief R 20 vom 22. Juni 1802. »Was wir bringen.
Vorspiel, bey Eröffnung des neuen Schauspielhauses zu Lauchstädt.
Von Göthe, Tübingen 1802, Cotta«. Goethe schrieb dazu am 31.
August 1802 an Zelter: »Das Vorspiel, das ich zu der Eröffnung des
Lauchstädter Theaters gemacht habe, werden Sie bald gedruckt sehen. Anfangs hatte ich keine Neigung es heraus zu geben, weil
alles auf die Gelegenheit, den Moment, die Individualität des Per-
sonals, die Gewalt der Musik und der übrigen sinnlichen Darstellung berechnet war, nun mag denn aber was auf dem Papiere stehen geblieben ist, auch in die Welt gehen und wirken so gut es
kann.« (MA 20. Januar, S. 23).
Manuscript – unbekannt. R komponierte 1802 einen Chor zu: »Die
Hussiten vor Naumburg« von August von Kotzebue.

R 24
29. Juli 1802
GSA 28/37, Druck: Hecker, S. 215

lange in Lauchstädt – G hielt sich dort bis zum 25. Juli auf.
Mahomed – G übersetzte 1797 das Drama über den Religionsstifter
Mohammed: »Mahomet« von Voltaire und brachte es am 30. Januar
1800 in Weimar und am 24. Juli 1802 in Bad Lauchstädt zur Aufführung. Die Übersetzung fand eine zwiespältige Aufnahme.
Herr Hartman – Ferdinand August Hartmann (1774–1842), Historien-
und Porträtmaler.
Erfuhrt – infolge des Friedens von Lunéville ging Erfurt mit dem Eichs-
feld aus kurmainzischem Besitz in das Territorium Preußens über.
Graf Wartensleben – Leopold Alexander Graf von Wartensleben (1745–
1822), preußischer Generalleutnant, nahm am 21. August 1802 Erfurt für Preußen in Besitz.
Augustischen Wege – ein Weg in Rs Garten, auf dem Gs Sohn August
Beerenobst aß.
4ter Theil Musik – nicht erschienen.
Herr Ehlers – Johann Wilhelm Ehlers (1774–1845), ein von G hoch
geschätzter Sängerschauspieler, Gitarrist und späterer Regisseur, der
von 1801 bis 1805 zum Weimarer Ensemble gehörte. Dazu siehe
Gabriele Busch-Salmen: »Er war unermüdet im Studiren des eigentlichen Ausdrucks«. Goethes Zusammenarbeit mit dem Hofsänger
Johann Wilhelm Ehlers, in: Goethe-Jahrbuch 2000, S. 126 ff.

Partitur- die handschriftliche Partitur von »Jery und Bätely« ist erhalten im Archiv des Nationaltheaters Weimar.

Iffland – August Wilhelm Iffland (1749–1814), Schauspieler, Theaterleiter und Bühnenautor, kam 1779 an das Mannheimer Nationaltheater und wurde 1796 Direktor des Berliner Nationaltheaters. G wollte ihn nach seinem ersten Weimarer Gastspiel im Jahr 1796 dorthin verpflichten, was nicht gelang. Auch das Angebot von 1804, die Leitung des Mannheimer Nationaltheaters zu übernehmen, schlug Iffland aus; dazu A. Pichler: Chronik des Großherzoglichen Hof- und Nationaltheaters, Mannheim 1879, S. 187.

R 25
5. August 1802
GSA 28/37, Druck: Hecker, S. 217

Zum politischen Inhalt dieses Briefes siehe auch R 24 vom 29. Juli 1802.

R 26
30. September 1802
GSA 28/38, Druck: Hecker, S. 217

Urlaub – als Salinendirektor benötigte R den Urlaub, um erneut in Paris zu versuchen, seine Opern auf die Bühne zu bringen, was mißlang. Er fuhr im Oktober ab und blieb dort bis zum April 1803.
Jery und Bätely – das Singspiel wurde am 30. März 1801 unter Ifflands Leitung in Berlin uraufgeführt, die »Gesänge aus dem Singspiel« in 500 Exemplaren gedruckt, 16 davon befanden sich 1814 im Nachlaß des Autors; die erbetene Erstaufführung im Hoftheater Weimar wurde erst am 25. Juli 1804 realisiert. Über das »Neumachen« von Gesängen für die Hofsängerin Karoline Jagemann ist nichts bekannt.
Wink – Gs Antwort liegt nicht vor.
ein paar Tage in Ihrer Nähe – G notierte am 23. Oktober in sein Tagebuch: »Früh von Jena ab. Mittag Kapellmeister Reichardt.«

R 27
Undatiert. 22. April 1803
GSA 28/40, Druck: Hecker, S. 218

Dieser Brief wurde am 22.4.1803 geschrieben.
nach Hause treibt – R hatte im Oktober 1802 seine letzte, enttäuschende Reise nach Frankreich angetreten und war beim Hinweg in Wei-

mar u. a. mit G zusammengetroffen. Auch seinen Rückweg nahm R über Weimar; dort traf er G allerdings nicht an, da sich dieser seit dem 17.April 1803 in Jena aufhielt. Er schrieb diesen Brief in Weimar, bevor er nach Giebichenstein weiterreiste.

R 28
4. Mai 1803
GSA 28/40, Druck: Hecker, S. 218

Lauchstädt – G war am 3. Mai 1803 in Bad Lauchstädt eingetroffen.
nicht zu vergessen – G fuhr von dort am 5. Mai 1803 nach Giebichenstein, wo er bis zum 9.5. blieb.
nach Leipzig – der Plan, zur Messe nach Leipzig zu fahren, wurde am 9. Mai aufgegeben zugunsten einer Rückfahrt nach Bad Lauchstädt sowie der Rückkehr nach Weimar am 11. Mai.

R 29
30. Mai 1803
GSA 28/40, Druck: Hecker, S. 219

Ihr Geist – Johann Ludwig Geist (1776–1854) war von 1795 bis 1804 Gs Diener, Reisebegleiter und Schreiber.
Notturnos – das Lied: »Tu sei quel dolce fuoco, L'anima mia sei Tu!« übersetzte er und versah es mit dem Titel »Nachtgesang« (»O gib vom weichen Pfühle«), abgedruckt in EdM Nr. 39. Auch Zelter setzte »das italienische Gedicht« in Musik und schickte die Komposition am 29. Juli 1804 an G (siehe MA 20.1, S. 76). R druckte seine Vertonung als Nr. 1 in den »6 Canzonette con accompagnato de pianoforte o arpa« 1803 sowie 1804 in Wilhelm Ehlers: »Gesänge mit Begleitung der Chitarra«, die von R auf Bitten Gs kritisch durchgesehen wurden.
Lieder=Allmanach – der Tübinger Verleger Cotta wünschte sich von G einen »Lieder=Almanach«. Publiziert wurde ein von Christoph Martin Wieland und G herausgegebenes: »Taschenbuch auf das Jahr 1804«, das im Oktober 1803 erschien und als Beilage die bereits genannte Ausgabe von Wilhelm Ehlers erhielt: »Gesänge mit Begleitung der Chitarra [...] Der Geselligkeit gewidmete Lieder von Goethe«.
Zelter – Zelter war damals nicht in Weimar, am 14. Mai hatte jedoch dessen Stiefsohn Karl Floericke auf der Wanderschaft bei G vorgesprochen.

R 30
23. Juni 1803
GSA 28/40, Druck: Hecker, S. 219

Sömmerings Antwort – Samuel Thomas von Sömmering (1733–1830), Anatom und Physiologe, war bis zur Aufhebung der Universität Mainz im Jahr 1797 dort Professor der Anatomie. Seit 1792 praktizierte er als Arzt in Frankfurt a. M. In Halle wurde im Jahr 1803 der Lehrstuhl für Anatomie vakant und R regte Sömmering an, sich um die Nachfolge zu bewerben. In seinem Briefwechsel mit R teilt Sömmering seine finanziellen Forderungen mit, an denen seine Berufung scheiterte, für die sich auch G eingesetzt hatte, der ihm u. a. wesentliche Ratschläge zu seiner Farbenlehre verdankt. (Die Position wurde 1803 mit Justus Christian Loder besetzt, siehe R 31). Dazu siehe die Briefe No. 863 bis 865 sowie No. 867, in: Samuel Thomas Soemmering, Briefwechsel November 1792 – April 1805, hrsg. von Franz Dumont, Basel 2001 (= S. Th. Soemmering, Werke Bd. 20).

Dr. Ebell – Johann Gottfried Ebel (1738–1804), hatte 1792–1796 als Arzt in Frankfurt a.M. praktiziert, dann bis 1801 diese Reichsstadt in Paris vertreten.

in Lauchstädt – R traf Christiane Vulpius in Lauchstädt, die seit dem 12. Juni zur Kur dort war. Die Aufführung der »Maria Stuart« fand am 20. Juni statt.

Baldinger – Ernst Gottfried Baldinger (1738–1804) war seit 1785 Professor der Medizin in Marburg.

Mayerschen Tafeln – vgl. Johann Christian Andreas Mayer: Anatomische Kupfertafeln zur Erläuterung des Nervensystems, nebst den dazu gehörigen Erklärungen, 1. u. 2. Heft, Berlin 1794.

Ihre Ankunft in Lauchstaedt – G fuhr nicht dorthin.

R 31
27. Juni 1804
GSA 28/44, Druck: Hecker, S. 221

Froriep – Ludwig Friedrich v. Froriep (1779–1847), Privatdozent und Professor der Medizin in Jena, 1804 nach Halle berufen. Er war der Schwiegersohn von F. J. Bertuch, dessen Industriekonzern er nach 1822 leitete.

ganz sicher in Weimar finde – G war bis zum 7. Juli in Jena. Die geplante Reise Rs nach Weimar unterblieb.

Loder – gemeint ist die zweite Frau des Jenaer Anatomen Justus Christian Loder (1753–1832), die in Giebichenstein zu Gast war. Ende

April 1803 hatte Loder anstelle Soemmerings den Ruf nach Halle angenommen (siehe R 30).

R 32
25. September 1804
GSA 28/45, Druck: Hecker, S. 221

dritten Band meiner Briefe – der »Dritte Theil« von Rs: »Vertraute Briefe aus Paris geschrieben in den Jahren 1802 und 1803« erschien 1804 in Hamburg bei B. G. Hoffmann, in zweiter verbesserter Auflage im Jahr 1805, in holländischer Übersetzung in Amsterdam 1804–05. Eine schwedische Übersetzung erschien in Stockholm 1804/05, eine spätere französische in Paris 1896. Die gekürzte deutsche Neuauflage kam in Berlin 1981 heraus. In der »Jenaischen Allgemeinen Literaturzeitung« Nr. 74 vom 27. März 1804, Sp. 500/91 hatte G »eine kurze Anzeige« aufgesetzt.

Vieweg – Hans Friedrich Vieweg (1761–1835), Berliner Buchhändler und Verleger.

Anzeige – R war von G seit der Begründung der Jenaischen Allgemeinen Literaturzeitung als Rezensionsblatt im Jahr 1804 zur Mitarbeit eingeladen worden und lieferte umgehend eine ausführliche Anzeige der 1804 anonym von Kaspar Heinrich Freiherrn von Sierstorpff erschienenen: »Bemerkungen auf einer Reise durch die Niederlande nach Paris im eilften Jahre der großen Republik« sowie die ebenfalls 1804 publizierten: »Erinnerungen aus Paris im Jahre 1804« von August von Kotzebue (Nr. 243 und 244 vom 10. und 11. Oktober 1804).

die Sie hier sahen – G sah die oben genannten Buchanzeigen während seines Aufenthaltes in Bad Lauchstädt im August 1804, dazu Grumach, V, 1985, S. 515.

Steffens – Henrich Steffens (1773–1845), norwegischer Philosoph und Naturforscher, hatte 1804 einen Ruf nach Halle als Professor der Naturphilosophie, Physiologie und Mineralogie angenommen. Am 4. September 1803 heiratete er Rs Tochter Johanna. Über seine Aufenthalte in Weimar und Giebichenstein berichtet er ausführlich im 6. Band seiner Autobiographie: »Was ich erlebte: aus der Erinnerung niedergeschrieben«, die in Breslau von 1840 bis 1844 in 10 Bänden erschien (stark gekürzte Teilausgabe hrsg. von Willi A. Koch, München 1956).

Recension – G hatte Steffens am 7. Oktober 1803 gebeten, eine Rezension der physikalischen Schriften von Schelling zu schreiben. Diese erschien fragmentarisch in den Nrn. 101 und 137 der »Jenaischen Allgemeinen Literaturzeitung« vom 1. Mai und 10. Juni 1805.

R 33
17. November 1804
GSA 28/46, Druck: Hecker, S. 222

das Biestersche Exemplar – Johann Erich Biester (1749–1816), Bibliothekar in Berlin, gab die »Berlinische Monatsschrift« (1783–1796) sowie die »Neue Berlinische Monatsschrift« (1799–1811) heraus. Aus Berlin sandte er am 16. November 1804 die von ihm offenkundig kritisch kommentierte Ausgabe von Winckelmanns Briefen an R (siehe Beilage zu diesem Brief und Briefe an G IV, Nr. 1739).

Winkelmans Briefen – folgende Briefausgabe des Archäologen und Theoretikers des europäischen Klassizismus, Johann Joachim Winckelmann (1717–1768), war an R gegangen: »Briefe an Einen seiner vertrautesten Freunde in den Jahren 1756–68« (Berlin und Stettin 1781). R stellte sie G mit der Bitte um Rücksendung zur Verfügung. Sie war für G von besonderer Bedeutung, weil er dabei war, seine programmatische Prosaschrift: »Winkelmann und sein Jahrhundert. In Briefen und Aufsätzen« fertigzustellen, an der er mit seinen Kunstfreunden Friedrich August Wolf aus Halle, Johann Heinrich Meyer aus Weimar und Carl Ludwig Fernow aus Jena, zum Zeitpunkt dieses Briefes Bibliothekar in Weimar, seit 1799 gearbeitet hatte. Sie erschien 1805 bei der »J. G. Cotta'schen Buchhandlung« in Tübingen als Gemeinschaftswerk, mit dem der Grund gelegt wurde für die in den Jahren 1808 bis 1820 in Dresden erschienene Gesamtausgabe: »Winkelmann's Werke«, an der G ebenfalls regen Anteil nahm. R besaß diese Publikation ebenso wie »J. Winkelmanns Briefe an einen seiner vertrautesten Freunde« in zwei Teilen, Berlin 1781/82 sowie »J. Winkelmanns Briefe an Hn. H.«, Leipzig 1776 (= Nachlaß-Verzeichnis No. 351–353, 444).

Rosmonda – die 1801 uraufgeführte Oper war besetzt mit den Sängern: Fischer, Fantozzi, Tombolini, Franz und Gasperini.

Struensee – Karl August von Struensee, seit 1791 Minister in Preußen, starb am 17. Oktober 1804.

Ihren dortigen Festen – am 9. November 1804 hatte der Erbherzog Karl Friedrich mit seiner Gemahlin, der Zarentochter Maria Paulowna, in Weimar feierlich Einzug gehalten.

Oels – Friedrich August Herzog von Braunschweig – Lüneburg – Oels (1740–1805), preußischer General, jüngerer, literaturbeflissener Bruder Herzogin Anna Amalias.

Claudine – das Singspiel in drei Akten (2. Fassung) »Claudine von Villa Bella« wurde nach 1795 in Weimar nicht mehr aufgeführt.

Raub des englischen Gesandten – in der Nacht des 25. Oktober 1804 wurde der englische Geschäftsträger Sir George Berriman Rumbold (1764–1807) gewaltsam von Söldnern Napoleons aus dem Hamburger Gebiet entführt. Er mußte jedoch auf Preußens Einspruch hin freigegeben werden.

Taleyrands Erklärung – Charles Maurice de Talleyrand (1754–1838), französischer Politiker, war von 1797 bis 1807 Außenminister des Direktoriums und Napoleons I., dessen Eroberungspolitik er einzudämmen strebte, ohne freilich auf den Ausbau der Großmachtgelüste Frankreichs zu verzichten.

Rüchel – Ernst Philipp von Rüchel (1754–1823), preußischer General.

Niederkunft – am 13. Dezember 1804 gebar Königin Luise ihr 8. Kind, den Prinzen Ferdinand (gest. 1. April 1806).

Herr v. Stein – Reichsfreiherr Heinrich Friedrich Karl vom und zum Stein (1757–1831) wurde am 27. Oktober 1804 mit der Verwaltung der Accise-, Zoll-, Commercial- und Fabrikendepartements betreut.

Schuckmans – Kaspar Friedrich Freiherr von Schuckmann (1752–1834), Jurist, war ein Freund und Briefpartner Rs.

Rhedens Freund – Friedrich Wilhelm Graf von Reden (1752–1815) war seit 1804 Wirklicher Geheimer Staatsminister in Preußen.

Fincke – Ludwig Freiherr von Vincke (1774–1844) erhielt im Oktober 1804 das durch des Freiherrn v. Steins Ernennung zum Minister frei gewordene Kammerpräsidium im westfälischen Münster und Hamm.

Herzog von Braunschweig – gemeint ist der Bruder Herzogin Anna Amalias, Herzog Carl Wilhelm Ferdinand (1735–1806), der als Preußischer Oberbefehlshaber bei Auerstedt tödlich verwundet wurde.

R 34
5. Januar 1805
GSA 28/47, Druck: Hecker, S. 224

Winkelmans Briefen – am 17. November 1804 hatte G von R aus Berlin »zwei Theile von Winckelmanns Briefwechsel« zugeschickt bekommen (siehe die Beilage und den Brief R 33 vom 17. November) und sie bereits zurückgesandt. (Zur Bedeutung dieser Ausgabe für G siehe den Kommentar R 33)

einer neuen musikalischen Zeitung – R gab 1805/06 zwei Jahrgänge der in Berlin und Oranienburg erscheinenden »Berlinischen Musikalischen Zeitung« (BMZ) heraus, Reprint Hildesheim 1969. Er erbittet von G autorisierte Beiträge über das Theater- und Musikleben in Weimar.

neue Fürstinn – Großfürstin Maria Paulowna (1786–1859), Enkelin Katharinas der Großen, die seit 1804 mit dem Erbherzog Karl Friedrich von Sachsen-Weimar vermählt war. Sie hatte sich als von allen bewunderte Beförderin der Künste in Weimar eingeführt.

R 35
8. April 1805
GSA 28/730, Druck: Hecker, S. 225

langersehnter Brief – vom 3. April 1805, nicht erhaltene Briefsendung, mit der G die Winckelmannsche Briefausgabe zurücksandte.

Herzensangst über Sie – G litt im Februar 1805 bis in den April hinein an Nierenkoliken.

send' ich Ihnen – R sandte G folgende Publikationen aus seinen in Giebichenstein vorhandenen Beständen für dessen Ausarbeitung sowohl der »Anmerkungen« zu Denis Diderots Dialog »Rameaus Neffe« (1805) als auch zur Information zum in der 2. Hälfte der 1770er Jahre heftig ausgetragenen musikästhetischen Streit zwischen Willibald Gluck und Niccolò Piccini:
Jean-Benjamin Laborde: Essai sur la musique ancienne et moderne, 4 Bde., Paris 1780;
Ernst Ludwig Gerber: Historisch-Biographisches Lexikon der Tonkünstler, 2 Teile, Leipzig 1790 und 1792;
Musikalisches Wochenblatt auf das Jahr 1791, hg. von Reichardt und F. L. Aemilius Kunzen, Berlin 1791;
Musikalische Monatsschrift für das Jahr 1792, hg. von Reichardt und F. L. Aemilius Kunzen, Berlin 1792;
Musikalisches Kunstmagazin, »die letzten Stücke« erschienen im Verlage des Autors 1791, besonders S. 41;
Berlinische Musikalische Zeitung, hg. von Reichardt, 2. Jg., Berlin 1805 und 1806, darin Bd. 1, S. 109 ff.: »Etwas über Glucks Iphigenie in Tauris und dessen Armide« und II, S. 57 ff.;
Jean-Baptiste-Antoine Suard: Mélanges de Littérature, 5 Bde., Paris 1803–1805 (R lernte Suard 1792 in Paris kennen); hierzu siehe auch Gs Brief an Zelter vom 19.6.1805 in MA 20.1, S. 102.

Anonyme de Vaugirard – Suard hielt sich als Ankläger des Königs während der Schreckensherrschaft im Dorf Vaugirard an der Seine verborgen.

Marmontel – Jean François Marmontel, Essai sur les révolutions de la musique en France, Paris 1777, R lernte den Autor 1792 in Paris kennen; Marmontel war indessen nicht Gluckist, sondern Piccinist.

Piccini – Niccolò Piccini (1728–1800) wurde 1776 von Marie-Antoinette nach Paris berufen, um dort gegen Gluck den italienischen Opernstil zu wahren.

Morellet – André Morellet (1727–1819), Schriftsteller, Priester und Übersetzer, den R 1792 in Paris traf. Dessen »Histoire de la Révolution« besaß G nicht. R's Besitz an Publikationen zur »Theorie und Ausübung der Musik« sowie seine reiche Sammlung »Französischer Werke« – insbesondere zur Geschichte der Revolutionszeit – ist nach seinem Tode katalogisiert worden und in dem »Verzeichniß der von dem zu Giebichenstein bei Halle verstorbenen Herrn Kapellmeister Reichardt hinterlassenen Bücher und Musikalien«, Halle 1815, S. 14 ff und S. 54 ff.

Zelter – Zelter schickte am 7.8.1803 seinen Aufsatz über das Orchester an G, dazu auch Rs Brief an Zelter vom 6.5.1805, in: Katalog der Musikalien GMD, 1987, Nr. 2405 sowie Gs Brief an Zelter vom 1.6.1805, in: MA 20.1, S. 98. Die Aufsätze, von denen R schreibt, erschienen vom 17.6. bis 8.7.1805 in den Nrr. 66–75 des Intelligenzblattes der Jenaer Allgemeinen Literaturzeitung.

des 3ten Bandes – gemeint sind R's: Vertraute Briefe aus Paris geschrieben in den Jahren 1802 und 1803, 3 Bde., Hamburg 1804. Der 3. Band wurde von G nicht rezensiert.

den Sommer hier zu sehen – G traf am 3. Juli 1805 in Bad Lauchstädt ein, wo er bis Mitte August blieb. Am 13. August fuhr er nach Giebichenstein.

R 36
21. April 1805
GSA 28/730, Druck: Hecker, S. 227

diesen Sommer besuchen – siehe Brief R 35 vom 8. April 1805.
Steffens – Henrich Steffens, siehe Brief R 32 vom 25. September 1804.
Schleiermacher – Friedrich Daniel Ernst Schleiermacher (1768–1834), Theologe und Philosoph, war als außerordentlicher Professor und Universitätsprediger 1804 nach Halle berufen worden und traf dort am 12. Oktober 1804 ein.
Rosmonda – siehe Brief R 9 sowie über die Aufführung am 25. März BMZ 1805, S. 90.
königlich dafür beschenkt – mit 300 Talern.
Zelters Aufsatz – siehe Brief R 35 vom 8. April 1805.
musikalischen Zeitung – gemeint ist der erste Jahrgang der BMZ.

Außer diesem Brief muß R weitere Briefe von G erhalten haben, die verschollen sind. R schreibt am 26. Mai 1805 aus Giebichenstein: »Ich habe seit seiner Genesung […] bereits drei Briefe von ihm, in dem gestrigen [am 20. April eingetroffenen] erwähnt er seines Befindens gar nicht«, siehe Johann-Wolfgang Schottländer: Zelters Beziehungen zu den Komponisten seiner Zeit, in: Jb. d. Sammlung Kippenberg 8, 1930, S. 144 ff.

5. Mai 1805 – Brieffragment Goethe an Reichardt (WA 5051b)
H: Zitat aus einem Brief Reichardts an C.F. Zelter vom 6. Mai 1805,
– Düsseldorf, Goethe-Museum
Druck: JbdSKipp. 8 (1930), S. 145

Zelterischen Aufsatz – Zelters Aufsatz über die Pflichten eines Konzertmeisters war auf Anfrage Goethes 1803 entstanden und für die »Jenaische Allgemeine Literatur-Zeitung« vorgesehen, aber ungedruckt
geblieben. Auf die Anfrage Reichardts um Überlassung für den 1.
Jahrgang seiner »Berlinischen Musikalischen Zeitung« antwortete
Goethe zunächst mit dieser sonst nicht überlieferten Bemerkung.
zurücklegte – Goethe an Zelter, 1. Juni 1805: »Die schöne Folge Ihrer
kleinen Aufsätze über Orchester Einrichtungen habe ich bisher bey
mir liegen lassen und zwar, weil sie eine Art von Satyre auf unsre
eigenen Zustände enthielten. Jetzt wünscht sie Reichardt für die musikalische Zeitung; ich suche sie wieder auf, sehe sie an und kann sie
unmöglich dem Intelligenzblatt unsrer Literaturzeitung entziehen, wo
sie sich nächstens unter dem Strich gar trefflich ausnehmen sollen. Es
haben sich einige Umstände bey uns geändert und am Ende darf man
ja wohl auch dasjenige tadeln, was man geschehn läßt« (WA 5099).
Zelters Aufsätze erschienen im Sommer 1805 in der JALZ (vgl. Kommentar zu R 35 und Kommentar zum Zelter-Briefwechsel, MA 20.3,
S. 179).
kalten Kammer – Seit Dezember 1804 war Goethe krank, zunächst mit
einem Halsübel, Anfang Februar mit Nierenkoliken. Nach einer
Besserung wiederholten sich Anfang April die Anfälle in leichterer
Form, auch Mitte Mai, und es entstand für die folgenden Jahre ein
chronisches Nierenleiden daraus. Mit der »kalten Kammer« war vielleicht die ungeheizte sog. Bibliothek gemeint.

R 37
31. Dezember 1805
GSA 28/730, Druck: Hecker, S. 228

Arnim – Ludwig Achim von Arnim (1781–1831) war im Dezember
1805 in Weimar gewesen, zu Weihnachten traf er in Giebichenstein
ein, wo er zehn Tage blieb.
gut gemeynten Unternehmen – die Liedsammlung »Des Knaben Wunderhorn«, deren erster Band zur Michaelismesse 1805 erschien, war mit
der Widmung »Sr. Exzellenz dem Herrn Geheimerath von Goethe«
versehen, der dieses Buch mit Beifall aufnahm und »mit freundli-

cher Behaglichkeit« in der Jenaischen Allgemeinen Literaturzeitung (Nr. 18 und 19 vom 21. und 22. Januar 1806) rezensierte.

mit meiner Anzeige – in der BMZ I (1805), S. 395 ff., die R in »Stücken« an G gesandt hatte.

Ihren Papieren – G sandte keinen Beitrag.

Auftrag zu geben – siehe den Brief R 36 vom 21. April 1805.

Jagemann – Ferdinand Jagemann (1780–1820), Maler, Bruder der Schauspielerin und Sängerin Karoline, Günstling des Herzogs Karl August in Weimar, der ihn in Wien und Paris hatte ausbilden lassen.

G 19

7. Januar 1806 Goethe an Reichardt (WA 5165a)

H: von Schreiberhand (Riemer) mit eigenhändiger Schlußformel, Ort, Datum und Unterschrift, (Adresse: »An Herrn/ Capellmeister Reichart/ Berlin/ fr. Halle«. – Düsseldorf, Goethe-Museum, Sig.: NW 1770/ 1982

Druck: 1982 Stargardt, Kat. 626, Nr. 95 (Teildruck)
        1990 WA IV, Bd. 51 (Nachträge hg. v. Paul Raabe),
        S. 187 f. = WA 5165a

meine Zustände – das chronische Nierenleiden

das Übersendete – »Berlinische Musikalische Zeitung«, hrsg. von Johann Friedrich Reichardt, Jg. 1 (1805), darin die Anzeige von »Des Knaben Wunderhorn« S. 395 ff. Auch den 2. Jg. scheint Reichardt an Goethe geschickt zu haben (vgl. Hans Ruppert: Goethes Bibliothek Nr. 2555).

Herrn von Arnim – Ludwig Achim von Arnim (1781–1831), vgl. R 37.

Aufenthalt bey uns –Arnim war am 15. Dezember mit Goethe in Jena zusammengetroffen und hatte ihn am 17. Dezember bis Weimar begleitet. Am 2. Januar 1806 schrieb Goethe dann seine »Wunderhorn«-Rezension.

R 38

20. Januar 1808

GSA 28/730, Druck: Hecker, S. 230

des letzten Abends – am 29. Dezember 1807 notierte G in sein Tagebuch »Capellmeister Reichardt auf der Durchreise nach Cassel« (WA III 3, 311). R trat Anfang Januar 1808 in Kassel das Amt als kgl. westfälischer Kapellmeister unter König Jérôme Bonaparte an. R berichtet davon in der Hoffnung, Gs Wohlwollen zu gewinnen.

der beiden Orchester – Im Frieden von Tilsit vom 8. Juli 1807 wurde
Kassel zur Residenz des Königreichs Westfalen erklärt, das aus Kur-
hessen und Braunschweig, aus Teilen Preußens und Hannovers ge-
bildet wurde. Napoleon setzte seinen jüngsten Bruder, den 23jähri-
gen Jérôme Bonaparte, als König ein. Als Mittel der königlichen
Repräsentation sollte vorrangig das Theater unter dem Oberinten-
danten Bruguière sowie dem Hofkapellmeister R ausgebaut werden.
Zu diesem Zweck wurde u. a. die Hofkapelle des ehemaligen Herzogs von Braunschweig nach Kassel überführt.

Talma – der französische Schauspieler François Jos. Talma war seit Juli
1807 in Kassel.

schriftliche Regeln – G als Theaterleiter schrieb diese fest, siehe Julius
Wahle: Das Weimarer Hoftheater unter Goethes Leitung, Weimar
1892, S. 70 ff.; auch Hans-Georg Böhme: Die Weilburger Goethe-
Funde, Neues aus Theater und Schauspielkunst – Blätter aus dem
Nachlaß Pius Alexander Wolffs, Emsdetten 1950.

ein neues Stück – Mißverständnis Rs.

romantischen Oper – Aus »Das blaue Ungeheuer« nach Gozzis »Il mo-
stro turchino« führte R 1808/09 einzelne Stücke in Privathäusern in
Wien auf, siehe: R, Vertraute Briefe geschrieben auf einer Reise nach
Wien, ND 1915, Bd. 1, S. 139, S. 142, S. 188 und S. 191. Die Musik
ist verschollen, dazu siehe Dietrich Fischer-Dieskau: Weil nicht alle
Blütenträume reiften, Stuttgart 1992, S. 354 f.

Grimm – Ludwig Emil Grimm (1790–1863), der jüngere Bruder der
Germanisten Jakob und Wilhelm Grimm, war Maler und Kupferstecher. Er ging nicht nach Weimar, sondern nach München.

Meiers Anleitung – Johann Heinrich Meyer war ab 1807 der Direktor
der Freien Zeichenschule in Weimar.

Bettine Brentano – Bettine von Arnim, geb. Brentano (1785–1859),
Schriftstellerin. Sie hatte im Jahr 1806 Goethes Mutter in Frankfurt
aufgesucht und einiges über deren Sohn erfahren. Daraufhin reiste
sie nach Weimar und machte G zu ihrem Idol. 1811 kam es wegen
abfälliger Äußerungen von Bettine zum Zerwürfnis, 1812 gar zum
Hausverbot am Frauenplan. Viele Lieder Rs waren ihr geläufig, in
Giebichenstein war sie 1811 zu Gast. Den Maler und Graphiker
Ludwig Grimm unterstützte sie in seiner Ausbildungsphase um 1807.
Ergänzend zu diesem Brief sei hingewiesen auf einen Brief Gs an
Zelter von Anfang April 1808, worin er mitteilt, daß wegen Rs Engagement in Kassel die geplante »Aufführung seiner Opern [in Wei-
mar] nichts geworden« sei (MA 20.1, S. 173), sowie die Mitteilung
vom 7. November 1808: »Reichardt von Cassel ist gestern hier gewesen« (MA 20.1, S. 202).

G 20
1.Februar 1808 – Brieffragment Goethe an Reichardt (WA 5492a)
H: Zitat aus einem Brief Reichardts an Jacob Grimm, 10.2.1808
Druck: 1911/12 Das literarische Echo 14, sp. 172
    1990 WA IV. Bd. 52 (Nachträge hrsg. von Paul Raabe),
    S. 169 = WA 5492a

junger Maler – Ludwig Emil Grimm (1790–1863), jüngster Bruder von
    Jacob und Wilhelm Grimm, war von 1806 bis 1808 Schüler der
    Akademie Kassel. Durch seine Brüder mit Arnim und Brentano be-
    kannt, fertigte er Zeichnungen für »Des Knaben Wunderhorn«. Nach
    dem Tod der Mutter (27. Mai 1808) reiste er zu Arnim, Brentano
    und Görres nach Heidelberg, ab Ostern 1809 studierte er an der
    Kunstakademie München (vgl. Wilhelm Schoof: Goethe und der
    Maler Ludwig Emil Grimm, in: Goethe, NF d. Goethe-Jb. 19, 1957,
    S. 203 ff.).

R 39
1. August 1809
GSA 28/52, Druck: Hecker, S. 231

Wien – R war am 24. November 1808 in Wien eingetroffen. Im April
    1809 fuhr er über Prag und Schlesien zurück nach Giebichenstein,
    wo er ab dem 1. April wieder wohnte. Die erhoffte dauerhafte Be-
    schäftigung und Niederlassung in Wien wurde R nicht gewährt.
Bradamante – das lyrische Schauspiel in 4 Aufzügen nach Ariost von
    Heinrich Joseph v. Collin schrieb R 1808/09 in Wien, wo es am 3.
    Februar 1809 im Haus des Fürsten Lobkowitz aufgeführt wurde. Eine
    unvollständige autographe Partitur verwahrt die BSB, Sig. Mus. ms.
    autogr. Reichardt, J. F. 23, dazu siehe Pröpper, Bd. 2, S. 152 ff.
Schicksal von Wien – Am 9. April 1809 hatte Österreich dem Kaiser
    Napoleon den Krieg erklärt und war am 12. Mai von den Franzosen
    besetzt worden.
Cassel – Rs Tätigkeit als Kapellmeister in Kassel endete bereits im Ok-
    tober 1808. Er wurde auf die oben genannte Reise nach Wien abge-
    schoben. Im Februar 1809 hatten seine Angehörigen damit begon-
    nen, sein Hab und Gut von Kassel nach Giebichenstein zurück zu
    transportieren. Dort herrschte Not. Der Ertrag von 1500 Talern aus
    der eiligst betriebenen Publikation der »Vertrauten Briefe« konnte
    nur unerheblich lindern.
aller meiner einzelnen Compositionen – R publizierte in den Jahren 1809
    und 1811 »Goethe's Lieder, Oden, Balladen und Romanzen mit
    Musik« in 4 Abteilungen bei Breitkopf & Härtel in Leipzig. NA in

EdM 58/59. Unter den 128 Nummern gibt es auch einige »vierstimmige Gesänge«, z. B. als Nr. 36: »Die glücklichen Gatten (Im Chor zu singen)«; dazu siehe die Rezension von Friedrich Rochlitz in der Leipziger AMZ 12 vom 4. und 11. Oktober 1809, die dieser zur kritischen Durchsicht vor der Drucklegung am 16. Juli 1809 an G gesandt hatte. In Rs Nachlaß befanden sich vom vierten Teil der Ausgabe 26 nicht verkaufte Exemplare, von den Teilen 2 und 3 hingegen lediglich je ein Belegstück.

R 40
21. Dezember 1809
GSA 28/52, Druck: Hecker, S. 232

neue Ausgabe – betrifft die ab 1809 erschienene Ausgabe von: »Goethe's Lieder, Oden, Balladen und Romanzen«. Vier Abteilungen, Leipzig 2809 (1–3) und 1811 (4).

Briefe über Wien – bezieht sich auf den ersten Band der »Vertrauten Briefe geschrieben auf einer Reise nach Wien«, der mithin schon Ende 1809 vorlag und nicht erst 1810. Laut Tagebuch las G diesen Band bereits am 21. Dezember 1809; dazu siehe auch den Brief Rs vom 2. Oktober 1809 an Achim von Arnim, in: Renate Moering: Arnims künstlerische Zusammenarbeit mit Johann Friedrich Reichardt und Louise Reichardt, in: Neue Tendenzen der Arnimforschung, hrsg. von Roswitha Burwick und Bernd Fischer, Bern 1990, S. 244.

Wahlverwandtschaften – »Die Wahlverwandtschaften« erschienen Anfang Oktober 1809 bei Cotta in Tübingen.

lustigen Volke – Rs Hoffnung, sich mit der Hilfe eines »guten Geschicks« nach der Entlassung aus dem Amt des Hofkapellmeisters in Kassel dauerhaft in Wien niederlassen zu können, blieb unerfüllt; dazu siehe auch die Vorrede vom 1. November 1808 zu den »Vertrauten Briefen geschrieben auf einer Reise nach Wien.«

Courses der Bancozettel – die Koalitionskriege sowie die französische Besetzung Wiens im Jahre 1809 belasteten die österreichische Wirtschaft schwer. Eine zunehmende Geldentwertung war die Folge. Durch das Finanzpatent vom 20. Februar 1811 wurden die Bankozettel (Papiergeld) auf ein Fünftel ihres Nennwertes reduziert umgewechselt.

Ihres Hofes anwenden könten – R erhielt fortan keine Kompositionsaufträge für Festlichkeiten des Weimarer Hofes mehr.

Te Deum – R hat mehrmals den Text »Te Deum laudamus« in Musik gesetzt: 1786 zur Feier der Krönung Friedrich Wilhelms II. und 1813 im »Sieges Tedeum« zur Feier des Sieges in der Völkerschlacht bei Leipzig (Brief an A. v. Arnim 10. Dezember 1813). Ob die 1809

konzipierte Komposition beendet wurde ist ungewiß; wahrscheinlich meinte R hier die »Cantate auf die Einweihung der Berliner
Universität am 15. Oktober 1810«, die mit den feierlich einstim-
menden Versen beginnt: »Herr Gott, dich loben wir, / Dich Herr
bekennen wir«. Die Kantate gelangte jedoch nicht zur Aufführung.

R 41
28. Juli 1810 – an Christiane von Goethe
GSA 28/53, Druck: Hecker, S. 233

Die Adressatin dieses Briefes ist Christiane von Goethe, die am 18. Juli
   einen einwöchigen Besuch in Giebichenstein geplant hatte.
für Ihren Herren Gemahl – Christiane G war seit dem 6. Juli in Bad
   Lauchstädt, G in Karlsbad.
Briefe über Wien – R sandte den zweiten Band der in Amsterdam 1810
   erschienenen »Vertrauten Briefe geschrieben auf einer Reise nach
   Wien«. Christiane schreibt am 24. Juli 1810 an G: »Den Freund von
   Giebigstein habe ich auch gesprochen [am 23. Juli bei einem Souper
   dansant]; er wollte Erklärung von mir haben, warum Du mit ihm
   zürntest, ich habe mir damit herausgeholfen, daß ich von nichts
   wüßte, und ihn etwas beruhigt wieder zurückgeschickt. Er hat mich
   sehr dringend nach Giebichenstein eingeladen, welches ich aber
   wohlweislich nicht erfüllen werde. Diese Woche bekomme ich den
   zweiten Theil von seinen ›Briefen‹, welche ich hier lesen will« (Hans
   Gerhard Gräf [Hrsg.]: Goethes Briefwechsel mit seiner Frau, Bd. 2,
   Frankfurt a. M. 1916, S. 184).
Schillers Gedichten – R publizierte 1810 in Leipzig bei Breitkopf & Härtel in zwei Heften: »Schillers lyrische Gedichte mit Musik von
   J. F. Reichardt«, die er bittet, auch an Charlotte v. Schiller auszuhän-
   digen, dazu siehe Salmen, S. 89 f.
der lieben Nichte – gemeint ist die Nichte und Gesellschafterin Christia-
   nes, Karoline Ulrich.

R 42
28. Juli 1810
GSA 28/53, Druck: Hecker, S. 233

meiner Compositionen – R mahnt eine Reaktion auf seine Ausgabe in
   vier Heften »Goethes Lieder […]« (1809–1811) sowie der »Vertrauten Briefe geschrieben auf einer Reise nach Wien« von 1810 an. G
   beschäftigte sich mit dem zweiten Band der Briefe am 30. Oktober
   und 1. November 1810.

letzter unglücklicher Aufenthalt – R war im März 1810 in Weimar, Gs Tagebuch enthält dazu keine Notiz; am 8. März suchte R in Jena Karl Ludwig v. Knebel auf, dem er mitteilte, der Herzog habe ihn auf den Abend nach Weimar eingeladen.

Hauschor – in der Ausgabe: »Schillers lyrische Gedichte mit Musik von J. F. Reichardt«, die Mitte 1810 in Leipzig erschienen war, sind einige Vertonungen für vier Stimmen enthalten, z. B. eine Fassung des Gedichts »Die Ideale«.

Anhang

Die Familie Reichardt

Johann Friedrich Reichardt, * 25.11.1752 in Königsberg (Kaliningrad), † 27.6.1814 in Giebichenstein bei Halle

Eltern:
Johann Reichardt, * um 1720 in Oppenheim (?), † 18.5.1780 in Königsberg. Stadtmusikant, Lautenist, Hoboist.
∞ 1744 mit Catharina Dorothea Elisabeth Hintz, * 12.1.1721 in Heiligenbeil, † 8.12.1776 in Königsberg. Tochter des Hutmachers Christian Hintz in Heiligenbeil und Susanna Barbara, Witwe des Johann Riebsam aus Eisenberg/Ostpreußen, Kammermädchen.
Beide Eheleute sind in Königsberg auf dem Altstädter Friedhof begraben.

Ehefrauen:
Juliane Benda, * 14.5.1752, † 9.5.1783 in Berlin. ∞ 23.11.1776 in Potsdam. Tochter des Violinisten und Konzertmeisters König Friedrich II. in Potsdam, Franz Benda aus Altbanak/Böhmen. Sängerin, Komponistin.
Johanna Wilhelmine Dorothea Alberti, * 3.6.1754 in Hamburg, † 1827 in Berlin. ∞ 14.12.1783 in Hamburg. Tochter des Julius Gustav Alberti, Pfarrer an St. Katharinen in Hamburg und Dichter. ∞ 1772 in erster Ehe mit Peter Wilhelm Hensler, * 14.2.1742 in Preetz, † 29.7.1779 in Stade, Jurist und Dichter.

Kinder und Stiefkinder:
1. Wilhelm (Hensler), * 1772 in Stade, † 1835 in Paris. Kaiserl. franz. Oberst.
2. Charlotte (Hensler), * 1776 in Stade, † 1858 in Berlin, ∞ 18.7.1803 in Giebichenstein mit Carl Philipp Heinrich Pistor, geheimer Postrat in Berlin.
3. Wilhelmine (Hensler), * 1777 in Stade, ∞ 1794 mit Carl Alberti, Geheimrat.
4. Friedrich Wilhelm, * 7.10.1777 in Berlin, † 16.5.1782 ebenda.
5. Louise, * 11.4.1779 in Berlin, † 17.11.1826 in Hamburg. Musikpädagogin, Komponistin, Sängerin.

6. vermutliche Geburt eines Sohnes (?),* und † 1780.
7. Wilhelmine Juliane, * 31.3.1783 in Berlin, † 1839, ∞ 1805 in Giebichenstein mit Christian Friedrich Bernhard v. Steltzer (1778–
1848), Jurist in Halle und Halberstadt.
8. Johanna, *1784, † nach 1848, ∞ 4.9.1803 in Giebichenstein mit
Henrich Steffens, * 2.5.1773 in Stavanger (Norwegen), † 13.2.1843
in Berlin, Philosoph, Naturforscher, Dichter.
9. Hermann, * 1786, † 1802 in Magdeburg.
10. Friederike, * 13.7.1790 in Berlin, † 11.4.1869 in Erlangen, ∞
26.9.1811 in Breslau mit Carl Ludwig Georg v. Raumer, * 9.4.1783
in Wörlitz, † 2.6.1865 in Erlangen. Naturwissenschaftler.
11. Sophie, * 1795, †13.2.1838 in Berlin, ∞ 1826 in Berlin mit Ernst
Radecke.
12. Carl Friedrich, * 27.6.1803 in Giebichenstein, † 7.8.1871 in Hamburg. Schüler Friedrich Schinkels, Architekt, lebte zeitweilig in den
USA und in Nicaragua.

Begegnungen zwischen Goethe und Reichardt

1789	23.April–5. Mai	Weimar
1789	Ende November	Weimar
1790	13.–15. Mai	Venedig
1802	22.–24. Mai	Giebichenstein
1802	27. Mai–	von Lauchstädt nach Weimar
	–2. Juni	Weimar
1802	17.–20. Juli	Giebichenstein
1803	5.–9. Mai	Giebichenstein
1804	25.–27. August	Giebichenstein oder Halle
1805	Mitte Juli	Halle (bei den Vorlesungen des Anatomen Franz Joseph Gall)
1806	7. Juni	Weimar
1807	8.–9. November	Weimar (mit Ludwig Achim von Arnim)
1807	29. Dezember	Weimar (Durchreise nach Kassel)
1808	6. November	Weimar (Durchreise nach Wien)
1810	Anfang März	Weimar: Goethe läßt sich verleugnen

Register der erhaltenen und verschollenen Briefe

(Fettdruck = erhaltene und in der vorliegenden Ausgabe mitgeteilte Briefe)

R an G	1787 Erlaubnis zur Vertonung von »Claudine von Villa Bella«
G an R	vor Ende 1787 Erlaubnis zur Vertonung von »Claudine«
R an G	Anfang April 1789 Besuchsankündigung
R an G	vor dem 15. Juni 1789
R an G	vor dem 15. Juni 1789; Ankündigung der Berliner »Claudine«
G an R	**15. Juni 1789**
G an R	22. Juni 1789 (nach Post-Ausgabenbuch)
G an R	25. Juni 1789 (nach Post-Ausgabenbuch)
R an G	vor dem 29. Juni 1789
G an R	**29. Juni 1789**
R an G	vor dem 2. November 1789
G an R	**18. Oktober 1789**
G an R	**2. November 1789**
R an G	vor dem 10. Dezember 1789
G an R	**10. Dezember 1789**
R an G	vor dem 28. Februar 1790
G an R	**28 Februar 1790**
R an G	vor dem 25. Oktober 1790
G an R	**25. Oktober 1790**
G an R	1. November 1790 (nach Post-Ausgabenbuch)
R an G	vor dem 8. November 1790, Tänze geschickt
G an R	**8. November 1790**
G an R	3. Februar 1791 (nach Post-Ausgabenbuch)
G an R	14. Februar 1791 (nach Post-Ausgabenbuch)
R an G	vor dem 10. März 1791, »Species facti«
G an R	**10. März 1791**
R an G	vor dem 30. Mai 1791
G an R	**30. Mai 1791**
G an R	1. August 1791(nach Post-Ausgabenbuch)
G an R	26. September 1791(laut Briefverzeichnis)
R an G	vor dem 17. November 1791
G an R	**17. November 1791**
R an G	nach dem 15. Juli 1792
G an R	**29. Juli 1792**
R an G	**29. September 1793,** »Erwin und Elmire« geschickt
G an R	**18. November 1793**

R an G	**23. November 1793**
R an G	**8. Februar 1794**
G an R	27. Februar 1794 (nach Post-Ausgabenbuch)
R an G	**16. Juni 1794**
G an R	**21. Juli 1794 (nach Post-Ausgabenbuch)**
R an G	**14. September 1794**
R an G	**7. April 1795**
R an G	**5. Dezember 1795**
G an R	**21. Dezember 1795**
R an G	**25. Januar 1801**
G an R	**5. Februar 1801**
R an G	**27. Februar 1801**
G an R	28. Oktober 1801 (nach Post-Ausgabenbuch)
R an G	**9. November 1801**
G an R	**16. November 1801**
R an G	**23. November 1801**
G an R	**1. Dezember 1801**
R an G	**19. Dezember 1801**
R an G	**22. Dezember 1801**
R an G	**22. April 1802**
G an R	3. Mai 1802 (laut Tagebuch)
R an G	**14. Mai 1802**
G an R	19. Mai 1802 (nach Post-Ausgabenbuch)
R an G	**20. Mai 1802**
R an G	**29. Mai 1802**
R an G	**2. Juni 1802 (erster Brief)**
R an G	**2. Juni 1802 (zweiter Brief)**
G an R	9. Juni 1802 (nach Post-Ausgabenbuch)
R an G	**22. Juni 1802**
R an G	**23. Juni 1802**
R an G	**16. Juli 1802**
R an G	**22. Juli 1802**
G an R	28. Juli 1802
R an G	**29. Juli 1802**
R an G	**5. August 1802**
R an G	**30. September 1802**
G an R	7. Oktober 1802 (nach Post-Ausgabenbuch)
R an G	**undatiert (R 27) = 2. April** (laut Tagebuch)
R an G	**4. Mai 1803**
R an G	**30. Mai 1803**
R an G	**23. Juni 1803**
G an R	6. September 1803 (laut Tagebuch)
R an G	**27. Juni 1804**
R an G	**25. September 1804**

R an G	17. November 1804
R an G	5. Januar 1805
G an R	3. April 1805 (laut Tagebuch)
R an G	8. April 1805
G an R	vor 21. April 1805
R an G	21. April 1805
G an R	5. Mai 1805
R an G	31. Dezember 1805
G an R	7. Januar 1806
R an G	20. Januar 1808
G an R	1. Februar 1808
G an R	3. Februar 1808 (laut Tagebuch; identisch mit 1. Februar?)
R an G	1. August 1809
R an G	21. Dezember 1809
R an Christiane G	28. Juli 1810
R an G	28. Juli 1810

Verzeichnis der Siglen und Abkürzungen

(Bis 2001 aktualisierte Reichardt-Bibliographie bei Walter Salmen: Johann Friedrich Reichardt, Nachdruck der Ausgabe Zürich-Freiburg 1963, Hildesheim 2002)

G   Johann Wolfgang Goethe
R   Johann Friedrich Reichardt

MA   Johann Wolfgang Goethe. Sämtliche Werke nach Epochen seines Schaffens. 21 Bde. (in 26). (Münchner Ausgabe). Hg. von Karl Richter u. a., München 1985–1999
WA   Goethes Werke. Hg. im Auftrage der Großherzogin Sophie von Sachsen. Abt. I–IV, 133 Bde. (in 143). (»Weimarer Ausgabe«) Weimar 1887–1919 (Reprint München 1987) – Briefzitate erfolgen in der vorliegenden Ausgabe in der Bezeichnung: WA + Briefnummer. Damit ist stets WA, Abt. IV, Bde. 1–50 gemeint bzw. die Nachträge und Register zur IV. Abteilung, hg. von Paul Raabe, Bde. 51–53, München 1990

AMZ	Allgemeine Musikalische Zeitung, Leipzig
Autobiographie	Johann Friedrich Reichardt: Der lustige Passagier. Erinnerungen eines Musikers und Literaten, hg. von Walter Salmen, Berlin 2002
BMZ	Berlinische Musikalische Zeitung
Brachvogel	A.E. Brachvogel: Geschichte des Königlichen Theaters zu Berlin. Nach Archivalien des Königlichen Geheimen Staats-Archivs und des Königlichen Theaters. 2 Bde., Berlin 1877–78
Briefe an Goethe.	Gesamtausgabe in Regestform, hg. von Karl-Heinz Hahn, Bde. I–VI, Weimar 1980–2000
EdM	Johann Friedrich Reichardt: Goethes Lieder, Oden, Balladen und Romanzen mit Musik, hg. von Walter Salmen, in: Das Erbe deutscher Musik, Bde. 58 und 59, München-Duisburg 1964 und 1970
Gerber	Ernst Ludwig Gerber: Historisch-Biographisches Lexikon der Tonkünstler (1790–1792), Leipzig 1792, Nachdruck Graz 1977
Gespräche	Goethes Gespräche. Eine Sammlung zeitgenössischer Berichte aus seinem Umgang. Aufgrund der Ausgabe und des Nachlasses von Flodoard Freiherrn von Biedermann ergänzt und hg. von Wolfgang Herwig. Bd. I–V (in 6), Zürich, Stuttgart, München 1965–1987 (Reprint München 1999)
GJb	Goethe-Jahrbuch. Frankfurt a. M. und Weimar 1885 ff. (auch die im Titel abweichenden Bände werden unter diesem Gesamttitel zitiert)
GMD	Goethe-Museum Düsseldorf, Anton-und-Katharina-Kippenberg-Stiftung
Goethe Von Tag zu Tag:	Goethes Leben von Tag zu Tag. Eine dokumentarische Chronik von Robert Steiger [Bd. VI ff. von Angelika Reimann] 8 Bde. Zürich und München 1982–1996
Grove	The New Grove Dictionary of Music and Musicians, Edited by Stanley Sadie, 20 vols. London 1980, 2nd Edition London 2001
Grumach	Ernst und Renate Grumach (Hg.): Goethe. Begegnungen und Gespräche, Bd. III–V, Berlin und New York 1977, 1980, 1985
GSA	Goethe- und Schiller-Archiv, Weimar
Hecker, Max (Hg.):	Die Briefe Johann Friedrich Reichardts an Goethe, in: Jb. der Goethe-Gesellschaft 11 (1925), S. 197–252.

Herder Briefe	Johann Gottfried Herder, Briefe, Gesamtausgabe 1763–1803, Unter Leitung von Karl-Heinz Hahn hg., bearbeitet von Wilhelm Dobbek und Günter Arnold, 10 Bde., Weimar 1984 ff.
JALZ	Jenaische Allgemeine Literatur-Zeitung
Paul Merker	Paul Merker: Von Goethes dramatischem Schaffen. Siebzig Vorstufen, Fragmente, Pläne und Zeugnisse, Leipzig 1917
MGG	Die Musik in Geschichte und Gegenwart, Allgemeine Enzyklopädie der Musik begründet von Friedrich Blume. Zweite, neubearbeitete Ausgabe hg. von Ludwig Finscher, Kassel und Stuttgart 1994 ff.
PEM	Pipers Enzyklopädie des Musiktheaters. Hg. von Carl Dahlhaus u. a., 6 Bde. u. Reg.-Bd., München-Zürich 1986–1997 ff. und 1999
Pröpper, Rolf:	Die Bühnenwerke Johann Friedrich Reichardts, Bd. I–II, Bonn 1965
QuZ	Quellen und Zeugnisse zur Druckgeschichte von Goethes Werken (Werke Goethes, hg. vom Institut für deutsche Sprache und Literatur der Deutschen Akademie der Wissenschaften zu Berlin) Teil 1: Gesamtausgaben bis 1822, von Waltraud Hagen unter Mitarbeit von Edith Nahler, Berlin 1966; Teil 4: Die Einzeldrucke, von Inge Jensen, Berlin 1984
Salmen:	Johann Friedrich Reichardt. Komponist, Schriftsteller, Kapellmeister und Verwaltungsbeamter der Goethezeit, Freiburg i. Br. und Zürich 1963, ND Hildesheim 2002
Schletterer, Hans Michael:	Johann Friedrich Reichardt. Sein Leben und seine musikalische Thätigkeit, Bd. I, Augsburg 1865
SNA	Schillers Werke. Nationalausgabe. Hg. im Auftrag des Goethe- und Schiller-Archivs in Weimar und des Schiller-Nationalmuseums in Marbach. Weimar 1943 ff.
Unger	(Flodoard Freiherr von Biedermann. hg.): Johann Friedrich Unger im Verkehr mit Goethe und Schiller, Briefe und Nachrichten. Mit einer einleitenden Übersicht über Ungers Verlegertätigkeit, Berlin 1927

Personenregister

Agricola, Johann Friedrich 22
Alberti, Dorothea Charlotte,
 Witwe des verstorbenen Pfarrers
 Julius Gustav Alberti (Rei-
 chardts Schwiegermutter) 116,
 137, 188, 206
Alberti, Karl Friedrich, Kriegsrat
 137, 206
Alberti, Maria Amalia, genannt
 Malchen (verheiratet mit
 Ludwig Tieck) 122, 193
Albrecht, Johann Friedrich Ernst
 188
Alessandri, Felice 179
André, Johann 32, 57
Anna Amalia, Herzogin von
 Sachsen-Weimar-Eisenach 26,
 53, 61, 70, 108, 176, 178, 180,
 215
Archenholz, Wilhelm von 171
Arnaud, François 155
Arnim, Ludwig Achim von VIII,
 52, 100 f., 158, 206, 219 f.,
 222 f.
August, Prinz von Sachsen-Gotha-
 Altenburg 64
Aulhorn, Johann Adam (Tanz-
 meister) 179
Bach, Carl Philipp Emanuel 20
Bach, Johann Sebastian 18
Baden, Markgraf von (siehe unter
 Karl Friedrich) 55
Baldinger, Ernst Gottfried 148,
 213
Becker, Carl Ferdinand 6
Beer, Amalia 48
Bellomo, Joseph (Bellomosche
 Theatertruppe) 69, 177
Below, Kriegsrat von 153
Benda, Franz 17, 20, 24

Benda, Juliane (1. Frau Rei-
 chardts) 24, 29, 52
Benda, Maria Carolina 52, 198
Bernstorff, Andreas Petrus Graf
 von (siehe auch Stolberg,
 Augusta Louise Gräfin) 116,
 188
Bertuch, Friedrich (Johann) Justin
 168 f., 184 f., 213
Biester, Johann Erich 151, 153,
 215
Böttiger, Karl August 43, 192
Bohn, Carl Ernst 187
Braun, Freiherr Peter von 123
Breitkopf, Bernhard Theodor 17
Breitkopf, Christoph Gottlieb
 187
Brentano, Bettine, verheiratete
 von Arnim 101, 161, 221
Brentano, Clemens 222
Brentano, Kunigunde, verheirate-
 te von Savigny 101
Bruguière (Oberintendanz in
 Kassel) 221
Bürger, Gottfried August 26,
 63 f., 167 f., 174
Burkhardt, Carl August Hugo 3 f.
Burney, Charles 22
Campe, Joachim Heinrich 171
Carl August, Herzog, seit 1815
 Großherzog von Sachsen-
 Weimar-Eisenach 55, 58, 63,
 68–70, 79, 82, 121, 127, 136,
 161, 167, 170–173, 175 f., 178,
 184, 191 f., 199, 202, 220
Carl Friedrich, Erbherzog von Sach-
 sen-Weimar-Eisenach 215 f.
Carl Wilhelm Ferdinand, Herzog
 von Braunschweig-Wolfenbüttel
 153, 216

Charlotte, Herzogin von Hildburghausen 94, 127, 199
Chladni, Ernst Florens Friedrich
98
Christian, Prinz von Hessen-
Darmstadt 84
Claudius, Matthias VIII, 20, 25,
53
Collin, Heinrich Joseph von 162,
165, 222
Conciliani, Carlo 30
Cotta, Johann Friedrich 147, 208,
212, 223
Cramer, Carl Friedrich 103, 169,
192, 210,
Dalberg, Wolfgang Heribert
Freiherr von 58
Darmstadt, siehe unter Christian
de'Filistri de Caramondani,
Antonio 30
Diderot, Denis 48, 217
Dittersdorf, Karl Ditters von 11,
168, 191
Doebbelin, Karl Theophil 24, 32,
69, 177
Dorow, Wilhelm 8, 37
Dreßler, Ernst Christoph 28
Ebel, Johann Gottfried 148, 213
Eberwein, Franz Carl Adalbert
205
Eckermann, Johann Peter 64 f.
Ehlers, Johann Wilhelm 40, 143,
147, 208, 210, 212
Eichendorff, Joseph Freiherr von
45
Eichstädt, Heinrich Carl Abraham
99 f.
Engel, Johann Jakob 32
Eschenburg, Johann Joachim 20
Ettinger, Carl Wilhelm 175
Euripides 202, 207
Fantozzi, Angelo 215
Fernow, Carl Ludwig 215
Fincke, siehe Vincke
Fischer, Johann Ignaz Ludwig
105, 172 f., 215
Floericke, Karl (Stiefsohn C.F.
Zelters) 212

Franz, Johann Christian 215
Friedrich, Herzog von Sachsen-
Hildburghausen 199
Friedrich II., König von Preußen
VIII, 14, 22 f., 28 f., 54, 108,
151, 175, 182
Friedrich, Prinz von Oranien 197
Friedrich Wilhelm II., König von
Preußen 29 f., 31 f., 36, 55 f.,
71 f., 80 f., 107, 172, 174, 179,
181, 187, 191, 195, 223
Friedrich Wilhelm III., König von
Preußen 152, 157, 182, 195,
197
Friedrich August Herzog von
Braunschweig-Lüneburg-Oels
151, 215
Frisi, Paolo 21
Fröhlich, Heinrich 199
Frommann, Karl Friedrich
(Verlagsbuchhändler) 154
Froriep, Ludwig Friedrich von
149, 213
Gall, Johann Joseph 101
Gasperini (Garderobeninspektor)
215
Gatto, Franz Anton 112, 183
Geist, Johann Ludwig 147, 212
Genelli, Hans Christian 206
Gerber, Ernst Ludwig 12, 23, 28–
31, 40, 45, 154, 155, 217
Gleim, Johann Wilhelm Ludwig
20
Gluck, Christoph Willibald Ritter
von 30, 59, 217
Görres, Johann Joseph von 222
Goethe, August 97, 141, 172, 208–
210
Goethe, Catharina Elisabeth (Mutter von J.W. Goethe) 192, 221
Goethe, Christiane (siehe Vulpius)
Göschen, Georg Joachim 33, 60,
167 f., 171, 175, 178, 188
Götze, Johann Georg Paul 170
Götze, Johann Gottfried 104, 170
Goeze, Melchior 54
Gotter, Friedrich Wilhelm 201
Gozzi, Carlo Graf von 161, 221

234

Graun, Carl Heinrich 19, 23
Grimm, Ludwig Emil 161 f., 221 f.
Grimm, Jacob 161, 221 f.
Grimm, Wilhelm 45, 161, 221 f.
Gundolf, Friedrich 10
Haller, Albrecht von 126, 198
Hamann, Johann Georg VIII, 16,
  25, 52 f., 54, 183
Händel, Georg Friedrich 19
Hartknoch, Johann Friedrich
  15,17 f.
Hartmann, Ferdinand August
  142, 210
Hasse, Johann Adolf 19
Haude & Spener 199, 201
Hecker, Max IX
Heinrich, Gerda 19, 37 f., 43
Heinrich, Kronprinz von Preußen
  81, 175
Hendel-Schütz, Johanna Henriet-
  te 139, 206
Hensler, Wilhelm (Stiefsohn
  Reichardts) 38, 192
Herder, Caroline geb. Flachsland
  26, 53, 56, 63 f., 168, 191
Herder, Johann Gottfried VIII, 5,
  15, 20 f., 25 f., 41, 52 f., 54 f.,
  57, 60, 63, 106, 119, 167, 173,
  184, 191, 202
Hildburghausen, siehe Charlotte,
  Herzogin von und Friedrich,
  Herzog von 199
Hiller, Johann Adam 17, 22, 27
Himmel, Friedrich Heinrich 198
Holzbauer, Ignaz 183
Homilius, Gottfried August 18
Humboldt, Wilhelm von 89 f.
Iffland, August Wilhelm 139,
  143, 201, 203, 206 f., 208, 211
Jacobi, Friedrich Heinrich 122,
  184, 192
Jagemann, Ferdinand 220
Jagemann, Karoline, später Frau
  von Heygendorff 131 f., 136,
  143, 145, 159, 202 f., 205, 211,
  220
Jean Paul, eigentlich Jean Paul
  Friedrich Richter 45

Jérôme Bonaparte, König von
  Westfalen 101, 160, 220 f.
Kant, Immanuel 15,17, 71, 109,
  180
Karl Friedrich, Markgraf von
  Baden 55
Kaufmann, Angelica 70, 176
Kayser, Philipp Christoph VII f.,
  3 f., 28, 51, 58–61, 65–67, 70,
  167, 173
Keyserling [Kaiserling], Charlotte
  Caroline Gräfin von 16
Kirnberger, Johann Philipp 17, 23
Klopstock, Friedrich Gottlieb
  VIII, 20, 25, 53, 181
Knebel, Karl Ludwig von 12, 26,
  33, 53, 63 f., 175, 225
Knobelsdorff, Friedrich Wilhelm
  Oberst von 152
Koch, Heinrich Gottfried
  (Kochsche Theatertruppe) 32
Köpke, Rudolf 11
Kotzebue, August von 142, 150,
  175, 200, 210, 214
Kranz, Johann Friedrich 198
Kraus, Georg Melchior [»Rath
  Krause«] 103, 168
Kreul (Bildhauer, nicht ermittel-
  bar) 12
Kreuzfeld, Johann Gottlieb 18
Kunzen, Friedrich Aemilius 40,
  188, 217
Laborde, Jean-Benjamin 154, 217
Lange, Aloisia 11, 34, 191
Lavater, Johann Kaspar 58
Lebrun, Franziska Dorothea 112,
  183
Lebrun, Ludwig August 112, 183
Leisewitz, Johann Anton 52
Lengefeld, Charlotte von, spätere
  Schiller und Karoline 13, 54
Lessing, Gotthold Ephraim 20,
  54
Loder, Justus Christian 148, 150,
  154, 213 f.
Lips, Johann Heinrich 113, 184
Lobkowitz, Joseph Max Franz,
  Fürst 222

Loder, Justus Christian und die
»gute Loder«, seine 2. Frau 213
Louise, Herzogin von Sachsen-
Weimar-Eisenach 195
Louis XVI., König von Frankreich
76, 217
Ludwig X., Landgraf von Hessen-
Darmstadt 124, 195
Luise Auguste Wilhelmine
Amalie, Königin von Preußen
94, 125, 127, 132, 152, 197 f.,
199, 216
Luise Henriette, Herzogin von
Anhalt-Dessau 42, 78, 190
Lully, Jean Baptiste 155 f.
Lyncker, Carl Wilhelm Heinrich
Freiherr von 171
Macpherson, James 181
Marmontel, Jean François 155, 217
Maticzek, F.M. 198
Maupertuis, Pierre de 151
Mayer, Johann Christian Andreas
(»Mayersche Tafeln«) 148, 213
Mendelssohn Bartholdi, Felix 175
Menzel, C.C. 199
Meyer (Meier), Johann Heinrich
(»Kunst-Meyer«) 74, 77, 113 f.,
117 f., 120, 122 f., 161, 185,
189, 193 f., 208, 215, 221
Meyer, Johanna Henriette (siehe
Hendel-Schütz)
»Moisé«, siehe Wessely
Möser, Justus 21
Morellet, André 155, 217
Moritz, Johann Christian Konrad
(der »jüngere«) 123, 193
Moritz, Karl Philipp 71, 73, 106,
108 f., 112, 174, 178 f., 180,
183, 193
Mozart, Wolfgang Amadé 4, 172,
180, 183
Napoleon Bonaparte, Kaiser der
Franzosen IX, 99, 101, 152, 221 f.
Newton, Isaac 113, 185
Nicolai, Christoph Friedrich 20, 89
Oels, siehe Friedrich, Herzog von
Oertel, Erdmuthe Caroline
Friederike 105, 171

Oertel, Wilhelmine Henriette,
genannt »Mimi« 105, 171
Ossian 106, 110, 175, 181
Paul I., Zar von Russland 199
Paulowna, Maria von Mecklen-
burg-Schwerin, Großherzogin
von Sachsen-Weimar-Eisenach,
geborene Großfürstin von
Russland 151, 154, 199, 215 f.
Pauli, Joachim 167
Petrarca, Francesco 128, 200
Pfeiffer, Friedrich (der »Vagabund« ?)
104 f., 170 f.
Piccini, Niccolò 155, 217
Racine, Jean Baptiste 169
Rameau, Jean Philippe 155
Ramler, Karl Wilhelm 20, 32
Reck, Carl Friedrich Leopold
Freiherr von der 35
Rheden, Friedrich Wilhelm Graf
von 152, 156, 216
Reichardt, Friedrich (Sohn
J.F. Reichardts) 209
Reichardt, Friederike (Tochter
J.F. Reichardts) 47, 96, 199, 205
Reichardt, Hermann (Sohn
J.F. Reichardts) 191
Reichardt, Johann (Vater
J.F. Reichardts) 14, 16
Reichardt, Johanna (Tochter
J.F. Reichardts) 47, 96, 199,
205, 214
Reichardt, Johanna Wilhelmine
Dorothea, geb. Alberti,
verwitwete Hensler (2. Frau
J.F. Reichardts) 29, 47, 96, 119,
137 f., 140, 142, 187 f., 209
Reichardt, Louise (Tochter
J.F. Reichardts) 47, 96 f., 128,
199, 201, 205
Redtel, Carl Friedrich von 138,
206, 208
Reventlow, Kay Graf von 116,
188, 192
Rochlitz, Friedrich 223
Rothe, Karl Gottlob (Justizamt-
mann) 135, 204
Rousseau, Jean Jacques 15

Rudorff, Ernst 10, 29
Rüchel, Ernst Philipp von 152, 216
Rumbold, Sir George Berriman 215
Sacchini, Antonio Maria Gaspare 172
Salieri, Antonio 183, 207
Savigny, Friedrich Carl von 101
Schede, Sohn des Berliner Kriminalrats 120
Schelling, Friedrich Wilhelm Joseph 202, 214
Schiller, Charlotte 166, 224
Schiller, Friedrich 8, 43 f., 54, 56, 84–87, 92, 97, 173 f., 192, 202, 224, 225
Schimmelmann, Ernst Heinrich Graf von 116, 188
Schlabrendorff, Gustav Graf von 51, 100
Sierstorpff, Kaspar Heinrich Freiherr von 214
Schlegel, August Wilhelm 96, 138, 202 f., 207
Schlegel, Friedrich 90
Schlegel-Schelling, Caroline 204
Schleiermacher, Friedrich Daniel Ernst 156, 218
Schmiedecke, J.C. (Violinist) 136, 205
Schröder, Friedrich Ludwig 52, 69, 107
Schröter, Corona Elisabeth Wilhelmine 17 f.
Schröter, Friedrich Ludwig 176 f.
Schubart, Christoph Daniel Friedrich 23
Schuckmann, Caspar Friedrich Freiherr von 54, 109, 115, 152, 180, 216
Schütz, Christian Gottfried 169
Schulenburg, Graf von der 144
Schulz, Johann Abraham Peter 9, 60, 81, 103, 169, 188
Schweitzer, Anton 27, 183
Seckendorff, Carl Siegmund Freiherr von 28, 57 f.
Seidel, Philipp Friedrich 62

Shakespeare, William 32, 201
Sieveking, Georg Heinrich 29, 42
Sieyès, Emanuel Joseph Graf (Abbé) 177
Sömmering, Samuel Thomas von 55, 148 f., 213 f.
Sophokles 181
Spohr, Louis 56
Sprickmann, Anton Matthias 26, 51, 167
Stägemann, Elisabeth von 209
Stein, Charlotte von 63 f., 173, 198
Stein, Friedrich (Fritz) von 198
Stein, Heinrich Friedrich Karl, Freiherr vom und zum Stein 152, 156, 216
Steffens, Henrich (Henrik) 11 f., 56, 150, 156, 214, 218
Stolberg, Augusta Louise Gräfin 186, 188
Struensee, Karl August von 151, 215
Suard, Jean-Baptiste-Antoine 155, 217
Talleyrand, Charles Maurice de 152, 216
Talma, François Joseph 160, 221
Thomsen 26, 51, 167
Tieck, Johann Ludwig VIII, 10 f., 45, 56, 132, 193
Todi, Luigia 30
Tombolini, Raffaele 215
Ulrich, Karoline 166, 224
Unger, Friedrich 43, 80–83, 104, 122, 169 f., 177, 179, 187, 191 f., 194 f., 201
Unzelmann, Friederike 139, 207
Veichtner, Franz Adam 15
Verona, Bartolomeo 30
Vieweg, Hans Friedrich 150, 214
Vincke, Ludwig Freiherr von 152, 216
Vogler, Georg Joseph Abbé 183
Voigt, Johann Heinrich 114, 185
Voigts, Jenny von 24
Voltaire (François Marie Arouet) 151, 209 f.

Voß, Johann Heinrich 9, 26, 51, 87, 154, 167
Vulpius, Christian August 194
Vulpius, Christiane, spätere Frau Geheimrätin von Goethe 33, 37, 47, 63, 102, 165 f., 168, 171, 176, 208, 213, 224
Waagen, Christian Friedrich Heinrich 206
Wartensleben, General Leopold Alexander Graf von 142, 144, 210
Weiße, Christian Felix 20
Weitzmann (Tenor in Berlin) 203
Wessely, Carl Bernhard (»Moisé«) 107, 175 177

Wieland, Christoph Martin 27, 202, 212
Wilhelmine, Prinzessin von Oranien 125, 197
Winckelmann, Johann Joachim 151, 153, 215–217
Winters Witwe, G.L. (Verlag) 167
Wolf, Ernst Wilhelm 24, 27 f., 57
Wolf, Friedrich August 98, 101, 141, 154, 209, 215
Zelter, Carl Friedrich VII f., 9, 48, 66, 98, 101, 147, 154 f., 157, 175, 186, 201, 210, 212, 217–219, 221

Bildnachweis

Abbildung 1:
Benedikt Heinrich Bendix: Johann Friedrich Reichardt "Tonkünstler und
Schriftsteller" 1791.
Kupferstich (23,5 x 17,8 cm) 1796, nach einem Gemälde von Susanna Henry
Kupferstichsammlungen auf der Veste Coburg

Abbildung 2:
Reichardts Gutshof in Giebichenstein bei Halle mit Blick auf den Talgarten
Anonym, frühes 19. Jahrhundert
Vorlage: Stadtarchiv Halle

Abbildung 3:
Friedrich Burg: Goethe und seine Freunde in Rom.
Federzeichnung, 1786.
Goethe-Museum Düsseldorf

Abbildung 4:
Eigenhändiger Brief Goethes an Reichardt vom 10. 3. 1791 (G 9 dieser
Ausgabe)
Doppelblatt (23,1 x 18,9 cm)
Goethe-Museum Düsseldorf

Abbildung 5:
Eigenhändiger Brief Reichardts an Goethe "den 22. Dec[ember 180]1" (R 13
dieser Ausgabe)
Goethe- und Schiller-Archiv Weimar

Abbildung 6:
"Goethe's Lieder, Oden, Balladen und Romanzen mit Musik von J. F. Rei-
chardt. I. Abtheilung"
Titelblatt der Originalausgabe, Breitkopf & Härtel, Leipzig 1809

Abbildung 7:
J.F. Reichardt: Clärchens Soldatenliedchen "Die Trommel gerühret". Bühnenmu-
sik zu Goethes Trauerspiel "Egmont", 1. Akt, um 1791
Autograph der ersten beiden Partiturseiten mit Bleistiftnotizen (Carl Benda?)
Goethe-Museum Düsseldorf, Sig.: 415/ 1960